宗教學暨神話學入門

董芳苑 著
Tong, Fung-wan

The History of Religions and Mythology

波斯教

猶太教

基督教

伊斯蘭教

印度教

耆那教

佛教

錫克教

儒教

道教

神道教

世一家

獻給

三叔 **董倫求先生**(1910~1947)

一位多才多藝的藝術家，擅長油畫、肖像畫及攝影。

四叔 **董克先生**(1914~1996)

一位投身中國延安的共產主義戰士，前中國台聯會名譽會長，在台家名為：董金龍。

四嬸 **潘靜女士**(1925~)

一位歷經戰亂依然苦樂相安的長者，持家教育子女之賢母。

自序

　　立足於人文科學(Human Science)基礎上的宗教研究 (Religious Studies)，其發展的歷史始於十九世記七〇年代。 1867年一位生於德國卻大半生在英國從事「印歐語言 學」(Indo-European Linguistics)研究的學者繆勒(Friedrich Max Müller, 1823-1900)出版了一冊名為：《來自一個德國工作室 的木屑》(Chips from a German Workshop, 1867)之作品，正式提 出「宗教學」(the Science of Religion, or Religionswissenschaft)這個 學術用語。他在書中以研究「比較語言學」方法，發現 印歐民族的"神話"(myths)內容之共同處，因而開始專心於 宗教研究，尤其著重於印歐民族的「神話學」(Mythology)方 面。其實早在1856年繆勒就發表一篇：〈比較神話學論 文〉(Essay on Comparative Mythology, 1856)，主張其"印歐民族宗 教同源"的學說。由於繆勒的學術貢獻受到學界肯定，英 國皇家學術院於1870年邀請他擔任有關「宗教學」這一 新興的人文科學學門講座。三年後繆勒出版：《宗教學導 論》(Introduction to the Science of Religion, 1873)一書，從此這一 門新的人文科學學門正式被歐洲學界所承認，他也被公認 為「宗教學」的開山祖師(宗教學之父)。

十九世紀時期，基督教宣教師相當活躍，他們在世界各地開拓宣教區，從而接觸到不同民族及異教。於是歐美各大學神學院為了宣教上的方便，紛紛設置宗教研究課程，並以「比較宗教學」(Comprative Religion)稱之。只因這一課程在神學院(Theological Seminary)授課目的，均在做為「宣教學」(Missiology)的輔助學問，立場相當主觀，比較來、比較去、都是「基督教」(Christianity)勝利！不過一般歐美各國大學的宗教研究課程，因忠實於人文科學的學術講授，所以很客觀，也習慣於採用「宗教科學」(強調它為「人文科學」的一個學門)為名。美國學界則慣於稱這一學術課程為「宗教史學」(History of Religions)，藉以強調做為人文科學之一的「宗教學」，乃是立足於"歷史"(history or historie)為基礎。事實上，做為人文科學的「宗教學」是不為任何"宗教"做背書的。畢竟它是一面"宗教照妖鏡"，時常以客觀立場在檢驗"宗教"之是非真偽。

時下台灣國內大學院校，已經有十個以上設置「宗教研究」(Religious Studies)之系所。而最先設置者，就是私立的天主教輔仁大學(Fu-Jin Catholic University)於1988年創立的「宗教學系」(Department of Religious Studies)。令人不解的是：為何台灣學界要等到1988年才由天主教輔仁大學創設宗教研究學系？其明顯理由和中國國民黨政權的教育政策，以及長達38年的「軍事戒嚴」有關。也就是說，1949年至1987年殖民台灣的「中國國民黨」，因逃避中國共產黨之追殺淪為流亡政府。它為求自保，只有一面

實施"反攻中國"的黨化教育，另面進行"軍事統治"(戒嚴)。這麼一來自然就無視正規的教育品質，特別是人文科學的宗教研究。所以天主教輔仁大學才會於解嚴一年後的1988年，經教育部核准創立(比較中國北京大學於1996年9月6日設置宗教研究系所，還早八年)。顯然地，國民黨這個外來政權不鼓勵台灣公私立大學設置「宗教學」系所是有其原因的，因爲它利用兩個"政治宗教"在保護其政權：一個是「國家儒教」(State Confucianism)，另一個就是「三民主義教」(Political Quasi-Religion)。前者於台灣各重要都市建設「孔子廟」，設置一位"大成至聖先師奉祀官"，利用9月28日「教師節」舉行"祭孔大典"。祭司是總統、內政部長、各縣市長。祭牲用"牛、羊、豬"。目的在於教化封建帝制時代那一套忠義道德倫理之宗法社會家庭主義(Family-ism)教條，使百姓成爲乖乖牌順民，也同時使其政權可以"家天下"。後者則是將"三民主義"政治意識形態絕對化，因而取得「類似宗教」(Quasi-Religion)之宗教性(religionity)，藉以教導軍公教人員及全國人民"忠黨"等於"愛國"之歪理。目的在於永保其政權於不墜，以便來日能夠"三民主義統一中國"。有了上述兩個"政治宗教"在保護中國國民黨政權，難怪國家的教育部要等到1987年解除「戒嚴」的一年後才允許各級大學設立「宗教學」學術部門。台灣長期以來受到上述兩個"政治宗教"影響之下，自然就「國家」不成「國家」。在西方世界所認知的「國家」(Nation)，是一種與命運共同體(地球村)有

關的「國家主義」(Nationalism)。這一用字也認同於「民族主義」，為此英文的"nationalism"就兼顧「國家主義」與「民族主義」兩者之意義。用上述之規準來檢驗中國於歷史上建立的不同朝代，就可以明白歷朝帝王建立的"朝代"(dynasty)是自己政權的"江山"(政治勢力)，而不是西方社會所謂的"國家"(以民族為主體)。所謂"江山"者就是帝王的"家國"(家天下)，為此才有「唐朝」(李世民的家國)、「元朝」(蒙古人的家國)、「明朝」(朱元璋的家國)、「清朝」(滿洲人的家國)、和「中華民國」(中國國民黨的家國)。藉著以上的檢驗分析，就知道：為什麼「中國國民黨」這個外來政權於1945年殖民台灣以後要以「國家儒教」的"家庭主義"來維護它的"家國"，以及利用「三民主義教」的"新皇帝崇拜"(向「國父遺像」行三鞠躬，又宣讀「遺囑」為勅語)來維護其"黨國"。難怪陳水扁當了八年(自2000年至2008年)的台灣人總統一下台，就被這個外來政權入罪關到現在，其屬下的政務官均個個被司法調查加以精神虐待。畢竟六十六年來(1945～2012)台灣社會的政治(尤其是國會)、軍警、司法、教育、媒體，仍然受到中國國民黨這個"家天下政權"的"黨國"所控制。為此，台灣是個被外來政權統治的"家國"與"黨國"，並不是一個正常的"民主國家"。下列簡表，應該有助於瞭解中國國民黨這個利用"政治宗教"維護其政權的本質。這點正是人文科學之一的「宗教學」必須凸顯其「照妖鏡」之重要使命。

中國國民黨專制政權的政治宗教

國家儒教 (State Confucianism)	三民主義教 (Political Quasi-Religion)
教主：孔夫子(至聖先師)	教主：孫中山(黨父)
經典：《四書》、《五經》	經典：《三民主義》
教義：「四維」、「八德」	教義：建國方略、大綱
宗旨：家庭主義(Family-ism)	宗旨：黨國主義(Party-Statism)
教條：中華道統	教條：國父遺教
主神：大成至聖先師	主神：國父孫中山，英明領袖蔣介石
儀式：祭孔大典(各縣市)	儀式：動員月會、週會、官方典禮
祭長：大成至聖先師奉祀官	祭長：中國國民黨黨主席
祭司：總統、內政部長、縣市長	祭司：各黨部主委、機關首長
信徒：全國人民(跨宗教)	信徒：黨員、軍公教人員
教規：封建道德倫理	教規：忠黨等於愛國
目標：教育百姓做順民	目標：三民主義統一中國
政治：維護「家國」(Family State)	政治：維護「黨國」(Party State)

　　從上列的簡表應可以領略「中國國民黨政權」如何利用"政治宗教"統治人民之事實。過去這個專制政權時常強調"政教分離"。根據上表之呈現，其謊言不攻自破！此外，這個政權為了利用「台灣民間信仰」，只見官員到各地視察或於祭典之時，逢廟捐款，見神必拜。目的在於利用廟宇的角頭及董事做大選時的"柱仔腳"。這點也正是總

統及各級民意代表選舉時，少數的在野黨團處於劣勢之原因所在。

　　自從1988年台灣出現天主教輔仁大學第一個宗教研究系所之後，這類系所就陸續於公私立大學設置，其用心及努力誠然可以肯定。不過因爲缺乏專門師資，所以無法忠實於「人文科學」(Human Science)之宗教研究。以致出現違反「人文科學」研究精神之現象：基督教大學開宗教系所之目的，在於爲「基督教」之信仰背書。佛教大學的宗教系所，同樣也在爲「佛教」之信仰背書。「宗教學」因此淪爲類似基督教神學以及佛教學院所附屬之的不倫不類學門。甚至也有佛教大學的宗教研究學門專門在教"生死學"，使學員畢業後可以在殯儀館做"禮儀生"，實在浪費人才。天主教大學宗教系學生，也不務正業地在大跳"八家將"，甚至參與廟會之陣頭。基督教大學的宗教學系，更擇定紀念日在校園裡舉辦巫術法事及表演洗禮儀式，因此受到長老教會當局之糾正。如此一來，做爲「人文科學」之一的「宗教學」，其學術地位也因此被貶低，更談不上是在擔負宗教脫序的「照妖鏡」之使命了。由此可見，台灣國內各公私立大學的宗教研究學門，其做爲「人文科學」的學術水準尚有待提升。

　　拙作：《宗教學暨神話學入門》，係著重於「宗教學」與「神話學」的"方法論"(methodology)之論述。其內容分爲兩部份：宗教學入門及神話學導論。前者論及「宗教學」的發展簡史、宗教之定義、宗教起源論、宗教

研究之分類、人類的宗教現象、及宗教現象學派的研究方法。後者論及「神話學」之認識、其發展史、其方法論、以及有關中國神話之研究等等。這些文章係筆者任教於台灣神學院及兼任於輔仁大學和東海大學宗教研究所時期的"講義"所輯成。並且附有十一類現代世界主要宗教的圖片於目錄之後，以供讀者參考。雖然內容未盡周延完美，只是期待提供學界同道一個研究「宗教學」之正確方向。更期待學界先進給予指正及補充，以期使這門「人文科學」之一的「宗教學」能夠在台灣發揚光大。

在此也必須由衷感謝為本書打字的林素清女士及吳欣郿女士，協助描繪世界諸宗教教徽的周景明先生及真理大學資訊系同學，以及台北市前衛出版社社長林文欽先生、責任編輯周永忻小姐和她的編輯團隊。沒有這些友人的支持及合作無間，本書就無法出版而就教於讀者先進，是以為序。

董芳苑 謹識

2012年7月24日

目錄

CONTENTS

Zoroastrianism

波斯教

①「波斯教」創始人蘇羅阿斯德
(Zoroaster)之畫像。他手持火把，也
教導人崇拜聖火，因此華人稱其所創
宗教爲「拜火教」。

②波斯教(Zoroastriarism)奉爲至上神的
「阿夫拉瑪茲拉」(Ahura-Mazda)人首
鷹身之造型雕像。上圖摘自波斯王大
流士一世(Dariuss I, 558～486, B. C.)
的宮殿牆壁。

③波斯教的祭司正在供養聖火。他們以
白布遮口，以免呼氣污染"聖火"。

④印度孟買的「波斯教聖殿」(Parsee
Fire Temple)及其穿白袍的祭司。

波斯教祭司立於人首、牛身、鷹翼的守護天使旁邊（攝於印度孟買）。

① 波斯教祭司細心供養祭拜之「聖火」。

② 波斯教的祭司正在為男童進行「入會禮」，將一條「聖帶」繫於男童腰間。

③ 波斯教的祭司為女孩舉行「入會禮」，使她正式成為信徒。

① 波斯教的信徒死後，屍體被抬赴「安息塔」（Tower of Silence）進行天葬。

② 波斯教爲死者設置的「安息塔」（印度孟買郊外）。所謂「天葬」者，就是屍體放置於塔內任憑禿鷹啄食。所留下的遺骨掃入塔內天井，等待末日復活。

③ 波斯教處理屍體的「安息塔」模型。屍體之放置爲：內層兒童、中層婦女、外層爲男性。

波斯教發源地波斯(今日的伊朗)的兩座已廢棄的「安息塔」，因被「伊斯蘭教」壓迫之故。

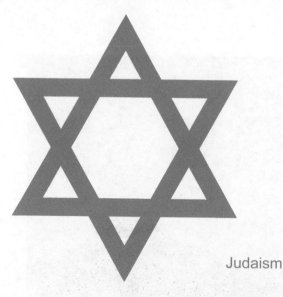

Judaism

猶太教

①拉比穿著祈禱披肩(Tallit)指導猶太教少年研讀《摩西五經》。
②在「哭牆」(猶太教精神堡壘)之下做祈禱的猶太教拉比們。
③在「會堂」(Synagogue)做禮拜的猶太教徒。
④猶太教徒的家庭生活離不開宗教教育。
⑤加拿大多倫多的猶太教會堂。
⑥猶太教徒過節時一定在家中點燭祈禱。

Christianity

基督教

台南市「車路墘禮
拜堂」為獨立長老
教會。

①台北市嶺頭「台灣神學院禮拜堂」，充分凸顯本土化特色。

②1865年基督教的長老教會從英國蘇格蘭傳入台灣。上圖為台灣第一座長老教會禮拜堂──「旗後教會」（位於今日的高雄市旗津）。

③首位英國長老教會來臺傳教的宣教師馬雅各醫師(Dr. James Laidlaw Maxwell, 1835-1921)紀念碑，立於旗後教會。

①天主教(Roman Catholic Church)於1859年派郭得剛(Fr. Fernxnde Sainz)及杜篤拉(Fr. Joseph Duttoras)兩位神父(屬道明會教士)來台佈教。並於1869年(同治八年)建造這座「萬金天主堂」爲台灣現存最古天主堂。

②教宗正在聖彼得教宗座堂廣場主持聖禮典(彌撒)。

③義大利羅馬的「聖彼得教宗座堂」為世界天主教中心(梵諦岡教廷)。歷任教
宗(Pope)在此發號施令領導普世「天主教會」(Roman Catholic Church)。
④萬金天主堂內部全景。

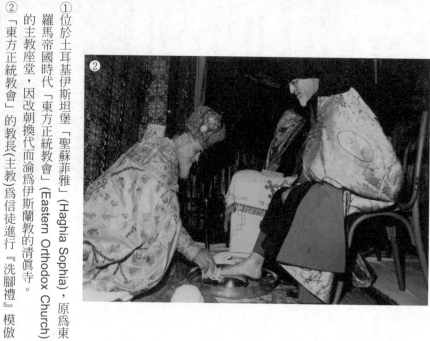

① 位於土耳其伊斯坦堡「聖蘇菲雅」(Haghia Sophia)，原為東羅馬帝國時代「東方正統教會」(Eastern Orthodox Church) 的主教座堂，因改朝換代而淪為伊斯蘭教的清真寺。

② 「東方正統教會」的教長（主教）為信徒進行『洗腳禮』模倣耶穌的謙卑。

③

④

③非洲天主教神父在主持彌撒，將聖體(餅)分給信徒。

④伊索比亞(Ethiopia)古教會的主教均頂著『十誡』盛裝舉行儀式。

① 伊斯蘭教

Islam

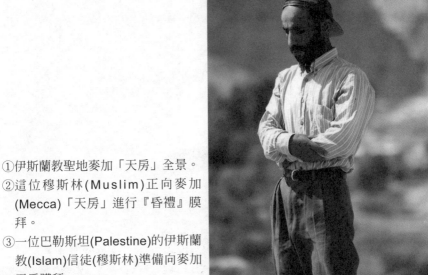

①伊斯蘭教聖地麥加「天房」全景。
②這位穆斯林(Muslim)正向麥加
  (Mecca)「天房」進行『昏禮』膜
  拜。
③一位巴勒斯坦(Palestine)的伊斯蘭
  教(Islam)信徒(穆斯林)準備向麥加
  天房膜拜。

①猶太教(Judaism)、基督教(Christianity)、伊斯蘭教(Islam)共有的『聖地』——耶路撒冷(Jerusalem)。圖中左前方高塔爲著名的『大衛塔』。

②位於耶路撒冷的「岩石寺」(Dome of Rock)爲著名的伊斯蘭教清眞寺。

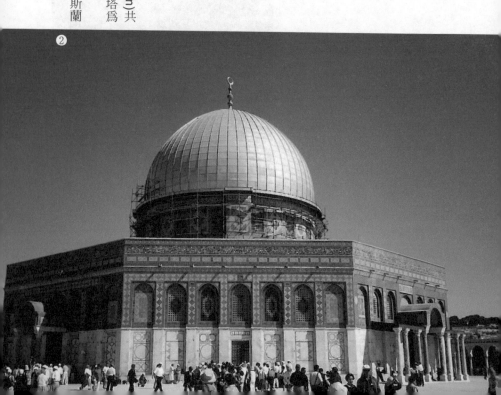

③

④

③伊斯蘭教最重要聖地：麥加「天房」。
④土耳其伊斯坦堡(Istanbul)著名的「藍色清眞寺」(Blue Mosque)有六根拜塔，前方紅色的清眞寺原爲東羅馬帝國所建造的「聖蘇菲雅主教座堂」(Haghia Sophia)。

①一群非洲的穆斯林正在進行『跪拜』，虔誠向麥加天房的方向膜拜。

②台灣台北市新生南路的伊斯蘭教清眞寺。

③印度著名的伊斯蘭建築──泰妃陵(The Taj Mahal)。

④泰妃陵為蒙兀兒帝國第五代君王沙賈汗(Emperor Shah Jahan, 1592～1666)為其愛妃瑪哈(Mumtaz Mahal)所建陵墓，為世界奇觀之『伊斯蘭建築』。

Hinduism

印度教

印度教的福神加涅沙
(Ganesha)，象首四
臂。

印度教的廟宇，建於
1938年。此廟位於德里
(Delhi)，主神爲保守神
昆濕奴(Vishnu)及其妻
拉西米(Laksimi)。此廟
之開幕由聖雄甘地(M.
Gandhi)剪彩。

現代印度教先知，採取無抵抗主義 印度教出家修道的信徒。
(Ahimsa)對抗大英帝國爭取印度獨立建
國的「聖雄」甘地(Mahatma Gandhi,
1869～1948)。

聖雄甘地墓園正面。

印度教祭司(屬婆羅門階級)正在祭拜火神阿格尼(Agni)

印度教的破壞神「濕婆」(Shiva)崇拜者，正在祭祀男女性器交合狀的神明(Lingham)。

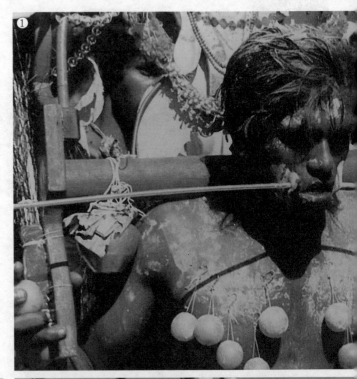

①印度教的苦行者，以自虐行爲爲尋求解脫。

②印度教徒在恆河河邊向多加女神(Durga)祭拜之儀式。

③印度教的寡婦跳入火中殉葬圖。

④印度教徒將其親人火化之後的骨灰傾倒於恆河，象徵回歸河神懷抱。

Jainism

耆那教

①耆那教徒用牛奶爲其大佛（超渡者）沐浴祭拜情形。按佛教的「佛陀」(Buddha)用語係來自耆那教。

②印度耆那教(Jainism)白衣派帶口罩持掃帚的自力修道人。

③

④

③一位耆那教(Jainism)白衣派信徒(Jain)正在供奉『超渡者』(信仰對象)。

④虔誠的耆那教徒正在為佛陀(超度者)浴身。

卍

①

佛教

②南傳佛教（上座部佛教）的臥佛造型。
②佛教大乘系統的三寶佛：釋迦佛（中）、藥師佛（右）、阿彌陀佛（左）。

③傳說佛陀(Buddha)就是在這棵菩提樹下的「金剛座」禪定悟道。

④台灣彰化八卦山大佛像，佛教創始者「釋迦牟尼」，也就是佛陀。

①大乘佛教「淨土宗」的「西方三聖」：阿彌陀佛(中)、觀音菩
　薩(右)、大勢至菩薩(左)。

②大乘佛教的「彌勒佛」大佛像。

③大乘佛教「淨土宗」的接引佛—阿彌陀佛(Amita Buddha)之雙
　手接引，信徒往生西天極樂淨土(天堂)之造型。

④藏傳佛教(喇嘛教)的性交狀「歡喜佛」。

⑤大乘佛教的「觀世音菩薩」發願渡生。

⑥大乘佛教的「地藏王菩薩」發願渡死。

sikhism

錫克教

①錫克教創始人那那克上師 (Guru Nanak)及伴隨他傳教的 琴師馬達那(Mardana)。

②錫克教上師那那克(Guru Nanak)及九位繼承上師(頭上 有圓圈者)和兩位門人。

③印度錫克教位於安立查 (Amritsar)聖城的「金殿」 (Golden Temple)。

④金殿(Golden Temple)側景。

⑤錫克教祭司正在領導信徒宣 讀「經典上師」(Guru Granth Sahib)。

⑥另一位宣讀「經典上師」的祭 司。

⑦穿戴「五K」服飾的錫克教信 徒，他們慣於自我武裝藉以對 抗外來迫害。

⑧錫克教的「聖堂」(Gurdwara) 定期供應免費餐飲給窮人。

①

②

Shintoism

神道教

伊勢神宮的清幽內場，造型如同仙境。

①日本神道教於大和時期(Yamato Period)崇拜「天照大神」(Amateras Omikami)的中心：伊勢神宮。

②山間小路擺著「神體」(Kami)供人祈安求福。

③兩個追求幸福的日本女孩正向河神獻花。

① 典型的神道教「聖殿」(Shinto Temple)。

② 神道教的祭司步出聖殿為人祈福。

④

③神道教的信眾朝拜「神社」之後，正通過神社的「鳥居」(Torii)之門。

④神道教有許多不同的信仰群，信徒各按自己不同的信仰對象按時舉行祭典。

道

Religious Confucianism

儒教

①儒教(Religious Confucianism)供奉孔子
　的神壇，孔子被奉爲「文聖」。
②儒教供奉關羽(關公)爲「武聖」，鸞堂
　稱做「恩主公」。

③

④

③儒教宗祠內的祖先牌位。
④府城人因崇功報德的儒教教條而崇拜
　劉國軒，亦即地方官。

①儒教重視孝道，強調祭祀祖先，上為宗祠中的吳姓先人。

②講忠義教條的儒教也供奉岳飛，祭祀於民間宮廟。

③ 新竹新埔義民廟的
　「褒忠」牌匾是清國皇帝乾隆
　頒賜。

④ 開闢宜蘭地區的吳沙及其他開蘭先驅，均被立牌
　供奉於廟內。

Religious Taoism

道教

①融入道教的台灣民間信仰宮廟，取迷你化古代宮殿造型。

②道教占驗派術士擺攤爲人相命、卜卦、擇日。

①

②

③道教(Religious Taoism)標榜的主神─騎獨角青牛的「老子」太上老君。

④東港「東隆宮」三年一科的王醮時,為人消災之衙役穿著。

①道教創造的玉皇上帝。

②道教創始人—張道陵，亦即張天師造型。

③

④

③帝王化的玉皇上帝，民間號稱天公。

④「老子」（太上老君）所化身的「三清道祖」，道教「三位一體」神明：太清、玉清、上清。

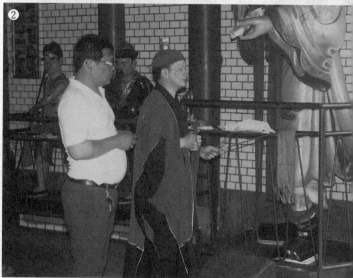

① 「烏頭道士」（司公）為善男信女主持消災祭解儀式。

② 「紅頭道士」（司公）在新竹城隍廟為信徒消災祈福。

③高雄市「道德院」女性道姑做法事情形。

④通俗道教的「紅頭法師」領導「童乩」作法爲信徒消災解厄。

波斯教
（Zoroastrianism）

猶太教
（Judaism）

基督教
（Christianity）

伊斯蘭教
（Islam）

印度教
（Hinduism）

耆那教
（Jainism）

第一部 │ 宗教學入門

佛教
（Budhism）

錫克教
（Sikhism）

儒教
（Religious Confucianism）

道教
（Religious Taoism）

神道教
（Shintoism）

普世一家
（The symbol of the World Council of Churches.）

「宗教學」(Religionswissenschaft or Science of Religions)這一學門之名稱，乍聽起來可能十分陌生，因爲它在台灣學界尚不太普遍的緣故。原來「宗教學」這一門學問起源於歐洲，迄今才不過一百多年的歷史，所以是一門年輕的人文科學。「宗教學」原來在歐洲學界叫做「宗教科學」，但這是德文的稱謂。一般英、美學界則喜歡叫它做「宗教史學」(History of Religions)，或「比較宗教學」(Comparative Religions)[1]。名稱雖異，卻都是以人文科學立足點研究「宗教」的學問，因此用「宗教學」來做規範性的學術名稱，就比較妥當。

倘若用「宗教學」一詞做簡單定義的話，可定義做：『用人文科學方法從事研究「宗教」的一門學問』。既然採用人文科學的專門方法來研究「宗教」，學者就當避免主觀的判斷或從事自己特定信仰之強調。也就是說，學者

---

1 早期「宗教學」因受繆勒(Max Müller)的「比較語言學」之影響，均被稱為「比較宗教學」。但德語系統的歐洲學界則以「宗教科學」來稱呼這門人文科學。至於戰後美國宗教學界，則用「宗教史學」名之。因為「宗教學」的基礎和其他的人文科學一樣，就是「歷史」。

不能用個人特有的宗教信仰做爲研究宗教之出發點或判斷的標準。他必須對各種宗教一視同仁，並以客觀態度做爲研究宗教之入門。「宗教學」既然採用人文科學的方法從事於宗教研究，就各種宗教現象及其歷史發展，以至宗教對人類社會、文化、心理的影響，都是它研究的對象。下面的幾點分析，將有助於我們瞭解「宗教學」是怎樣的一門人文科學之學問。

一、宗教學的基本認識

這一部份將探討「宗教學」是什麼樣的學問？它的範圍、限制、問題、方法、角色、到底是什麼？何爲宗教學者健全之研究立場？顯然的，這些都是認識「宗教學」所必須處理的重要問題。

(一)範圍

什麼是「宗教學」的研究範圍？做爲人文科學之一的「宗教學」所探討的對象，就是曾經出現於人間的各種宗教。人類歷史上的各種「宗教」，就是它從事研究的主要題材。也可以這麼說，「宗教學」旨在探討出現於一切已知世代中的「宗教現象」、「宗教歷史」、以及人類社會的各種「宗教生活」。人類所信奉的各種宗教，往往受制於時間與空間。而且出現於各時代的宗教團體，均有其自屬的宗教活動與經驗。所以「宗教學」必須處理人類的

各種宗教在歷史過程中所出現的不同現象及變化，尤其是宗教結構上及思想上的表現，並且將其譜成「系統」(system)。質言之，「宗教學」所研究的範圍，就是人類古今的宗教歷史及現象。將人類的宗教歷史及現象做有「系統」的歸類與解釋，就是「宗教學」的人文科學公式。

(二)限制

　　「宗教」真正能夠用人文科學的方法來加以研究嗎？在此我們似乎碰到了困難的問題：因為所謂之「科學」(science)係注重實證(experiment)，「宗教」卻是人類精神上十分奧秘的信仰經驗，與一般人所瞭解的所謂「科學」剛好相反。事實上，要把「宗教」當做一門「科學」來加以研究，問題關鍵在於如何將做為研究對象的「宗教」加以客觀化這點。到底「宗教」能否被客觀化來加以探討的問題，委實值得學者商榷。有些人認為「宗教」根本沒有方法把它客觀化，為的是「宗教」係一種「信仰」、一種人內在的「經驗」。人若堅持這種主張的話，「宗教學」就根本無法成立。可是人類學、心理學、民族學、社會學、史學、哲學，等學門，也都在研究「宗教」。它們既然都是一種獨立的科學，就做為一門學術研究的「宗教學」，就更有資格去研究「宗教」了。

　　再就「完全客觀化」的問題而論，世上確實沒有一門學問能夠達到此一標準。一般所謂的「科學」，其定律、公式、假設，也常在修整與改變。所以任何「科學」，都

沒有絕對客觀化的可能。何況學術性的東西，其假設與推論，以至系統化過程，均多少帶有主觀性。如果沒有主觀合理之判斷，科學便不能成立。這麼說，一門學術的完全客觀化，根本是不可能的。美國宗教學家史密斯(W.C.Smith)曾經舉例來說明這點：人做學問就如觀察金魚在魚缸裡游水一樣，旁觀者只能看到金魚在魚缸裡的動作，根本看不到魚缸裡那條金魚的感想為何[2]。同樣的道理，「宗教學」所欲處理與探究的問題，只是人類歷史上出現的各種宗教所表現於思想上、儀式、及教團組織上之內容，也就是「宗教」的現象與歷史。只是探討的過程免不了有其主觀性，這是它的限制所在。

(三)正名

　　「宗教學」又叫做「宗教史學」，那麼「歷史」可視為一種「人文科學」嗎？對於這個問題，人類學家馬累特(Robert R. Marett, 1866～1943)的回答是肯定的[3]。許多人以為「科學」之目的，在於發現與時間無關的定律。這類說法倘若可以成立的話，就只有「數學」與「物理學」才夠資格叫做「科學」。事實上，這是一般太過狹窄的科學觀。這也難怪，因為物質運動的定律，好像是屬於非時間性的「數學」、「物理學」一類的東西，其實那是一種人的錯

2　引自1970年，前台南神學院長蕭清芬教授的《宗教學講義》導論部份。
3　參照：馬累特，《人類學》，何淑公譯，(台北：五洲出版社，民國56年)，頁6以下。

覺。再說，「歷史」的目的，乃是關心時間之過程。像「生物學」這種具有時間性的科學，就使上述的假設站不住腳，因為「生物學」介入了時間性。「歷史」與「生物學」一樣，也講生命的演化。就如人類的社會及文化就不斷地在演化，而「歷史」的責任就是去譜定許多社會與文化之演化過程，又將演化過程做一有系統的記述，這就是「歷史」的科學定律。「宗教史」就是根據此一「歷史科學」的原則，來處理宗教的起源與現象等等演化過程之問題。如同「生物學」在探討生物的演化一樣，「宗教學」旨在探討人類宗教生活的演化與解釋宗教所表現的象徵。因為「宗教人」(homo religiosus)不是一部機器，他是有生命有思想之人格(personality)。故其豐富的宗教生活之表現，就取了「歷史」形式代代地相傳。無論如何，在人文科學之中，「宗教學」應該佔有一席之重要地位。因為探討人類在歷史上出現之活潑的又多彩的宗教現象，乃是從事於「宗教學」研究學者的重要使命。

(四)方法

「宗教學」是何種人文科學？它的學術方法為何？顯然地，「宗教學」係一門「為真理而求真理」的專門學問，其比較方法注重「科學」的客觀性，而盡量避免主觀之判斷[4]。人間的學問有兩個大範疇，即：自然科學(Natural

---

4　以往「宗教學」在西方世界出現時，因受到「比較語言學」方法之影響才叫做「比

Science)與社會科學(Social Science)，後者又稱爲「人文科學」(Humanistic Science)。自然科學以整個自然現象做爲研究主題，故不必考慮人的視、聽覺或精神上之價值。社會科學係以人類的社會文化爲研究主題，其中並加入了各種的價值觀。比喻說，藝術價值是不能用化學公式來加以分析的，神鬼之有無只憑人的經驗去相信而無法用物理學的公式去求證。這麼說，「宗教學」即人文科學的一類，它與人類學、民族學、心理學、社會學、政治學、經濟學、歷史學，文學與哲學，同屬於人文科學的範疇。「宗教學」也應用它們的材料來探討宗教，因此和整個人文科學之範疇都有所關聯。

再就「方法」上的問題論之，「宗教學」因受進化論與比較語言學的影響，最初研究的方法均採取歷史主義的路線，爲此「宗教學」又叫做「比較宗教史」或「比較宗教學」[5]。人類的歷史是人文科學的基礎，因此歷史研究方法自然被應用於宗教研究之上。宗教學者就看宗教的研究等於是歷史的研究，荷蘭宗教學者拉蘇塞(Chantepie de la Saussaye)就作如是觀。固然歷史方法有它的優點，同樣也

較宗教學」。又因為學者均具基督宗教信仰背景，因此頗受「神學」(Teology)方法之影響，也同時影響基督宗教「神學」之教學內容。就像歐美各國許多神學院開「宗教學」(以「比較宗教學」名之)課程之出發點，均以「護教學」(Apologetics)及「宣教學」(Missiology)為目的。因此使宗教研究(religious studies)成為「神學」之附屬品，也就是比較來比較去都是「基督宗教」勝利的一套學問，絲毫也沒有客觀性。不過歐美各大學所設的「宗教學」系所，則忠實於人文科學路線，即以客觀方法從事宗教科學之研究。

5 cf. Eric J. Sharpe,《Comparative Religion-A History》, (London: Duckworth, 1975), pp.1-26.

有它的缺點。就如「歷史」只注重過去，「宗教」則是一種活生生的現象。因此宗教研究若過份受制於「歷史」因素，其研究方法便陷入於歷史定命論中，以至忽略了宗教結構之問題。於是另一種補充歷史方法不足的學問應時而出，那就是「宗教現象學」的方法。這種方法的優點乃是集中於關心「宗教現象」之本質及結構，找出宗教間「相似」(homologies)的地方，使學者瞭解「宗教象徵」的意義為何。當然它也有很大的缺點，就是容易曲解宗教信仰原來的意義，為的是它沒有以「歷史」為基礎。因此今日的宗教學者均致力嚐試去調和這兩種研究方法，以促進「宗教學」的研究使其更為健全。

(五)立場

到底宗教學者與信徒之間的立場有什麼不同？學術研究的立場貴在客觀、公開、中立，這是宗教學者所要遵循的基本原則。也就是說，基督教宗教學者不能用基督教信仰的價值觀來判斷各種宗教及研究人類的宗教史，如此一來就不夠中立、不夠客觀。凡超過觀察上的學問，就如形而上學、神學、佛學等等，均非宗教學者主要研究的對象。不過形而上學、神學及佛學的結論，則可做為宗教學者研究的參考。宇宙間到底有沒有神？神像什麼？神是一位或多位？這些形而上的問題，均非「宗教學」的質問。然而一神論(Monotheism)、多神論(polytheism)、以至無神論(atheism)，則為「宗教學」所關心的重要題材。換句

話說，宗教學者探討形而上的結論，歸類形而下的宗教問題，記述所觀察得到的一切宗教現象。

「宗教人」(信徒)與「宗教學者」的立場，其差別是很大的。前者是宗教的皈依者，後者是宗教的研究者，何況一個研究宗教的人往往不是宗教的信徒。一位「宗教人」的信仰是否真實的問題，「宗教學者」是不宜過問的。前者的宗教經驗之深淺，宗教學者只能觀察與記述，根本無權過問。可是宗教信徒的信仰經驗一旦表現於思想形式、祭祀行為、教團的組織制度，便成為宗教學者探討的對象。這樣看來，「宗教人」與「宗教學者」的立場有明顯的不同，前者信仰宗教，後者則研究宗教。不過，「宗教」的脫序現象，宗教學者則必須挺身而出來加以批判及導正。[6]

(六)使命

「宗教學」的使命為何？它在學界扮演著什麼角色？「宗教」是人類信仰生活的具體表現，因此往往有些人因宗教信仰問題而研究宗教，更有些人因「護教」與「宣教」的理由而研究宗教，但這些均與「宗教學」的主要「使命」無關。「宗教學」所扮演的角色，是一種探討

---

6 做為人文科學之一的「宗教學」，必須在多元宗教社會中發揮社會教育之功能。其教育對象不但是一般社會人士，尤其是信仰宗教的「宗教人」更為重要(藉以避免「宗教人」的迷信行止引發宗教脫序現象)。所以「宗教學」之任務應該如同一面「照妖鏡」，它除了檢視「宗教」有否脫序外，也要勇於批判宗教信仰內涵之真偽。

「宗教知識」的基礎學問。它的主要使命是客觀地去研究人的宗教思想、宗教經驗、宗教行為、宗教門派，藉以幫助現代人去瞭解「宗教」的本質與功能為何。也就是說，「宗教學」是一種學術、一門學問；它的「使命」不在於「救人」，乃在乎協助人去正視「宗教」的歷史現象及功能。說得更妥切地，「宗教學」如同基礎醫學一樣，它只指出病理，而不能醫治人的疾病；醫治人疾病的任務，是臨床醫學的使命。做為人文科學重要學術之一的「宗教學」，既然不同於解決人間生死終極問題的「宗教」，而是一種將「宗教史」、「宗教現象」加以觀察、歸納、記述的學問，就「宗教學者」自然有別於法師、祭司、和尚、與神父、牧師一類的宗教家了。引人皈依入信宗教，給人解除精神苦痛者，乃是「宗教家」的使命，而非「宗教學者」的使命。總而言之，「宗教學」的角色是一門學術，它的使命旨在提供現代人一些具體而有關人文科學之宗教知識。同時也採取「宗教哲學」方法去檢視宗教是否健全，批判其有否脫序與迷信等等問題。

二、宗教學與宗教哲學的區別

　　「宗教學」或「宗教史」與「宗教哲學」(Philosophy of Religion)可以說是兩種不同的學術訓練，其本質的確有很大的差別。

　　1.之前曾經提及，「宗教學」這門科學的任務是記述

宗教史，觀察宗教現象，並將宗教史之資料系統化。也就是說，它採用了人文科學的方法給「宗教」這一研究對象加以記述、分析、比較、和解釋。因此「宗教學」的內容包含宗教的歷史、宗教現象學、宗教人類學、宗教社會學、宗教心理學、宗教語言與象徵之研究範疇等等。所以「宗教學」的主要關心是「宗教」的形而下現象，其學者之研究態度注重客觀事實之記述及解釋，避免主觀的論斷與批判。

2.至於「宗教哲學」這門學術，則旨在處理「宗教學」所未達到的研究領域，尤其是形而上的宗教領域。就如探討宗教神學的問題，宗教對於人性善惡的看法，宗教的宇宙論，宗教人的生活觀，以及宗教與宗教之間的對話(交談)等。這等於是說，「宗教哲學」的主要關心是宗教價值的問題，因此注重批判性的探討，也包含價值判斷。「宗教哲學」與「神學」的不同處，乃是前者採取宗教資料去討論與批判究極真理的問題，後者則要先肯定一種究極的真理(相信神鬼)再去研究宗教。

下面就來看看三位中外學者對於「宗教學」與「宗教哲學」區分之見解。

(一)瓦哈的區分法

宗教學者瓦哈(Joachim Wach，1898～1955)就提出學者對於「宗教」研究有兩種明顯的立場：一是主觀立場，另者是客觀立場[7]。前者是「神學」(Theology)與「宗教哲學」的

態度，後者是「宗教學」的態度。

1.「宗教哲學」與「神學」

用「主觀」立場探討「宗教」的究極問題，批判其研究對象，此即「宗教哲學」的任務。用「信仰」為出發點，有系統的探討究極真理的問題，就是「神學」的任務，因此有「系統神學」之稱。

2.「宗教學」的立場

以「客觀」立場處理宗教思想、儀式行為、與宗教共同體的歷史演變及現象，就是「宗教學」的主要任務。

因此瓦哈就將「神學」與「宗教哲學」稱為「規範式研究」(normative study)，稱「宗教學」為「記述式研究」(descriptive study)：

宗教研究 (Religious studies)	1.主觀 → 規範式研究 (subjective) (normative study)	神學
		宗教哲學
	2.客觀 → 記述式研究 (objective) (descriptive study)	宗教學

由此可見，「宗教哲學」是規範式研究的學問，因其

7　cf. Joachim Wach,《The Comparative Study of Religions》, ed., by Joseph M. Kitagawa, (New York and London: Columbia University Press, 1958), pp.LIV ff.參照：蕭清芬《宗教學講義》，1970年。

入門既是主觀又具批判性的，「神學」也屬於此一範疇。「宗教學」是記述式研究之學問，因它注重宗教發展的歷史過程以及宗教現象，所以是「宗教」的過去與現在的綜合性研討。

(二)馬累特的區分法

英國人類學家馬累特(Robert R. Marett, 1866～1943)在他的《人類學》(Anthropology,1931)一書中，雖無專題討論「宗教學」與「宗教哲學」的區分問題，但他卻提出了「科學」與「哲學」的區別方法，清楚指明「科學」與「哲學」的區分。他以「科學」注重「部份」的研究，就像人文科學中的人類學、生物學、心理學、社會學、政治學、經濟學、與宗教學等等均是如此。「哲學」則注重「整體」，它的任務是批判與綜合的工作。[8]

例解：

科學——注重「部份」(分門別類之客觀探究)

哲學——注重「整體」(全體之主觀批判與綜合)

馬氏主張「科學」的任務是越少惹起「哲學」的問題越好，因為「科學」的任務是觀察、比較、記述，「哲學」的任務是批判與綜合，具主觀的價值判斷。這樣的區

8　參照：馬累特，前引書，頁3。

別雖然稍為粗略，但已經指出「科學」與「哲學」之基本區別所在。

(三)謝扶雅的區分法

基督教學者謝扶雅在譯述：魯一士(Josiah Royce,1855～1916)的《宗教哲學》一書的譯序裡，特別用宋代儒家的讀書方法：「讀書窮理」四個字，來區分「宗教學」與「宗教哲學」之不同。他認為「宗教學」屬於「讀書」的範圍，因它注重觀察與瞭解；「宗教哲學」是一種「窮理」的學問，因其重視推敲究竟問題之道理。[9]

例解：

宗教學——「讀書」(注重觀察與瞭解)

宗教哲學——「窮理」(注重推敲究竟之道理)

這樣的區分法簡單又明瞭，一見便知道「宗教學」的任務是要「讀」出宗教現象之事實，再加以求證與瞭解。「宗教哲學」的任務是要「窮」其宗教現象之是非究竟，批判其真偽及價值判斷。

又宗教哲學家希克(John Hick, 1922～2012)在他的《宗教哲學》一書裡，也清楚界說「宗教哲學」的任務是：

9　參照：魯一士，《宗教哲學》，謝扶雅譯，(台北：台灣商務印書館，民國56年)，頁1以下之謝教授譯序。

研究「神學」的概念、命題、以及神學家們的推理。同時也研究「宗教」所出現的宗教經驗與行為。[10]十分顯然的，「宗教哲學」所分析的主題是「上帝」、「神聖」、「魔鬼」、「創造」、「拯救」、「崇拜」、「禮儀」、「人性之善惡」、「永恒的生命」等概念，並檢視宗教用語之問題。

　　儘管「宗教學」與「宗教哲學」有上列基本上的區別，事實上兩者的關係仍然相當密切。「宗教學」提供資料給「宗教哲學」，「宗教哲學」則批判「宗教學」的用語與方法。因此兩者可以互相輔助。

三、宗教學的研究對象

　　做為人文科學之一的「宗教學」，其研究對象當然即出現於人類歷史上所有的各種「宗教」。人類的種族多元，文化也多元，因此「宗教」自然出現相當多元之現象。例如近東出現的宗教有：「波斯教」(Zoroastrianism)，「猶太教」(Judaism)、「基督宗教」(Christianity)、「伊斯蘭教」(Islam)。印度出現的宗教有：「印度教」(Hinduism)、「耆那教」(Jainism)、「佛教」(Buddhism)、「錫克教」(Sikhism)。東北亞出現的宗教有「儒教」(Religious Confucianism)，「道教」(Religious Taoism)，與「神道教」

---

10 參照：希克，《宗教哲學》，(台北：三民書局，民國65年)，頁3以下。

(Shintoism)。以上所舉的各種宗教,即「宗教學」必須探討的對象。當然「宗教學」研究之對象,並非止於上列這些現代宗教而已,它尚有宗教發展史之研究,宗教分類之研究,及宗教結構之研究。

(一)宗教發展史之研究

「宗教」出現於人類歷史當中,已經有一段相當漫長的歷史。所以「宗教史」的探究,對於人文科學之一的「宗教學」而言,就顯得格外重要。這點也正是現代英語世界稱「宗教學」為「宗教史學」之原因所在,為的是人文科學的基礎就是「歷史」(History)。一般學界研究宗教發展史,均以「原始宗教」(Primitive Religion)、「古代宗教」(Ancient Religions),與「現代宗教」(Modern Religions)來加以歸類。[11]

1.原始宗教

按「原始」(Primitive)一辭所指者,有時間上的年代原始(Chronological primitive)、文化的原始(cultural primitive),以及心理的原始(psychological primitive)之區別。與宗教發展史研究有直接關係的,就是年代上的原始。為此,其資料來源就必須倚仗考古學、地質學、及古生物學等學術領域的成果之

---

11 cf. Joseph M. Kitagawa,《The History of Religions》, (Atlanta: Scholars Press. 1987), p.27-46.

貢獻。而且還要靠著人類學家對於現有的非洲、澳洲、美洲等那些土著原始部落(即文化上之原始人)宗教現象之記述，來加以比較研究，企圖找出歷史上原始人類真正宗教的痕跡。

2.古代宗教(Ancient Religions)

人類於歷史上發展自己的文化以至達到某種程度之文明，都會出現多彩多姿的宗教現象。而且它們也都曾經在歷史上風行一時，又深遠影響現代眾多的宗教，儘管它們都已成為過去。就是這個緣故，這類古代宗教也被稱為：「過去的宗教」(Bygone Religions)。最值得現代學者研究的「古代宗教」，計有下列幾個：

古埃及宗教(Ancient Egyptian Religion)
古巴比倫宗教(Ancient Babylonian Religion)
古迦南宗教(Ancient Canaanite Religion)
古希臘宗教(Ancient Greek Religion)
古羅馬宗教(Ancient Roman Religion)

此外，古代印度婆羅門教、古代中國宗教，因為多少混合於現代「印度教」、「耆那教」、「佛教」、「儒教」及「道教」之中，較少做獨立主題之研究。又美洲發現的「印加宗教」(Inca Religion，發現於南美秘魯的Andes山區)、「馬雅宗教」(Mayas Religion，發現於中美洲地區)、及「阿茲特

克宗教」(Aztec Religion，發現於墨西哥中部地區)的印弟安人宗教現象，雖然對於現代宗教不具什麼影響力，卻也是宗教學者瞭解古代印弟安人宗教的一個研究主題。

3.現代世界諸宗教(Modern World Religions)

　　現代世界諸宗教是「宗教學」最著力的研究主題，因為它們對於現代人文思想及社會價值觀的影響最大。當然現代世界諸宗教的特徵，不出於具備歷史、地域、種族、及文化等等特色。就如猶太教與基督宗教的猶太性質、伊斯蘭教的阿拉伯性質，印度教、耆那教、佛教、錫克教的印度性質，儒教與道教的中國性質，以及神道教的日本性質等等可以為例。由此可見，現代世界諸宗教所表現的多元現象，正是宗教學者致力探究它們的理由所在。畢竟這些現代宗教之於人類的精神生活太重要了。這些現代世界諸宗教的歸類，有下列十二類：

　　波斯教(Zoroastrianism)

　　猶太教(Judaism)

　　基督宗教(Christianity, or Christian Religion)

　　伊斯蘭教(Islam)

　　印度教(Hinduism)

　　耆那教(Jainism)

　　佛　教(Buddhism)

　　錫克教(Sikhism)

儒　　教(Religious Confucianism)

道　　教(Religious Taoism)

神道教(Shintoism)

新興宗教(New Religions)

　　必須留意的是：這類現代世界諸宗教每一教團之名稱，均是一個代表性的大名詞。因為在各教團之名下都有許許多多的宗門流派，他們也都是獨立研究之對象。就像基督宗教之名下有「羅馬大公教會」(Roman Catholic Church 即「天主教」)、「東方正統教會」(Eastern Orthodox Church)及「歸正教會」(Reformed or Protestant Church)；伊斯蘭教之名下有：「遜尼派」(Sunni)、「什葉派」(Shia)、與「蘇非派」(Sufis)；佛教之名下有：「南傳佛教」(小乘佛教)、「北傳佛教」(大乘佛教)、與「藏傳佛教」(分為黃教、紅教、白教、花教、黑教等喇嘛教門)；印度教之名下有：「毘濕奴派」(Vishinuism)、「濕婆派」(Sivaism)、與「性力派」(Tantricism)等等，委實引不勝引。再者，現代「新興宗教」更有眾多流派，所以必須選擇具有國際影響力者加以個別研究。

(二)現代宗教之分類研究

　　將現代世界諸宗教加以分類研究，也是探討「宗教學」方法論的一部份。歷來宗教學者對於現代宗教之分類研究，的確有不同之區分，茲簡述如下：

1.一般分類(General Classification)

1)**國際宗教**(International Religions)──這類跨越國際的現代世界重要宗教，因其宗教活動十分積極而且已經國際化，所以可說是十足資格的「世界諸宗教」(World Religions)代表性教團。它們就是：

基督宗教(Christianity, or Christian Religion)

伊斯蘭教(Islam)

佛教(Buddhism)

2)**民族宗教**(Ethnic Religions)──這類以特定民族為主體所凸顯之宗教信仰，均冠以民族之稱謂(諸如：波斯教、猶太教、印度教)，或以該民族宗教思想特徵為名稱(諸如：儒教、道教、神道教)的教團，對於人類歷史之影響也相當深遠。它們就是下列幾個：

波斯教(Zoroastrianism)─波斯人的宗教

猶太教(Judaism)─猶太人的宗教

印度教(Hinduism)─印度人的宗教

耆那教(Jainism)─印度人的宗教

錫克教(Sikhism)─印度人的宗教

儒教(Religious Confucianism)─華人的宗教

道教(Religious Taoism)─華人的宗教

神道教(Shintoism)——日本人的宗教

3)**國家宗教**(State Religions)——由國家立法規定與支持的特定教團，並要求全國人民奉行的宗教，可歸類為國家宗教。就如：英國、沙烏地阿拉伯、斯里蘭卡、泰國、與台灣(戰後由國民黨政權引入的「國家儒教」，其法定奉祀官為孔德成)，都有法定的「國家宗教」存在。例如：

安立甘宗教團(Anglican Church)——基督教的一個大宗派，於十六世紀時由皇家響應宗教改革，因而成為大英帝國之國家宗教。

遜尼教團(Sunni Islam)——沙烏地阿拉伯的國家宗教，國王也是伊斯蘭教之當然領袖，其影響力超越國際。

什葉派教團(Shia Islam)——伊朗的國家宗教，其總統具備政教合一之權力，其影響力超越國際。

南傳佛教(Southern Buddhism)——斯里蘭卡及泰國的國家宗教，北傳佛教稱其為「小乘佛教」(Hinayana Buddhism)。

藏傳佛教(Tibeto Buddhism)——西藏之國家宗教，大喇嘛為國家的當然領導人，因此又稱為「喇嘛教」(Lamaism)。

國家儒教(State Confucianism)——台灣的國民政府沿襲古代科舉制度而存在的國家宗教，目的在於強調教忠教孝這類落伍時代之公民教育。

4)**民間宗教**(Folk Religions)——世界各地區均有民間宗教，也是世界各地人民的傳統信仰。其特徵是混合各種宗教信仰而自成一格，並且與當地文化結合。在「民間宗

教」一辭之下，也可分為兩大類：

民間信仰(Folk Beliefs)：各地區民間基層人口的主要傳統信仰，而且與民間習俗結合。因具備文化特質，甚至影響其他宗教信徒的生活風習。

民間教團(Folk Cults)：典型的各地傳統宗教新現象，深具宗教混合主義特徵。台灣社會出現的「鸞堂」(儒宗神教)、「一貫道」(天道)、「天德教」、「天帝教」、「紅卍字會道院」、「理教」、「夏教」、「軒轅教」、「大原靈教」、「新儒教」、「眞佛宗」、「清海無上師教」、「法輪功教」等等，都屬於此類民間教團。它們一旦走向國際化，便是國際社會的「新興宗教」。

5)**新興宗教**(New Religions)── 近世出現於國際社會，又能夠吸引宗教人信奉的新興宗教，是宗教研究者不可忽略的研究主題。一般來說，出現於國際社會的新興教團為數眾多而且不勝枚舉。台灣社會可見的新興宗教有下列幾個：

巴海信仰(Bahai Faith)── 十九世紀於伊朗創始，又名「大同教」，國際總部設於以色列的海法市。

摩門教(Mormon Church)── 十九世紀於美國創立，類似基督教的一支，正式名稱為：「耶穌基督末世聖徒教會」，猶他州的鹽湖城為其教團中心之一。

耶和華見證人(Jehovah's Witnesess)── 十九世紀於美國創立之類似基督教，總部設於紐約市的布魯克林。

統一教(Unification Church)── 二十世紀中葉於韓國創立

之類似基督教，正式名稱為：「世界基督教統一神靈協會」。時下在國際社會活動的名稱為：「世界和平統一家庭聯合會」，並以「集團結婚」著稱。

此外尚有創立於日本的「創價學會」，「立正校世會」，「生長之家」，以及創立於印度的「超覺靜坐教團」、「哈里基士拿精神會」與「阿南達瑪迦瑜珈」等等新興教團，也值得宗教學者去探究。

6)類似宗教(Quasi Religions)──將「主義」(-'ism)這種「意識型態」(ideology)絕對化而形成一種「信仰」(faith)，就具備「宗教性」(religionity)。因宗教之條件：教主、經典、信徒、集會，它們也都具備，所以才被稱為「類似宗教」(Quasi Religions)。近世最具影響力的政治類似宗教，有下列四個：

納粹主義(Nazism)：出現於戰前德國之政治類似宗教，被神化之人物為希特勒(Adolf Hitler)。

軍國主義(Militarism)：出現於戰前日本之政治類似宗教，由首相東條英機及國家神道教所主導，被神化之人物為昭和天皇。

共產主義(Communism)：二十世紀由蘇維埃聯邦(USSR)主導之國際政治類似宗教，其影響力遍及西方及東方各國，被神化之人物為馬克思(Karl Marx)與列寧(Nikolai Lenin)。

三民主義：二十世紀由中國革命家孫中山主導的政治類似宗教，一九五〇年以後深深影響台灣社會，被神化之人物為號稱「英明領袖」的蔣介石。

2.地理分類(Geographic Classification)

近代知名學者諾斯(John B. Noss)在其《人類的宗教》(Man's Religions, 1949)一書,及司馬特(Ninian Smart)在其《人類的宗教經驗》(The Religious Experience of Mankind, 1969)一書的宗教研究,就採取世界地理區域的分類,如此之宗教研究分類方法,頗值得宗教學者參考:[12]

1)印度諸宗教(The Religions of India)
印度教
耆那教
佛　教
錫克教
2)東亞諸宗教(The Religions of East Asia)
道教
儒教
神道教
3)中東諸宗教(The Religions of Middle East)
波斯教
猶太教
基督教

---

12 cf. john B. Noss,《Man's Religions》, Revised edition, (New York: The Macmillan Company, 1956), p.x111.also see: Ninian Smart,《The Religious Experience of Mankind》, (Collins: The Fontana Liberary, 1971) , pp.7-8 (Contents).

伊斯蘭教

　　此外尚有以古今世界各民族之分類從事宗教研究者，就像日本學者加籐賢智的《世界宗教史》(鐵錚譯，台北：商務印書館，民國五十九年)一書可以為例。作者以：(一)世界各民族宗教之孤立發展，記述「巴比倫人的宗教」、「亞述人的宗教」、「埃及人的宗教」、及「中國人的宗教」；以(二)閃族宗教，記述「古代閃族宗教」、「迦南人的宗教」、「腓尼基人的宗教」、「以色列人的宗教」、「伊斯蘭教」(回教)、與「基督教」(基督宗教)，又以(三)雅利安民族之宗教為題，記述「古日耳曼人的宗教」、「希臘人的宗教」、「羅馬人的宗教」、「印度人的宗教」、與「波斯人的宗教」。這類宗教研究分類法雖然籠統，卻也可供宗教學者參考。

(三)宗教結構分析之研究

　　近代宗教學者為要探討「宗教」之於人類生活中的功能、象徵、與意義等等有關宗教結構問題之解答，便從哲學家胡塞爾(Edmund Husserl，1859～1938)哲學的「現象學」(Phenomenology)方法論獲得靈感，進而發展出：「宗教現象學」。這是一八八七年荷蘭阿姆斯特丹大學宗教學教授尚得比(P. B. Chantepie de la Saussaye)最先使用之術語。以下簡介下列幾位代表性學者，以及他們對於「宗教現象學」方法之研究範例：[13]

1.范得流的宗教現象學

荷蘭宗教學者范得流(Gerardus van der Leeuw,1890～1950)在其《宗教現象學》(Phanomenologie der Religion, 1933)一書裡，具體提出了「宗教現象學」之研究範例：[13]

第一部：宗教的客體

探討宗教的潛能、禁忌、神聖動物、植物、救主、聖王、天使、魔鬼、聖父母、聖名等等宗教結構及其象徵。

第二部：宗教的主體

1)神聖人物：君王、巫師、祭司、先知聖徒、邪惡的人類等等之宗教結構分析。

2)神聖共同體：團契、婚姻、家庭、部落、約法、宗派、教團、國家等等之宗教結構分析。

3)人類內在之聖質是靈魂：有關靈魂之形式、永恒性、不朽性、國魂、及靈魂與命運之宗教結構分析。

第三部：客體與主體之間的交互活動

1)外在行爲：喜慶、清淨、獻祭、崇拜、神聖時間、

---

13 cf. G. van der Leeuw,《Religion in Essence and Manifestation》, 2 Vols., tr.by J.E.. Turer, (New York: Harper & Row, 1963), pp.ix-xii (Contents, Volume I and Volume II).

神聖空間、神話、禮俗、祈禱、巫術等等之宗教結構分析。

2)內在行為：宗教經驗、與神立約、與神為友、跟從神靈、神靈附身、神秘主義、神的兒女、神的敵人、信仰、悔改、重生、頌讚等等之宗教結構分析。

第四部：論世界

探討創造與神的旨意，以人為目標之啟示，以世界為目標之啟示、及以神為目標之啟示等等之宗教結構分析。

第五部：各種形式

1)諸宗教：探討各種宗教之超然性，使命，混合主義、復興、改革、情愛、慈悲、順服、人性、及尊嚴之宗教結構分析。

2)創教者：探討創教者(教主)、改革者、教師、哲學家、神學家、及中保(神媒)等等之宗教結構分析。

3)後記：現象學、宗教、及宗教現象學之關係及差別。

2.瓦哈的宗教詮釋學

這位因逃避德國納粹政權迫害而移居美國的猶太人學者瓦哈，是美國芝加哥學派的創始人。在其《宗教的比較研究》(The Comparative Study of Religions, 1958)一書裡，提出了

宗教現象學路線之「宗教詮釋學」(religious hermeneutics)幾個基本原則：[14]

1)比較宗教研究的發展、意義、與方法
2)宗教經驗的特性
3)思想上宗教經驗的表現(經典與教義)
4)行為上宗教經驗的表現(崇拜與儀式)
5)交誼上宗教經驗的表現(教團與組織)

上列所提幾個宗教經驗之原則：教義、儀式、及教團，頗能啟發日後宗教學者詮釋宗教人的宗教經驗，分析宗教結構問題，因此可稱其為「宗教經驗的形態學」(Morphology of Religious Experience)。

3.伊利亞德的宗教象徵論

這位出身於羅馬尼亞，又負笈印度的美國芝加哥大學「宗教學」大師──伊利亞德(Mircea Eliade,1907～1986)，也是「宗教經驗形態學」之泰斗。其學說以「宗教象徵論」見稱，他那獨特的詮釋宗教象徵方法，深受榮格(Carl Gustav Jung, 1875～1961)的「深度心理學」(depth psychology)所影響。他在《比較宗教學的諸模式》(Patterns in Comparative Religion, 1958)一書裡，提出了詮釋宗教象徵論(也是宗教結構分

---

14 cf. Joachim Wach, Op. cit., p.xi (Contents).

析之範例)之方法，計十三個題綱：[15]

1)概要：神聖的形態學與結構
2)天空與天空諸神
3)太陽與太陽崇拜
4)月亮及其神秘性
5)水及水的象徵
6)聖石：聖顯、記號與形式
7)土地、女人與繁殖
8)植物：禮儀與再生之象徵
9)農業與繁殖儀式
10)神聖空間：聖殿，皇宮，與"世界中心點"
11)神聖時間與永恆更新(復甦)神話
12)神話功能與形態學
13)各種象徵之結構

　　伊利亞得詮釋「宗教象徵」之方法，的確影響近代之宗教學相當深遠，因而成爲美國芝加哥大學宗教學派之中堅人物。

　　以上簡要介紹「宗教學」這門人文科學之研究方法與內容，只是期望能夠喚起學界對於「宗教學」之認識與關

---

15 cf. Mircea Eliade, 《Patterns in Comparative Religion》, tr. by Rosemary Sheed, (New York: The World Publishing Company, 1963), see its "Contents".

心，肯定它的學術貢獻，使更多優秀學子能夠提起興趣加入此一人文科學的重要研究領域。

四、宗教學與其他人文科學的關係

「宗教學」之研究對象雖然是「宗教」，然而它是「人文科學」的一支，所以也和相關的「人文科學」(歷史學、人類學、民俗學、民族學、考古學、社會學、心理學、政治學、經濟學、醫學、哲學(尤其是現象學))有關。甚至也與立足於宗教信仰的基督教神學，伊斯蘭教神學、佛教之佛學，都有密切關連。畢竟「人文科學」及主觀性各種宗教的「教義學」，都是以出現於歷史上之人類活動現象為主的學術研究，因此自然和「宗教學」之關係密不可分。在「人文科學」各學門之學術領域之中，「宗教學」均應用其不同學術科系的方法論從事於宗教研究。同時學者也可選擇世上某一「宗教」為其專門研究之領域，就像：基督宗教、猶太教、伊斯蘭教、印度教、耆那教、佛教等等。至於對「宗教學」之研究有所貢獻於歷史上之學者個人，當然也是一種研究對象，藉以探究其宗教研究之方法論及學術貢獻。

(一)人文科學對於宗教研究之影響

儘管「人文科學」分門別類，卻都是立足於人類各種活動為研究主題之「社會科學」。因此「宗教」與它關係密切，各學門之「方法論」(methodology)也可加以應

用。就「宗教學」的方法論(研究方法)而言，它除了有自己的研究方法(諸如：宗教史、宗教學發展史、神話學、宗教解釋學、宗教經驗形態學)之外，也應用許多「人文科學」學門的方法論來從事宗教研究。因此就出現「宗教人類學」(Anthropology of Religion)、「宗教社會學」(Sociology of Religion)、「宗教現象學」(Phenomenology of Religion)、「宗教心理學」(Psychology of Religion)、「宗教哲學」(Philosophy of Religion)等等之相關學科。由此可見，「宗教學」應用各種「人文科學」方法論的範圍委實很廣，目的不外於豐富宗教研究之學術內涵。究竟人文之研究都有所相關，也互相補充。也許卡普斯(Walter H. Capps)的《瞭解宗教之各種管道》(Ways of Understanding Religion, New York: The Macmillan Company, 1972)一書的內容分類[16]，可以充分認識「人文科學」與「宗教研究」的直接關係(見下列之分類)：

第一部，還原第一原理：宗教不可缺少的條件
(Reduction to First Principles：The Sine Qua Non of Religion)

1.鄂圖(Rudolf Otto)：(宗教是神靈之經驗)(Religion as Numinal Experience)。[17]

2.施密特(Wilhelm Schmidt)：〈宗教是信仰至上神〉

---

16 Walter H. Capps,《Ways of Understanding Religion》, New York: The Macmillan Co., 1972.
17 宗教是人(宗教人)對「神靈之經驗」(Numinal Experience)，係德國路德宗學者鄂圖(Rudolf Oho, 1869-1937)之主張。其理論之代表作是：《Das Heilige》(1917)一書。

(Religion as Belief in the High God)。[18]

3.畢搭佐尼(Raffaele Pettazzoni)：〈一般的宗教動能〉(On Common Religion Impulses)。[19]

4.鈴木大拙(Daisetz Teitaro Suzuki)：〈開悟〉(Enlightenment)。[20]

5.古登那夫(Erwin R. Goodenough)：(宗教是人類驚畏感之調整) (Religion as Man's Adjustment to the Tremendum)。[21]

6.田立克(Paul Tillich)：〈宗教是文化中之深度層面〉(Religion as the Depth Dimension in Culture)。[22]

第二部，起源與發展：恢復宗教的原始性企圖(Origin and Development：The Attempt to Recover Religion's Primordium)

1.巴賀芬(J.J. Bachofen)：〈人類歷史的母系時期〉(The Matriarchal Period of Human History)。[23]

---

18 宗教是人信仰「至上神」的表現，此為德個人類學家(也是天主教神父)施密特(Fr. Wilhelm Schmidt. 1868-1954)之主張。其代表作為十二卷巨著：《Der Ursprung der Gottesidee》(12 vlos. 1931)這部書。

19 宗教是人類之「一般動能」，係義大利學者(也是天主教神父)畢塔佐尼(Fr. Raffaele Pettazzon, 1883-1959)的主張。其代表作為：《The All-Knowing God》(1956)一書。

20 宗教旨在助人「開悟」，係日本佛教學者鈴木大拙(Daisetz Tettaro Suzuki, 1870-1966)之主張。其主要貢獻即有關大乘佛學之研究，特別是佛教「禪宗」有關「悟」的教義之分析。代表作有：《Outlines of Mahayana Buddhism》(1963)一書。

21 宗教源自人類之「驚畏感」，係美國學者古登那夫(Erwin R. Goodenough, 1893-1965)之主張。其代表作為：《The Psychology of Religious Experiences》(1915)一書。

22 宗教是人類文化的「深度層面」，這是德國哲學家田立克(Paul Johannes Tillich, 1886-1965)之主張。其代表作為：《Systematic Theology》(3 vols, 1951-1963)及《Theology of Culture》(ed., by R. C. Kimball, 1959)這些作品。

23 宗教經歷人類歷史上的「母系時代」，此即瑞士人類學家巴賀芬(Johann Jakob

2.繆勒(Max Müller)：〈野蠻人的反應〉(Reflections on Savage Man)。[24]

3.弗雷澤(James G. Frazer)：〈人類神觀之起源〉(The Origin of Man's Conception of God)。[25]

4.李維布魯(Lucien Léry-Brhul)：〈原始人心態〉(On Primitive Mentality)。[26]

5.涂爾幹(Emile Durkheim)：〈宗教生活的基本諸形式〉(The Elementary Forms of Religious Life)。[27]

6.柏格森(Henri Bergson)：〈動力宗教對靜態宗教〉(Dynamic vs. Static Religion)。[28]

7.尼爾遜(Martin P. Nilsson)：〈一個修整的進化觀〉(A Modified Evolutionary View)。[29]

Bachofen, 1815-1887)之主張。其代表作即：《Myth, Religion and Mother Right: Selected Writings of J. J. Bachofen》(tr., by Ralph Manheim, 1967)一書。

24 宗教是蠻人的一種「反應」，這是德國籍的「宗教學」開山祖師繆勒(Max Müller, 1823-1900)之見解。其代表作有：《Anthropolological Religion》(1898)及其所主編的《Sacred Books of the Fast》(50 vols, 1875-1885)這些文獻。

25 宗教是人類「神觀」之起源，此即英國人類學家弗雷澤(James G. Frazer, 1854-1941)之主張。其代表作即十二卷的巨著：《The Golden Bough》(12 vols. 1935)這部書。

26 宗教是一種「原始人心態」之流露(所謂"pre-logical mind")，這是法國人類學家李維布魯(Lucien Lévy-Brhul, 1857-1939)之主張。其代表作為：《Primitive Mentality》(1923)一書。

27 「圖騰信仰」(Totemism)為宗教生活之基本形式，係猶太裔法國社會學家涂爾幹(Emile Durkheim, 1858-1917)之主張。其代表作為：《The Elementary Forms of the Religious Life》(1912)一書。

28 以「動力宗教」與「靜態宗教」來觀察宗教的學者，即法國哲學家柏格森(Henri Bergson, 1859-1941)。其代表作是：《Two Sources of Morality and Religion》，(1935)一書。

29 採取一種修整的「進化史觀」來看宗教在歷史上發展的學者，即瑞典歷史學家及考古學家尼爾遜(Martin P. Nilsson, 1874-1967)。其代表作即：《A History of Greek

8.威登格連(Geo Widengren)：〈"進化"分析是一個解釋原則〉(An Analysis of "Evolution"as an Interpretive Principle)。[30]

9.伊凡普立查(E.E. Evans-Pritchard)：〈尋找宗教的起源之觀察〉(Observation on the Search for Religion's Primordium)。[31]

第三部，結構的諸描述：宗教的明顯外觀(Structural Depictions：Perceptible Aspects of Religion)

1.梅洛龐蒂(Maurice Merleau-Ponty)：〈何為現象學？〉(What is Phenomenology？)。[32]

2.威登格連(Geo Widengren)：〈一個宗教現象學導論〉(An Introduction to Phenomenology of Religion)。[33]

3.布里克(C.J. Bleeker)：〈宗教諸現象的"潛勢力"〉(The "Entelecheia of Religious Phenomena)。[34]

Religion》(tr., by F. J. Fielden, 1949)一書。

[30] 強調用「進化」(evolution)來做為解釋「宗教」於人類歷史發展過程的學者，就是瑞典宗教學家威登格連(Geo Widengren, 1907–1996)。其代表作即：《Religionsphänomenologie》(1969)一書。

[31] 企圖從現代原始社會人類尋找「宗教起源」線索的學者，即英國社會人類學家伊凡普立查(E. E. Evans-Pritchard, 1902–1973)。其代表作為：《Theories of Primitive Religion》(1965)一書。

[32] 宗教本質及結構之解釋，應用哲學的「現象學」方法論甚廣。到底什麼是「現象學」？對於這個問題，法國哲學家梅洛龐蒂(Maurice Merleau-Ponty, 1908–1961)著文予以介紹。其代表作為：《Phenomenology of Perception》(tr., by Colin Smith, 1962)一書。

[33] 應用哲學之「現象學」方法論而出現的「宗教現象學」，瑞典宗教學家威登格連(Geo Widengren)特別著作本文予以介紹。

[34] 這位荷蘭宗教學家布里克(C. J. Bleeker, 1898–1983)，在這篇文章裡對於宗教諸

4.利特爾敦論杜默契(C. Scott Littleton on Georges Dumezil)：
〈印歐神話中的三分制〉(Tripartitism in Indo-European Mythology)。[35]

5.伊利亞德(Mircea Eliade)：〈宗教經驗形態學〉(On the Morphology of Religious Experience)。[36]

6.施弗勒論李維史特勞斯(Harold W.Scheffler on Claude Lévi-Strauss)：〈社會中人類行為的結構〉(The Structures of Human Behavior in Society)。[37]

7.吉爾茲(Clifford Geertz)：〈由不可缺條件到文化系統〉(From Sine Qua Non to Cultural System)。[38]

第四部，檢示組織上的對等：諸宗教與宗教的諸傳統
(Examing Organic Coordinates：Religions and Religious Traditions)

1.史密斯(Wilfred Cantwell Smith)：〈宗教的比較研究〉(On the Comparative Study of Religion)。[39]

現象的「潛勢力」(entelecheia)有相當精闢之分析。其代表作即：《The Sacred Bridge》(1963)一書。

35 關於印歐神話「三分制」(tripartitism)之神類組織的研究，法國人類學家杜默契(Georges Dumézil, 1898–1986)有相當詳細之分析。其代表作即：《L'ideologie tripartie des Indo-Européens》(1948)一書。

36 有關「宗教經驗形態學」之研究，最具代表性學者是美國芝加哥學派的伊利亞德(Mircea Eliade,1907–1986)。其代表作即：《Patterns in Comparative Religion》(1958)一書。

37 宗教是人類之「社會行為結構」，此為法國社會人類學教授李維史特勞斯(Claude Lévi-Strauss, 1908–2009)之主張。其代表作即：《Structural Anthropology》(1963)一書。

38 立足於「文化系統」去探討宗教，即美國文化人類學家吉爾茲(Clifford Geertz, 1926–2006)所採取的研究方法。其代表作為：《Islam Observed》(1968)一書。

39 美國哈佛學派「宗教史學」(History of Religions)之知名學者史密斯(Wilfred Cantwell

2.司馬特(Ninian Smart)：(中立的宗教比較)(Cross-Religious Comparisons)。[40]

3.韋伯(MaxWeber)：〈世界諸宗教的社會心理學〉(On the Social Psychology of the World Religions)。[41]

4.奧底亞(Thomas F. O'Dea)：〈宗教的制度化〉(The Institutionalization of Religion)。[42]

5.倍拉(Robert N. Bellah)：〈美國的公民宗教〉(Civil Religion in America)。[43]

第五部，約束的批判：神學對宗教的各種探討(Sanctionative Criticism：Theological Approaches to Religion)

1.克雷瑪(Hendrik Kraemer)：〈基督的啓示是諸宗教之批判〉(Christian Revelation as Critique of Religions)。[44]

2.瓦哈(Joachim Wach)：〈神學與宗教的科學研究〉

Smith, 1916–2000)，係採取「宗教比較研究」方法從事其學術研究之代表性學者。其代表作即：《The Meaning and End of Religion》(1963)一書。

40 宗教比較研究貴在中立不偏，這是英國宗教社會學家司馬特(Ninian Smart, 1927–2001)之主張。其代表作即：《A Dialogue of Religions》(1960)一書。

41 著重「宗教社會心理」研究的學者，即德國社會經濟學家韋伯(Max Weber, 1864–1920)。其代表作即：《The Sociology of Religion》(1963)一書。此書係後人由其主要作品編輯而成。

42 著重「宗教制度化」研究之知名學者，即出身美國麻州的奧底亞(Thomas F. O'Dea, 1915–1974)。其代表作為：《The Sociology of Religion》(1966)一書。

43 將美國民間信仰現象稱為「公民宗教」的學者，首推美國社會學家倍拉(Robert N. Bellah, 1927-)。其代表作即：《Religion in America》(1968)一書。

44 採取基督教宣教學態度來看待世界諸宗教的學者，即荷蘭歸正教會駐印尼宣教師的克雷瑪(Hendrik Kraemer, 1888-1965)。其代表作有：《The Christian Message in a Non-Christian World》(1963)一書。

(Theology and the Scientific Study of Religion)。[45]

3. 拉達克里施南(Sarvepalli Radhakrishnan)：〈一個東方神學透視的西方諸信仰〉(An Eastern Theological Perspective on Western Faiths)。[46]

4. 達尼也洛(Jean Danielou, S.J.)：〈基督教是諸宗教的轉變形式〉(Christianity as the Transformation of Religions)。[47]

5. 古登那夫(Erwin R. Goodenough)：〈從神學解脫而出的宗教科學〉(On Extricating Religionswissenschaft from Theology)。[48]

第六部，語態的剖析：宗教的語言(Modal Parsing：The Language of Religion)

※象徵諸形式(Symbolic Forms)

1. 卡西勒(Ernst Cassirer)：〈關於象徵諸表達的形態學〉

---

45 立足於基督教神學觀點從事「宗教研究」的學者，即德國(猶太裔)宗教學家瓦哈(Joachim Wach, 1898-1955)。他是美國「宗教學」芝加哥學派之開山祖師，代表作為：《The Comparative Study of Religions》(1958)一書。

46 採取印度教神學觀點透視西方宗教之知名學者，即印度宗教學者(也是前印度總統)拉達克里施南(Sarvepalli Radhakrishnan, 1888-1967)。其代表作是：《Eastern Religions and Western Thought》(1939)一書。

47 以西方天主教觀點看待世界諸宗教的學者，即達尼也洛神父(Fr. Jean Danielou, S. J., 1905–1974)。其代表作為：《The Lord of History》(1960)一書。

48 主張「宗教科學」必須從基督教的影響解脫出來，才能夠忠實為人文科學的學術科目。此為美國學者古登那夫(Frwin R. Goodenough, 1893-1965)之主張。此一論點見之於他所發表的：〈Religionswissenschaft〉(in "Numen"，vol, VI, 1959, pp.77-95)這篇文章。

(Towards a Morphology of Symbolic Expressions)。[49]

2.蘭格(Susanne K.Langer)：〈神話學的模式〉(On the Mythological Mode)。[50]

3.立考兒(Paul Ricoeur)：〈象徵對思想的提昇〉(The Symbol Gives Rise to Thought)。[51]

※ **論述**(Discourse)

4.萊爾(Gilbert Ryle)：〈路偉威根斯坦與語言學觀念的轉化〉(Ludwig Wittgenstein and the Transition to the Linguistic View)。[52]

5.布萊衛特(R.B.Braithwaite)：〈宗教對眞理之宣示〉(Truth Claims in Religion)。[53]

6.賀瑪(Paul L. Holmer)：〈宗教語言的適當性〉(The Fittingness of Religious Language)。[54]

---

49 提出「宗教語言象徵」的學者，即德國哲學家(也是文化史學者)卡西勒(Ernst Cassirer, 1874-1945)。其代表作是：《Language and Myth》(tr., by Suranne K. Langer, 1946)一書。

50 提出宗教用語的「神話模式」理論，即美國女哲學家蘭格(Susanne K. Langer, 1895–1985)。其代表作為：《Philosophy in a New Key》(1942)一書。

51 研究「宗教象徵」與「思想關係」的知名學者，即法國知名哲學家立考兒(Paul Ricoeur, 1913–2005)。其代表作即：《History and Turth》(1965)一書。

52 以邏輯實證論分析「宗教語言」的學者，奧地利著名哲學家維根斯坦(Ludwig Wittgenstein, 1889-1951)為其中之代表。學者萊爾(Gilbert Ryle)特予著文介紹，見：〈Ludwg Wittgenstein〉, "Analysis" ,Vol XII，No.1(October, 1951)。

53 宗教之於人類精神生活之最大貢獻，就是宣示其「真理」這點。此即英國哲學家布萊衛特(R. B. Braithwaite, 1900–1990)之主張，其思想之代表作為：《An Empiricist's View of the Nature of Religious Belief》(1955)這本書。

54 批評「宗教語言」適用性的學者，即美國哲學家(實存主義學者)賀瑪(Paul H. Holmer, 1916–2004)。其代表作即：《Theology and the Scientific Study of Religion》(1961)一書。

7.溫克(Peter Winch)：〈語言遊戲與原始人社會〉
(Language Games and Primitive Societies)。[55]

第七部，行為與動機的參考：宗教是人格商數(Behavioral and Motivational Referents：Religion as Pensonality Quotient)

1.詹姆斯(William James)：〈健康心意與世界疾病〉
(Healthy-Minded and World-Sickness)。[56]

2.榮格：〈潛意識心意〉(The Unconscious Mind)。[57]

3.厄里克遜(Erik Erikson)：〈宗教人是文化工作者〉
(Homo Religiosus as Cultural Worker)。[58]

4.馬斯洛(Abraham H. Maslow)：〈高峰的經驗〉(The Peak-Experience)。[59]

從上列的卡普斯(W.H. Capps)作品內容見之，就可以

---

55 探討原始社會人類的「語言遊戲」與「宗教信仰」關係的學者，以英國哲學家溫克(Peter Winch, 1926–1997)為其代表。其代表性作品有：〈Understanding a Primitive Society〉(in "American Philosophical Quarterly", Vol.I, No.4, October, 1964)這篇文章。

56 分析健全心態之「宗教經驗」問題，以美國宗教心理學家詹姆斯(William James, 1842-1910)為其代表。他的代表作即：《The Varieties of Religious Experience》(1902)一書。

57 以分析心理學原理探討人類「集體潛意識」與宗教人精神狀態的學者，瑞士知名的心理學家(精神醫學)榮格(Carl G. Jung, 1875-1961)為其代表。其代表作即：《Psychology and Religion》(1938)一書。

58 宗教是人類文化之母，因此「宗教人」都是文化工作者。關於這個論點，德國心理學家厄里克遜(Erik Erikson, 1902–1994)有詳盡之分析。其代表作為：《Insight and Responsbility》(1964)一書。

59 對於宗教人情感上的「高峰經驗」，美國學者馬斯洛(Abraham H. Maslow, 1908-1970)曾經予以詳細之分析。其代表作為：《Religion, Values, and Peak-Experiences》(1964)一書。

明白「宗教學」與一般「人文科學」的關係是如何的密切。因其學術訓練涉及：神學、哲學、人類學、現象學（哲學方法之一）、社會學、民族學、語言學、以至心理學等等，委實相當明顯。雖然「人文科學」各個領域的學者並不是「宗教學」的專家，但他們有關「宗教」之研究成果，均成為「宗教學」的學者從事宗教研究之重要資料來源。時下專攻「宗教學」的學人倘若需要進一步探討「宗教學」如何應用人文科學相關的學術貢獻，可以參考：Jacques Waardenburg，《Classical Approaches to the Study of Religion, Aims, Methods and Theories of Research》, 2 Vols. Vol.I, Introduction and Anthology; Vol.2,Bibliography,(The Hague, Paris：Mouton, 1973～1974)這部上下兩冊的重要參考文獻。[60]

(二)人文科學相關學門方法論之應用

「宗教學」和其他人文科學的學術領域之關連性，不但如上面一段的討論而已，也應用其中相關學門之「方法論」(methodology)，來從事宗教研究。下面的介紹，便可以看出「宗教學」如何應用「人文科學」相關學門的「方法論」之重要事實。

1.宗教定義問題

---

60 cf. Jacques Waardenlburg, ed.,《Classical Approaches to the Study of Religion: Aims, Methods, and Theories of Research》(2 vols., Hague & Paris: The Mouton, 1973-1974)

對於給「宗教」下「定義」(definition)一事，的確是一種主觀性之「作業假設」(operational hypothesis)。儘管「定義」是一種作業假設，也必須給「宗教」之基本意義作個簡要的規範。因此當宗教學者在探討「宗教」入門時，都得借助人文科學各個學術領域的學者爲「宗教」所下的一些定義，來闡釋「宗教」的意義與價值。因此，就有神學家、哲學家、歷史學家、人類學家、社會學家、心理學家、經濟學家、及政治學家等等不同的「宗教定義」出現。雖然他們所下的宗教定義均各說各話，可以說僅是「宗教」的部份意義(難以包含宗教意義的全部)而已，但卻凸顯宗教研究與「人文科學」相關學門的關係如何之密切。(關於宗教定義範例，將在另篇文章加以詳細討論)。

2.宗教起源之探索

對於「宗教起源」之探索，宗教學者就必須借助於「考古學」(Archaeology)、「古生物學」(Paleobiology)、及「人類學」(Anthropology)等等學術之方法與資料。當然由考古而出(或鋤頭挖出)之資料，均需要加以考證與斷定。其中尤其是「人類學」，對於宗教起源論說之影響最大。因此又出現「宗教人類學」(Anthropology of Religion)此一學科(人種學、民俗學、民族學也與它有關)。更具體來說，宗教學者若從「歷史」著手來探討宗教起源問題時，就非要借助「考古學」與「古生物學」的資料來加以探究不可。只是從遠古年代去探查原始人類社會之「宗教現象」，由考古而出的

資料實在相當有限。於是又得借助「人類學」的資料去探究宗教起源的問題。而「人類學」的方法，就是從近代所發現之原始社會人類的宗教現象，來推敲「宗教起源」的問題。因為學者相信：此一文化上的原始社會人類之宗教現象，可能是遠古人類宗教生活之「殘存」(survivals)。因此搜集近代尚存之原始社會人類宗教生活的各種特徵，應該可以假定遠古人類社會宗教現象之種種。雖然這樣的作業假設未必全然正確，至少可以說是上述人文科學之重要貢獻。

3.教團及其活動之研究

宗教學者為欲研究各個宗教之「教團」組織體制，「宗派」(信仰圈)之分佈及影響，「祭典」(祭祀圈)活動情形，「新興宗教」之形成等等與「社會學」(Sociology)有關的問題，因而採取「社會學」方法來進行研究，因而就出現「宗教社會學」(Sociology of Religion)之學科，從事這一範疇的研究作業。普世各種宗教均有「教團」之(或地方性結社)組織，同時也凸顯其宗教人群體宗教行為所產生的影響力之各種社會功能。所以說，「宗教社會學」是宗教學者所不能忽略的一個研究主題。有關此一範疇之研究，就得借助「社會學」之研究方法(方法論)及田野調查。就像中央研究院民族學研究所前研究員劉枝萬對於台灣民間信仰「建醮」祭典活動之研究，林美容研究員的「祭祀圈」及「信仰圈」之研究，瞿海源研究員的「台灣宗教變遷之社會政

治分析」，均類屬於「宗教社會學」之研究範疇。私立東海大學宗教研究所趙星光所長的基督教宗派之研究，同樣見長於「宗教社會學」方法論之應用。

4.宗教結構之分析

宗教研究十分注重「宗教結構」之分析(見前「宗教結構分析之研究」一段)，此即「宗教解釋學」(Religious Hermeneutics)之基礎。「宗教結構」分析之內容有：宗教本質、宗教語言、及宗教象徵之分析及詮釋。因此又有「宗教形態學」(Morphology of Religion)之稱。宗教學者爲欲分析「宗教結構」(本質、語言、象徵)之內涵，所採取之方法論係來自哲學的「現象學」(以至「心理學」)。但卻由此而發展爲自成一格的「宗教現象學」，因其涉及「神學」及「深度心理學」(Depth Psychology)方法論之應用。由此足見，「宗教學」的研究方法所涉及的人文科學範圍，以及其方法論應用之廣泛。從事這一宗教研究範疇的知名學者，有：范得流、瓦哈、及伊利亞德等人。其中以美國芝加哥學派伊利亞德的「宗教經驗形態學」(Morphology of Religious Eperience)之影響最大，其宗教解釋學說(宗教象徵論)也因此被學界普遍引用。另外，「宗教語言」也是不可忽視的一個研究主題。舉凡各種宗教的「經典」與「神話」，均爲形而上之「信仰語言」(languages of faith)。此一「信仰語言」，也是一種難以「科學語言」(scientific languages)驗證之宗教象徵。因此「宗教語言」之象徵意義，也得借助德國學人卡西勒

(Ernst Cassirer, 1874～1945)與法國學人立考兒(Paul Ricoeur, 1913
～)之語言象徵學說，來加以處理與探究其象徵意義。

5.宗教人行為之心理分析

　　宗教人的皈依經驗與靈異經驗，薩滿巫(shamans，即「童
乩」)的入神現象與自虐行為，驅邪師(exorcists, or sorcerers，即
「法師」)的巫術與法力，雖然使人驚奇及認為不可解(也是引
人信仰宗教之原因)，卻也是宗教學者研究探討之重要主題。
欲探討及處理這類宗教現象所倚重的人文科學，就是「宗
教心理學」(Psychology of Religion)以及醫學上屬於精神醫學的
「分析心理學」(Analytical Psychlolgy)和「深度心理學」(Depth
Psychology)。一般宗教學者在探討宗教人的宗教經驗問題
時，都會應用美國學者詹姆斯(William James, 1842～1910)的宗
教心理學(重於「宗教經驗」)方法。至於薩滿巫的入神與自
虐行為、驅邪師的巫術及一般人所謂之超能力，就得採取
佛洛依德(Sigmund Freud, 1856～1939)的「心理分析方法」，
以及榮格的「深度心理學」(或分析心理學)方法來加以解釋。
畢竟宗教人的特殊經驗與所謂超能力的行為，都可以採取
醫學上的「宗教心理學」方法來做分析與說明。因其正如
同一面宗教的「照妖鏡」一樣，可以看透宗教人的經驗
與行止(精神狀態)。就以台灣民間信仰為例，「童乩」作法
時，一般信徒相信是神明附身，「尫姨」(靈媒)作法時亦說
是亡靈附體。然而依「宗教心理學」之見解，則認為是一
種「催眠」現象，也是應用「交感律」(sympathetic law)來施

行巫術之結果。又民間相信所謂「八字輕」的人才容易做「童乩」與「尪姨」，「陰陽眼」的人才看得見鬼神與異像。其實「八字輕」就是「神經質」，「陰陽眼」正是一種「妄想症」，兩者都是宗教人物所具有的精神病特徵。

6.宗教健全與否之檢視及批判

「宗教學」和其他人文科學不同者，就是它必須假借重視價值判斷的「宗教哲學」之助，檢視各個宗教之走向有否健全、有否引發社會脫序問題，而後提出嚴格之批判(或價值判斷)。做為「人文科學」之一的「宗教學」，其研究態度是客觀的，也不對於任何一個宗教偏坦或加以背書。因為「宗教」均以形而上之「信仰語言」吸引信眾，加上一般人對於各個宗教之健全與否問題均缺乏判斷力。因此社會上往往出現不健康之宗教現象：只要有神職人員敢傳敢說，也就有人會投入去相信。何況「宗教」之用語玄之又玄，一般人委實難以判斷，這點正是社會上頻頻出現「宗教脫序現象」之種因。為此，宗教學者的使命就是從事科學的宗教教育，藉以促進一般民眾樂於學習健全的宗教知識。另一方面，「宗教學」必須扮演一面各種宗教之「照妖鏡」角色，批判宗教現象所呈現之真偽，從而導正一般人的宗教觀。儘管「宗教學」倚仗「宗教哲學」之批判方法是主觀性的(卻不是宗教信仰)，為了預防「宗教脫序」而引發社會問題，卻也是十分必要的。因其必須正視社會上各種宗教脫序的問題，勇於指出其殘害人類心靈之

不是。哲學方法的好處是：可以挑出宗教上的教義及宗旨之相似處，進行宗教與宗教之間的互相「對話」(dialogue)交談，藉以促進彼此間的認識，進而互相合作來造福社會人群。

除此之外，宗教研究者也可選擇某一個「宗教」(不一定是自己所信仰者)，來做為專門性研究。畢竟「宗教學」之研究領域甚廣，所涉及的「人文科學」各科之範圍，只要與「宗教研究」有關者，均可做為研究之對象。以上簡要之討論，期待能夠成為有心從事「宗教學」研究者的一個入門知識。

原文完成於1978年，2004年一月重新增訂。

　　「宗教學」這一學術的出現，始自歐洲學者對世界各
種宗教的研究興趣。最初這個學門被稱爲「比較宗教學」
或「比較宗教史」(Comparative Study to the History of Religions)。
有關「宗教學」的研究方法，最初顯然地受到達爾文
(Charles R.Darwin,1809～1882)的「比較生物學」(尤其是「進化
論」)的影響，因此十分重視宗教的演化過程。又因這門學
術出現於西方基督教文化氣氛所包圍的世界，研究之學者
多少帶有基督教優越性的護教色彩，以至淪爲神學院的基
督教護教學(Apologetics)或宣教學(Missiology)的主觀性濃厚，
又附屬於神學教育之學問。

　　有關東、西方學者研究「宗教」的歷史，大約可分爲
三個時期：就是(一)觀察時期、(二)啓蒙時期、與(三)宗教
學成立時期。下面的論述，都是依照這樣的分類來加以處
理。前兩個時期乃是「宗教學」成立以前的前驅者時期，
最後一個時期才是眞正創立「宗教學」的時期。由此可
見，「宗教學」是一門近代出現的學問，因爲它的創立迄
今才只一個多世紀的歷史。「宗教」是孕育人類文明的母
親，「宗教」已經與人類共存百萬年之久。雖然「宗教

學」的研究尚是一門近代人文科學的學術，咸信宗教研究於日後所作的貢獻，將會如同「宗教」的價值一樣被世人所肯定。

一、觀察時期(公元前十世紀至公元十五世紀)

歷史上最先做過宗教報導的學者，都是古希臘的哲人。後來羅馬學者也跟進。早期基督教護教師與教父，也因護教的理由而研究宗教。到了中世紀的基督教與伊斯蘭教(回教)學者，才真正留意宗教之研究。這些努力都可稱為「宗教學」成立前的觀察期，有關宗教研究的內容有神學、哲學、遊記、神話記述、護教文獻、與文學專著等等。也就是說，「宗教學」之出現，是西方世界宗教研究的一個具體延伸。

(一)前期學者

赫西歐(Hesiod, c.800 B.C)——這位古希臘詩人曾經企圖從希臘神話資料中去研究「神統」(Theogony，即諸神譜系)，因此留下了許多重要的希臘神話記錄。

阿那西曼德(Anaximander, B.C.610～540)——這位哲人搭拉斯(Thales, B.C.6thC)的門人，公開宣稱「太陽」和「月亮」不是神，是一團火球，因而無視傳統希臘諸神之權威。

芝諾芬尼(Xenophanes, B.C.570～475)——這位詩人、哲人、與宗教改革家，曾經批判希臘神話的不道德，因而大

力倡導一神論的宗教。他批判希臘諸神的擬人化，強調諸神由人的想像而來。

希羅多德(Herodotus, B.C.484～B.C.425)──這位希臘史家在他訪問埃及、巴比倫與波斯的遊記中，提及上述地區的宗教與習俗，並且企圖解決外國家神與希臘家神的異同問題。諸如以希臘的"Zeus"類同埃及的"Amon"，故為宗教比較之調和論者。

帕美尼得(Parmenides, B.C.5thC.)與暗皮洛克爾(Empedcles, B.C.5thC.)這兩位希臘的悲劇哲學家，曾經批判希臘宗教。他們指出希臘的眾神不過是自然現象的擬人化，嚐試給希臘宗教做合理的解釋。

得莫克利圖(Democritus, B.C.460～B.C.370)──這位希臘哲人特別留意巴比倫宗教，他的名著就是《巴比倫聖文集》(Sacred Writings of Babylon)。

柏拉圖(Plato, B.C.427～B.C.347)──這位希臘哲學泰斗，在其名著：《共和國》(The Republic)書中，認為「神話」的發明旨在提高社會道德秩序，此即「宗教」之社會功能。

亞里斯多德(Aristotle, B.C.384～B.C.322)──這位希臘哲人首次提出「宗教起源」問題的系統假設(參照：《形而上學》(Metaphysics，XII，7)，因此對後代的宗教研究頗具影響力。

提阿弗羅斯達(Theophrustus, B.C.372～B.C.287)──這位學者可以稱為希臘的第一位宗教史家。據說他著有六卷有關「宗教史」方面的書(見：《Diogenes Laerhus》,V.48)，可惜均已失傳。

(二)後期學者

當希臘的軍事大家亞力山大大帝(Alexander the Great, B.C.356～B.C.323)征服近東世界各國之後，希臘學者及羅馬學者更有機會獲得東方人的宗教知識。因此開始留意國外各種宗教現象，發表他們的意見。

1.希臘學者群

伊比鳩羅(Epicurus, B.C.341～B.C.270)──這位希臘樂觀主義哲學大師，曾經在雅典城嚴格的批判宗教。他雖然相信有「神」的存在(所謂"universal consensus"這類「普遍一致意見」可以證明)，但認為「超然的神」與「人類」根本無關。也就是說，他反對擬人化神靈之存在。

斯多阿學派(Stoicism)──這個禁慾主義哲學學派對於各種宗教均抱寬容的態度，並且視所有的宗教具有殊途同歸的真埋基礎，只是他們的用語與表現不同而已。就神觀而論，斯多阿學派走「自然主義一神論」(naturalistic monotheism)與「世界大同主義」(cosmopolitan)的路線。

優赫美魯斯(Euhemerus, B.C.c.330～B.C.260)──他是用歷史方法來解釋「神話」與「宗教」的希臘學者。優氏在其名著《聖書》(The Sacred Scripture or Hiera angraphe)一書裡面，主張希臘諸神其實是歷史上的英雄與君王被「神化」(divinized)之結果。此一理論被後代學界稱為「英雄成神論」(Euhemerism)。

波利比烏(Polybius, B.C.205～B.C.125)——這位後期希臘史家十分看重「希臘神話」的歷史研究，並且企圖要從「神話」去找出真正的歷史因素。這類嚴格之歷史方法，深深影響後代學者史特拉波(Strabo, B.C.60～A.D.25)。後者研究「神話」的方法，其實與波氏大同小異。

2.羅馬學者群

西塞羅(Cicero, B.C.I06～B.C.43)——這位著名的拉丁作家及選帝侯，其研究宗教的典型作品是《諸神的性質》(De natura deorum)一書。此書對羅馬的國家宗教有深刻的描述，對希臘斯多阿學派、伊比鳩羅學派、及後期柏拉圖學派的宗教觀也有所批評。然而他明顯受到斯多阿學派(Stoicism)的影響，也同時贊同克理西普(Chrysippus, B.C.280－B.C.206)的宗教理論。

伐羅(Varro, B.C.116～B.C.27)——這位羅馬選帝侯在他的四十卷名著：《羅馬人的古代習慣》(Roman Antiquities)裡，討論各種當代宗教發展的問題。

包沙尼亞(Pausanias, B.C.150～？)——這位拉丁學者專門探討古希臘宗教之地緣學，而且成績斐然。

留克理丟(Lucretius, B.C.95～B.C.55)——這位羅馬自然史家，係以無神論態度來處理希臘與羅馬的神話與宗教，態度傾向於伊比鳩羅學派路線。

司特拉母(Strabo, B.C.63～A.D.21)——這位拉丁學者的名作是：《地誌》(Geography)，其中言及希臘克里底(Celtic)巫

師與印度婆羅門祭司(Brahmins)之記事。

由於希臘的「厄魯西尼安神秘主義」(Eleusinian Mysteries)、小亞細亞的「安那托利安大母神儀式」(Anatolian Cybele cult)、以及「波斯密斯拉崇拜」(Persian Mithraism)均在羅馬社會大為流行，從此影響了「新柏拉圖主義」(Neo-Platonism)與「斯多阿主義」(Stoicism)。而且「宗教混合主義」(syncretism)之風也在羅馬人的社會相當普及。稍後，「基督教」(Christianity)這個當代的新興宗教也在羅馬社會立足，學者研究宗教的風氣也就自然盛行起來。其中亞力山大城(Alexandria)的學者，對外來宗教的研究頗有成績。就如腓隆(Herenius Philon)的《腓尼基人史》(Phoenician History)及包沙尼亞(Pausanias)的：《希臘記實》(Description of Greece)對「神話學」(mythology)的研究就有相當大的貢獻，以致後來的「新畢塔哥拉斯主義」(Neo-Pythagoreanism)與「新柏拉圖主義」，也都應用他們的原則來解釋宗教儀式與神話。學者普魯搭吉(Plutarch, A.D.c,50～125)的作品：《伊西斯與奧塞里斯的研究》(On Isis and Osiris)，就是其學派的典型論文。普氏的理論是：各種宗教所表現的形式雖然不同，但他們的宗教象徵意義，卻有其基本上的一致。又羅馬學者西尼卡(Seneca，A.D.2-66)也遵循斯多阿主義的路線，主張多神崇拜的現象，不過是一神信仰外觀的不同崇拜行為之表現。

這個時代，描述外國宗教與神秘儀式的作家也不少，最具代表性的幾個人是：塔西圖(Tacitus, A.D.55～120)——

作：《日耳曼》(Germans)一書，記述關於高盧(Gauls)與日
耳曼(German)的神秘宗教。阿普留斯(Apuleius, A.D.2th Century)
——寫過關於埃及女神伊西斯(Isis)崇拜的神秘入會禮。呂
西安(Lucian, A.D.120－200)——著有《敘利亞女神研究》(On
the Syrian Goddess)一文，記述有關敘利亞的神秘宗教儀式。

(三)基督教護教師的宗教研究

有關基督教護教師(Apologists)的宗教研究，和當代的
異教領袖(heresiarchs)一樣，均是看重於「護教」理由之辯
證。尤其是反對當代學者以為異教眾神均為「一神之不同
表現」這點。這些基督教護教師均致力強調「基督教」的
超然性、解釋異教諸神之起源、討論超然神的問題，同時
也指出「基督教」出現以前偶像崇拜的理由。他們對於
「基督教」與其他「神秘宗教」相似的地方，也加以整理
又提出意見。例如他們主張：

(1)魔鬼就是墜落的天使(見：新約猶大書)，也是和人類的
　　女兒結合所生的邪靈(根據：創世記六：2之記述)。它們
　　驅使人去敬拜偶像，遠離真神。這類思想，顯然
　　受到波斯教的影響。

(2)異教哲學顯然借用摩西與先知們的教訓，它與
　　「基督教」有類似之處，就是出於這類抄襲
　　(Plagiarism)之結果。理由是：惡的天使(evil angels)
　　知道先知的預言，因此介紹「猶太教」與「基督

教」給異教。這當然是一種相當主觀又自圓其說的辯證法。

(3)異教世界也擁有關於「神」存在的自然知識，這是人的理性具有追求「眞理」(自然啓示)的能力之證明。

當然上述這樣的論調，異教學者也有所反應。其中就如：塞爾薩斯(Celsus, A.D.2th Century)這位畢塔哥拉斯學派的學者，就攻擊基督教的自圓其說及其所謂之屬靈價值。波非利(Porphyry, A.D.234～305)這位新柏拉圖主義者，也攻擊基督教借用其他宗教的「寓意法」(allegorical method)來詮釋自己教義。比較中立者即掩布利加斯(Iamblichus, c.280－c.330)這位學者，他致力於一種寬容性宗教融合主義的研究，主張各宗教之間應該彼此尊重。

上述各位異教學者的論調，第二世紀的基督教護教師自然不能緘默而紛紛提出自己的意見。這時期的「護教師」至少有十五位，我們比較熟悉者有下列幾位：

阿里斯台得(Aristides, c.117) ── 這位雅典基督教哲學家著有：《護教書》(Apology)乙書，來辯證神的存在與性質。並且認爲「基督教」是一個最能夠經得起哲學挑戰的宗教。

朱斯丁(Justin Martyr, 100～166) ── 這位巴勒斯坦的哲人與殉道者，是基督教護教師中的巨擘。他著有《第一護教論》(First Apology)、《第二護教論》(Second Apology)、以及

《與特里弗對話錄》(Dialogue with Trypho)。書中論及「基督教」為真正的哲學，希臘哲人所尊崇的「道」(Logos)，就是基督教的「耶穌基督」。

他提安(Tatian, c.l50)——這位敘利亞人秉承其師朱斯丁之志而致力為「基督教」的存在辯護，其代表作為：《對希臘人的宣告》(Address to the Greeks)。

阿典那哥拉斯(Athenagoras, c.170)——這位雅典的基督教文學家，在他的：《為基督徒請願書》(Petition for the Christians)一書中，曾經做過「無神論」與「基督教」之間的重要討論。

提阿非羅(Theophilus, c.l80)——這位安提阿主教在他的：《致歐土利克三書》(Three Books to Autolycus)之中，曾經做過有關「神」存在的論證。

此外尚有一些護教師，諸如黑米亞(Hermias)的：《異教哲學家之可笑》(The Mookery of the Pagan Philosophers)、費力司(Minucius Felix)的：《奧大維斯》(Octavius)等作品，都是以當代「基督教」為立足點，討論宗教辯證之作品。

(四)基督教教父的論述

早期基督教教父們對於「宗教」的關心，不是出於宗教研究的興趣，而是面對異教學者的挑戰，與教內自身的異端問題所引發的論證。因此在他們的作品之中，可以發現許多宗教史料。諸如：羅馬公民的習慣，希臘、羅馬的神話，異教的儀式、與基督教諾斯底派(Gnosticism)的資料

等等。

　　愛任紐(Irenaeus, 130～202) ── 這位士每拿出身的主教，在其：《反對異端》(Against Heresies)的五卷書中，力斥「諾斯底派」(Gnosticism)的不是。其中曾經提及東方神秘宗教的許多資料。

　　特土良(Tertullian, l50～230) ── 這位北非教父，可以說是著作豐富的學者。其對宗教研究的典型作品是：《偶像》(De Idolatria)一書。他在書中提及許多異教資料，也發明了基督教教義的「三位一體」(Trinity)名詞。

　　革利免(Clement of Alexandria, l50～220) ── 這位亞力山大學派的大師，在他的名著：《勸誡異教徒》(Exhortation to the Heathen)一書中，認為希臘哲學與文化，可以預備人心來接受基督。耶穌基督乃希臘古典文化(包括宗教)的成全者，因此堪得去接受與信奉。

　　俄利根(Origen, 185～254) ── 這位亞力山大城學者革利免(Clement)的弟子，是個多產作家與哲人，聲譽凌駕其師。他在：《第一原理》(First Principle)的巨著裡，提出了「眾生普渡論」。認為人類與撒旦總有一天都會被上主救贖，因為上主是「愛」之根源。

　　優西比烏斯(Eusebius of Caesarea, 264～349) ── 這位該撒利亞的主教學識淵博。他在：《教會史》(Ecclesiastical History)這部巨著中致力為「基督教」辯護，視它不是一個新宗教，而是恆久既存的一種信仰。他並且著作十五卷的《辯道書》駁斥異教學者波非利(Porphyry)的《反基督徒》

(Against the Christian)一書。

拉丹修斯(Lactantius, 240～320) ── 這位西方基督教學者，在他的作品：《神的制度七部書》(Seven Books of Divine Institutions)之中，曾經致力辯證「基督教」係優於異教的唯一真宗教。

奧古斯丁(Augustine, 354～430) ── 這位神學奇才，其最有名的宗教作品是花了十四年光陰才完成的巨著：《上帝之城》(The City of God)這部書。書中他提出自己反對異教的理由，並將「上帝的國度」與「世俗的國度」做一相當具體之比較。

(五)中世紀的宗教研究

西方世界在中世紀時代，曾經被「伊斯蘭教」的迅速擴展所驚醒，並且「伊斯蘭教」學術的進展也凌駕西方。因此在宗教研究方面，的確出現了一些學者。至於「猶太教」方面的學者，也有幾位值得介紹。

1.伊斯蘭教學者的宗教研究

伊本哈任(Ibn Hazm, 994～1064) ── 這位伊斯蘭教神學家曾經編訂一部書名叫：《關於諸教、諸宗派、與諸學派的結論之書》(Book of Decisive Solutions Concerning Religions、Sects、and Schools)。其中論及「波斯教」與「摩尼教」(Manichaenism)的二元論、伊斯蘭教派別、以及波羅門教、猶太教、基督教、及無神論者的問題。

塔巴里(Tabari, 838～923)──他喚起穆斯林(回教徒)正視他們所反對的異教,因而出版了有關介紹「波斯教」之著作。

阿力米路尼(Al-Beruni, 973～1048)──這位學者對印度哲學與宗教,有相當深入的研究,並作有一部宗教史。

夏拉斯但尼(Shahrastani, d.1153)──這位伊斯蘭教學者,精於伊斯蘭教學派的研究。

伊本魯實(Arerraes Ibn-Rushd, 1126～1198)──這位學者對伊斯蘭教的影響很大,因他主張:凡是一神論的宗教都是真宗教。對於伊斯蘭教教義的解釋,他慣於採用象徵與寓意的方法。

2.猶太教學者的宗教研究

沙阿底亞(Saadia, 892～942)──這位「猶太教」學者在他的:《信仰與定罪》(Beliefs and Convictions)乙書裡,採用宗教哲學方法比較「婆羅門教」、「基督教」、與「伊斯蘭教」的信仰。

買蒙賴得(Maimonides, 1135～1204)──這位「猶太教」學者的主要貢獻,就是從事比較宗教的研究。他企圖解釋「猶太教」的不完全,特別是人觀與神觀這兩方面的問題。

3.西方學者的宗教研究

得拉丁(Robert de Re'tines)──他於公元1141年將「伊斯

蘭教」的《古蘭經》(Koran)譯爲拉丁文，因而促使西方學界於1250年成立了研究「伊斯蘭教」與阿拉伯文化的學術風氣。

德卡賓(Jean du Plan de Carpin)──這位於公元1244年由教皇伊諾森第四(Pope Innocent Ⅳ)派赴中亞卡拉崑崙(Karakorum)的宣教師，在他的作品《蒙古史》(History of the Mongols)一書中，提及蒙古人的宗教現象。

留斯布魯克(William Ruysbroek)──他於公元1253年，受法國皇帝路易九世(Louis Ⅸ, l215～1270)派赴蒙古的卡拉崑崙(Karakorum)爲特使。在他的遊記中，曾經論及摩尼教徒與伊斯蘭教徒(穆斯林)爭辯之事。

史得路松(Snorri Sturluson, 1179～1241)──這位冰島史家曾經採用希臘的「英雄成神說理論」(Euhemeristic theory)，來撰寫冰島的神話故事。

馬可波羅(Marco Polo,c.1254～c.1324)──這位義大利人旅行家，於公元1274年出版了《東遊記》一書。內容言及關於東方人奇異的生活習慣，並且言及「佛教」創始人瞿曇佛陀(Gautama Buddha)的生平。

其他中世紀的西方學者，諸如：亞當(Adam of Bremen)於1075年作有《教會記實》(Gesta Hammaburgensis ecclesiae Pontificum)，格拉馬狄庫斯(Saxo Grammaticus)於1210年作有《希伯來人紀實》(Gesta Danorum)等等。又有天主教芳濟各會士培根(Roger Bacon, 1214～1292)與盧利(Raymond Lully, 1235～1315)等人，都曾經引用初期教父們對異教的發生與以撒旦

的見解，來解釋「猶太教」、「伊斯蘭教」、與其他「偶像崇拜」的現象。

二、啟蒙時期(公元十五世紀至十九世紀)

公元十五世紀以後的數百年間，可以說是歐洲學術進步的黃金時代。因為這個時期開始自「文藝復興」(Renaissance)的時代，各種人文科學之研究及自然科學的發現不斷出現，學術也因此一日千里，進步迅速。這個時期係由幾個人類史上重要的發現開始：

(1)「新天」—— 波蘭天文學家哥白尼(Nicolaus Corpernicus, 1473～1543)發現了「地動說」，因而建立了現代天文學。

(2)「新地」——十五世紀歐洲海洋諸國航海術的發達，促進了世界「新航路」和「新大陸」的發現，歐洲從此與東方開始接觸，西方人也因此發現了東方的宗教與文化。這個時代的大事，以下列幾個傑出的航海家為代表：

地亞斯(Batholomew Diaz)於公元1488年航行到非洲的好望角。

哥倫布(Christopher Columbus)於公元1492年發現美洲大陸(西印度)。

達伽瑪(Vasco da Gama)於公元1497年發現航行到印度的新航路。

麥哲倫(Ferdinand Magellan)於公元1519年環繞地球一周成功。

(3)「新人」——這個時代因有古典文藝之復興,終於使一般社會大眾重新發現了「人」自己的價值(人文主義之發現)。過去中世紀的歐洲是「神本主義」的社會,這時代轉而強調「人本主義」了。也就是說,學者對於探討有關「人」方面的學問開始發生興趣,個人的價值也因此普遍受到尊重。「宗教學」就是關於「人」的研究(人文科學)的一部份。就此而論,「宗教學」也受到文藝復興的極大啓蒙。由於印刷術的發明,更加速了知識的傳達。於是人的思想也習慣於用人的「理性」爲批判的規準。這時代的人不但批判「神學」,就連基督教會的權威也受到批判與反抗。如此傾向,不但促進宗教之研究,諸如對印度梵文(Sanskrit)與巴利文(Pali)的研究,以至東方中國的研究,同時也出現了震撼歐洲社會的「宗教改革運動」(Reformation)。

從歐洲世界文藝復興而引起的「新思潮」,也同時帶來了對自然神學的關心。這時期許多學者的宗教研究作品,也比以往任何時期都可觀。

薄伽丘(Giovanni Boccaccio,1313～1375)——這位義大利人文主義者曾經大力呼籲當代社會人士重視希臘、羅馬的神話與藝術的價值,也就是叫人留意古代希臘、羅馬社會文化遺產的研究。他的代表作:《異教徒神譜》(De genealogis deorum gentilium)出版於1532年(完成於1375年)。

費濟諾(Marsillio Ficino,1433～1499)——這位義大利學者在

其《柏拉圖神學》(Platonic Theology)一書中，對異教加以重新評估。他的結論是:一切宗教的價值同等，因爲它們的知識都在提供人類拯救之道。

伊拉斯母司(Erasmus of Rotterdam)——這位荷蘭學者指出古希臘的信仰與實踐和基督徒的信仰生活有其相似之處，因此鼓勵教會研究希臘、羅馬的神話與宗教。

波姆(Jean Boem)——他在其作品：《全人類的習俗、法律、與儀式》(The Customs、Laws、and Rites of All people)一書中，記述非洲人、亞洲人、與歐洲人的宗教信仰，而成爲第一位有系統記述人類宗教現象的歐洲學者。

馬丁路德(Luther Martin, 1483～1546)這位舉世聞名的德國宗教改革者，曾經以德文翻譯李可羅(Ricoldo)的《阿可拉尼的論爭》(Confutatio Alcorani)一書，喚起時人留意伊斯蘭教對基督教世界的影響。

沙哈君(Bernadino de Sahagun, 1499～1590)——這位西班牙修道士對宣教地區的民間信仰現象，給予尊重與客觀的研究，而且態度開明。

利馬竇(Matteo Ricci,1552～1610)——這位義大利耶穌會宣教師，曾經致力於中國「儒教」、「道教」、與「佛教」的研究。最後以「儒教」這個宗教，最能夠與基督教溝通。進而身著儒服傳教，也不禁止中國信徒祭祀祖先與祭祀孔子。

拉費斗(J.F.Lafitau,1685～1740)——這位基督教宣教師於1724年出版了《美國印第安人習俗與最早時期習俗的比

較》(Customs of the American Savages Compared to the Customs of the Eariest Ages)乙書，因而成爲美洲大陸比較宗教研究的第一人。

布羅斯(Charles de Brosses, I709～1777)──這位法國學者曾經於1757年寫了一篇題名爲〈物神崇拜的研究:古埃及宗教與現在奈格利亞宗教之間的平行〉(On the Cult of Fetish Gods：Parallel Between the Ancient Egyptian Religion and the Present Religion of Nigritia)之論文提交法國學術院(French Academy of Institution)。然而教會當局不敢公然出版，因恐抵觸法國天主教當局的立場，所幸最後還是用無名氏於1760年出版了。該文言及早期的人類便有一種「純一神信仰」的主張，乃是一種錯誤的見解。因爲「一神信仰」是後來才有的，不是《舊約聖經》所說的那樣。最早人類的宗教形式可能是「物神崇拜」(fetishism)，就是將附有巫術力量的東西，當做信仰對象。

凡田尼里(Fontenelle)──他在1724年出版《寓言起源的探討》(Discourse on the Origin of Fables)乙書。而此書對於19世紀「精靈信仰」(animism)的研究，具有相當大的啓示。

杜普伊(Francois Dupuis)──他在1794年出版《一切崇拜的起源》(The Origin of All Cults)乙書，從此激發了汎巴比倫神話的研究。

克羅則(Friedrich Creuzer, 1771～1858)──他的名著：《古代人民的象徵與神話：尤其希臘人的研究》(Symbolism and Mytholoy of Ancient People：especially the Greeks)乙書裡，企圖解

釋希臘神話與東方宗教的象徵意義。但他的論點被學者洛別克(Christian A. Lobeck)所反對。

柏吉爾(Abbe Bergier ,1718～1790)——這位法國神父認為原始宗教都是一種信仰精靈的現象，而且與初民的心理需要有密切關係。這類論調也影響後代學者對於精靈信仰的研究。

施萊爾馬赫(Schleiermacher,1768～1834)——這位近代基督教自由主義神學的啓蒙大師，曾經定義宗教為：「絕對依賴的感情」(feeling of the absolute dependence)，因而喚起理性時代，人對於宗教價值的留意，從而促進了研究宗教的興趣。在哲學家方面，這個時代也有許多傑出的學者關心宗教研究。就如歐洲「理神論」(Deism)學者萊布尼茲(G. W. Leibniz,1646～1716)的《神義論》(Essai de theodicee)，就主張各種宗教必然在上帝的律法之內走向完美。英國「理神論」(Deism)哲人休謨(David Hume，1711～1776)曾著作《宗教的自然歷史》(Natural History of Religion)來討論宗教。法國哲人伏爾泰(Voltaire，1694～1778)與狄德羅(Denis Diderot,1713～1784)，就看多神信仰的宗教是祭司的發明。義大利哲人維科(Giambattista Vico,1668～1774)之作品，主張希臘宗教係來自那種自然現象的擬人化與擬神化。德國哲人康德(Immanuel Kant,1724～1804)，也用合埋主義眼光來看宗教的道德倫理價值。另一位德國哲人哈勒(Johann G. von Herder,1744～1803)十分注重宗教的「神話」資料，認為它具有宗教象徵的意義。德哲謝林(E. Schelling, 1775～1854)也在他的浪漫主義傳

統中，與前者持同樣的看法。又黑格爾(G.W.F.Hegel,1770～1831)這位哲學家，則採用辯證方法來看「宗教」的歷史演變，對後代的影響也很大。

十九世紀初期，有三位特別關心宗教主題研究的哲學家，他們就是法國的孔德，英國的斯賓塞、以及德國的費爾巴哈。

孔德(Auguste Comte,1798～1857)——他採取實證主義與物質主義的觀點來處理人類的宗教史，並將人類的思想發展分為三個階段來說明：(一)神學的階段——以超自然者之神為中心。(二)形而上學的階段——以哲學的抽象觀念做解釋原則。(三)實證的階段——以實驗的結果為主。這麼說，宗教就是人類最幼稚階段的產品了。

費爾巴哈(Ludwig Feuerbach，1804～1872)——他在《宗教本質演講錄》(Lectures on the Essence of Religion)一書中，將「宗教」看做人追求幸福的一種情感的投射。這樣的論調可謂是「宗教心理學」之前驅，並且影響心理分析學家佛洛依德(S. Freud, 1856～1939)與社會主義理論家馬克思(K. Marx,1818～1883)。

斯賓塞(Herbert Spencer,1820～1903)——他看「宗教」與「科學」是兩種全然不同的現象，「宗教」的努力旨在尋求未知與絕對的價值，「科學」則力主驗證。他並且應用進化理論來從事人類學與宗教的研究，其方法對後來的宗教學研究有深遠的影響。

此外，公元1797年法國皇帝拿破崙(Napoleon, 1769～

1821)的遠征隊在埃及發現了著名的「洛設達石碑」(Rosetta Stone)，後於1822年由法國埃及學家象波龍(Jean Francois Champollion,1790～1832)解開其中的三種文字：埃及象形文、埃及文字、與希臘文字之謎，因而創立了「埃及學」(Egyptology)。此一重要發現，對以後「埃及宗教」的研究有很大的貢獻，古埃及文化之謎也從被此解開了。

三、宗教學成立時期——十九世紀至二十世紀

過去的年代許多學者研究宗教均非專門性的，或於文學、哲學、史學、遊記、以至為護教的理由來探討宗教，因此他們均非研究宗教的專門學者。「宗教學」這一專門性的科學，要等到十九世紀後半才正式成立。這門科學也可以說與「比較語言學」(Comparative Study of Languages)同時發生，因「宗教學」的開山祖師繆勒(Max Muller,1823～1900)原本是一位印歐語言學家，由印歐語言的研究而樹立了「宗教學」的研究。「宗教科學」與「宗教比較學」這類人文學術科學之名稱，就是繆勒在他的作品：《來自一個德國工廠的木屑》(Chips from a German Workshop，London.1867)第一卷的「前言」所提出來的。然而最早發明「宗教科學」名稱的人，則是麗布蘭克(Abbe Prosper Leblanc)。他在1852年即提出這一人文科學之術語，然而其用法卻沒有繆勒的嚴格。

歷史上最先開辦「宗教學」教席的大學是瑞士日內瓦

大學，它於1873年開始教授「宗教史」課程。1873年至1876年之間，荷蘭來登大學(Leiden University)及其他三所大學：阿姆斯特丹大學(University of Amsterdam)，格洛寧根大學(University of Groningen)、與烏特列希特大學(University of Utrecht)也相繼開辦。1885年法蘭西學院(College de France)、1884年布魯塞爾自由大學(The Free University of Brussels)、1910年柏林大學(University of Berlin)也都開辦「宗教學」課程，從此這門人文學術就被公認為獨立的科學訓練。

關於「宗教學」之專論、期刊、與雜誌的發行，也助長了這門科學的學術地位。1880年賀捏(M.Vernes)在法國巴黎發行『宗教史雜誌』(Revue de l'Histoire des Religions)，而成為歷史上第一個「宗教學」刊物。1898年德國學者阿契利(Dr.Achelis)發行『宗教科學文獻』(Archiv fur Religionswissenschaft)雜誌。1905年施密特(Wlhelm Schimidt)在維也納創辦『人類』(Anthropos)雜誌來探討原始宗教。從廿世紀二〇年代以後，「宗教學」的研究更為盛行，因此高水準的期刊雜誌紛紛出現：1921年美國芝加哥大學創立『宗教雜誌』(The Journal of Religion)。1936年美國哥倫比亞大學創立『宗教評論』(The Review of Religion)。1954年國際宗教學協會發刊『神靈：國際宗教學雜誌』(Numen：International Review for the History of Religions)，由宗教學者畢搭佐尼(R．Pettazoni)所主編。這些早期創立的「宗教學」刊物，直接使這門人文科學之學術發揚光大，委實功不可沒。

國際首次舉行的「宗教學會議」(International Congress

for the Science of Religion)，於1897年在瑞典首都斯德哥爾摩(Stockholm)召開。自1980年此後陸續分別於不同的國家召開多次。1980年8月在加拿大的馬尼托巴大學(University of Manitoba)召開，其時已召開了十二屆以上。

關於「宗教學」成立及其發展的歷史，將在下面討論。我們能夠清楚發現，「宗教學」的成就係來自語言學、人類學、考古學、民俗學、社會學、心理學、現象學，以至神學這些多元學術的貢獻。而它的人文科學之基礎則是「歷史學」。沒有它們的資料提供與交互方法的應用，「宗教學」是難以在學界立足的。

(一)宗教學的開山祖師

史上被公認為「宗教學」這門新興人文科學的開山祖師至少有三位，他們就是繆勒(Max Müller)、帝烈(C. P. Tiele)、與拉蘇塞(Chantepie de la Saussaye)。然以繆勒的貢獻最大，因此被譽為「宗教學之父」。

1.繆勒(Max Müller, 1823～1900)

這位被譽為「宗教學之父」的學者誕生於德國，但大半生則在英國研究印歐語言學(Indo-European Linguistics)，並在那裡發跡為著名的學者。原來繆勒是一位語言學家，擅長「印歐語言」的比較研究。就在他的研究上，明顯地發現印度神話中的眾神與希臘和羅馬神話裡的眾神，不但名稱有密切關連，神格也有一致之處。1856年繆勒

發表他第一部宗教學的作品：「比較神話學論文」(Essay on Comparative Mythology)，文中提出他的「印歐宗教同源」之論說。繆氏認爲印歐民族的宗教原來是一家，後來隨著民族的移涉分散而趨於混亂。這一混亂情況可從語言的差別上看出來，但神格仍然保留不變。比喻說，印度神話中的天神被稱爲「底奧斯」(Diaus)、希臘人叫做「宙斯」(Zeus)，羅馬人則叫做「朱比特」(Jupiter)。由此可見三者的神格同一，只是語言上稱謂不同而已。1867年繆勒出版《來自一個德國工廠的木屑》(Chips from a German Workshop,1867)乙書，正式提出了「宗教學」用語，從此樹立了「宗教學」在學界的地位。此後，繆氏繼續不斷以語言學方法來探討宗教，並且關心自然神學與原始宗教之間的問題。1870年繆勒被邀請赴英國皇家學術院做關於「宗教學」的學術演講，三年後出版了《宗教科學導論》(Introduction to the Science of Religjon,1873)一書，從此「宗教學」這門新的人文學術科學正式被歐洲學界所承認。從1870年開始，繆勒即著手編譯一部影響學界相當深遠的巨著：《東方聖典》(Sacred Books of the East)。這部五十卷的譯述，前後花了二十七年時間才全部完成。1878年他出版了《宗教的起源與發展演講集：以印度宗教爲例》(Lectures on the Origin and Growth of Religion：as illustrated by the Religions of India),1883年出版《印度，它教導我們什麼？》(India,What Can It Teach Us?)。但他最重要的宗教研究工作，就是三卷自1888年至1892年之間完成的『基福特講

座』(Gifford Lectures)作品：《自然宗教、物質宗教、與人類學的宗教》(Natural Religion, Physical Religion, and Anthropological Religion)，以及1897年逝世前的著作：《神話科學的貢獻》(Contributions to the Science of Mythology)。他在書中以其畢生所知爲論證，來應付他與安德魯朗格(Andrew Lang)的論戰，並提出有力的辯護。

　　繆勒所處的時代，有三種學術潮流盛行著，即(1)、德國浪漫主義色彩的唯理主義(romantic idealism)。(2)、印歐語言學比較研究之潮流。(3)、後期黑格爾歷史哲學的影響。繆勒躋身其潮流中爲一代表性學者，在學術研究風氣上難免互相影響。不過繆勒頗不贊同達爾文(Charles R. Darwin,1809～1882)與赫胥黎(Thomas H.Huxley,1825～1895)有關「進化論」論證的宗教演化理論，也不信任人類學家斯賓塞(Herberrt Spencer,1820～1903)的宗教起源論，特別是他的《上帝觀念的進化》一書中的「鬼魂論」。對繆勒而言，宗教始自人類的心靈與意志，它具體表現於「神話」之中，並爲道德因素所支持。繆勒主張人類思想始自「語言」，「語言」形成「語辭」，再進入了「神話」思考時期。因爲人類一旦懂得用「語言」來思想，而當他言及早晨、晚上、春天、冬天、暴風、雷霆、又將它們加以抽象化時，它們便有人格及活動之特性，從此自然形成了「神話」。繆氏企圖採取研究「神話」的方法來解釋宗教現象，認爲諸神的出現與「語言的訛傳」有關。諸如「名稱」(nomen)與「神靈」(numen)的發音相同，因而前者就被

誤認為神類。這麼說，「神話」的發生顯然與「語病」(disease of language)有關。對於研究宗教的態度，繆氏在他的《宗教科學導論》乙書裡強調「比較」(comparison)的原則，並且主張：『單只認識一個宗教的人，等一無所知』(he who knows one, knows none)。因為對繆勒來說，瞭解「宗教」的目的旨在瞭解「人」，同時促進人與人之間的彼此瞭解。因為世上的「宗教」雖然幼稚與不完美，它總是將「人」的靈魂置於「上主」面前。而「上主」的概念無論如何的幼稚與不完美，它總是代表著「人」所能達到的最完善之理想。他並且有這樣的展望：『未來的真宗教，將是過去一切宗教的完成』(The true religion of the future will be the fulfilment of all the religions of the past)。1900年10月28日，這位「宗教學之父」在英國牛津大學城與世長辭，他所樹立的「宗教學」卻繼續不斷在人類歷史上發揚光大。

2.帝烈(Cornelius Petrus Tiele, 1830～1902)

這位荷蘭學者是近東宗教的權威，精於埃及、巴比倫、與波斯宗教的研究(他是波斯教專家)。如果繆勒為「宗教學」這門新人文科學的創立者，帝烈則是將「宗教學」帶入大學為主要講座的第一人。1873年，帝列在荷蘭「來登大學」(Leiden University)創立「宗教學」教席(與瑞士日內瓦大學同年開辦)，同時也協助「阿姆斯特丹大學」設置同一教席。

1896年到1898年的幾年間，帝烈應邀擔任『基福特

講座』(Gifford Lectures)的主講者，因而出版了《宗教科學的基本原理》(Elements of the Science of Religion)這一部代表作。顯然地，帝列在此一講座裡採取達爾文主義的進化史方法(evolutionary historical method)來處理宗教現象。他的目的是要在「進化論歷史方法」範圍內探究無所不包的嚴謹宗教知識，因此成為後代宗教學者不可缺少之嚮導。不過他的興趣不只是「宗教史」問題，也涉及「宗教哲學」的問題。然而帝氏的宗教研究卻樹立了一種「宗教學」的學術典範，就是應用「人類學」(Anthropology)、「民俗學」(Folklore)、「心理學」(Psychology)、「社會學」(Sociology)、及「哲學」(Philosophy)的方法和它們的資料來從事宗教研究。只是帝氏的研究基礎倚重歷史主義。此一研究態度，的確深深影響後代「宗教學」的研究方向，因此「宗教學」也叫做「宗教史學」。

3.拉蘇塞(Chantepie de la Saussaye, 1848～1920)

這位著名的荷蘭學者係創立「宗教學」的功勞者之一，曾經協助阿姆斯特丹大學(University of Amsterdam)、烏特列特大學(Universjty of Utrecht)、及格魯林根大學(University of Groningen)設置「宗教學」課程。拉氏的代表作是：《宗教史手冊》(Lehrbuch der Religions Gechichte,2 vols)這部書。此部書共有兩卷，作於1887至1889年之間，所規範的路線屬於「宗教現象學」，而非歷史主義的走向。他主張「宗教學」之任務在於探究宗教的本質與宗教人經驗所呈現的宗

教現象，所以也與「心理學」有所關係。其「宗教現象學」也不同於哲學的「現象學」，因其探討的內容是：崇拜之對象、偶像、聖石、聖樹、聖獸、人物崇拜、自然崇拜、巫術、占卜、獻祭、聖時、聖地、神話、教義等等。因此有學者規範拉蘇塞的「宗教現象學」爲記述式現象學(descriptive phenomenology)。因爲拉蘇塞主張：宗教研究必須處理宗教可見的外在表現(manifestations)、以及它的本質(essence)爲何。並且主張宗教研究應當避免哲學的判斷，才符合人文科學之精神。

(二)早期的宗教學者

早期「宗教學」的研究，可以說是走多元學術訓練的路線。除了繆勒的「神話學」，帝烈的「宗教史學」與拉蘇塞的「宗教現象學」外，早期許多人類學家、社會學家、心理學家、民俗學家、以至哲學家與神學家，也都各自從事他們的宗教研究，成績也十分可觀。

Ⅰ.人類學派的宗教研究

十九世紀人類學派的宗教研究顯然深深地受到「達爾文主義」(Darwinism)的影響，因此都走「進化論」(evolutionary theory)路線研究宗教，尤其是關心「宗教起源」的問題爲其特色。因此英國牛津大學人類學家馬累特就說過這麼一句話：『人類學是達爾文(Charles R.Darwin)的兒子，達爾文主義促使人類學之出現。你若拒絕達爾文主

義的觀點，亦就是排拒人類學』(R.R．Marett,《Anthropology》1911,p.8)。馬氏的說法，委實道出了「人類學」這門當代的新興科學受到「達爾文主義」的影響有多大，其實的確如此。按「達爾文主義」的方法論是：「科學的」(相信普遍因果律及歸納法，拒絕先驗之論證)、「歷史的」(注重過去出現之事物與現在之間的連續性，從而發現新的)，「比較的」(以比較方法為追求知識的基礎，並將同一事物之不同類型加以比較)、及「批判的」(對於事物之基本態度非常嚴謹，避免思辯性結論)，因此普遍被學界所接受。這時代的人類學家對於宗教的研究，乃是集中於「原始宗教」(Primitive Religions)這部份。他們採取三個研究方向來探尋這個主題，就是(一)實際接觸現存原始社會的人類，並觀察他們的宗教行為。(二)研究考古學及古生物學提供的史前時期人類宗教現象，因此重視史前時期考古學的資料。及(三)古生物學建立一種「殘存理論」(the theory of survivals)的假定，認為現存原始社會人類的宗教現象，乃是史前時代宗教之殘留物(假定史前時期人類的宗教尚殘存於現代蠻人的社會中)。值得注意的是：這個時期與「人類學」最具直接關係的另一門學術就是「民俗學」(Folklore)。雖然民俗學者的興趣集中於關心「神話」(mythologies)、「傳說」(legends)、「民間故事」(folk tales)、及一般「民間習俗」(folk customs)等等，畢竟這些也是「宗教」的重要內容。

1.泰勒(Edward Bernett Tylor, 1832～1917)

出身於貴格會(Quaker church)這位被譽為「現代人類學

之父」的學者，可說是英國人類學派宗教研究之代表性人物。其著名的宗教起源論即「精靈理論」(the theory of animism)，代表作是出版於1871年的《原始文化》(Primitive Culture)乙書。〔其他尚有研究墨西哥民族學的《阿拿華克》(Anahuas,1861)及《早期人類歷史探究》(Researches into the Early History of Mankind,1865)兩本著作〕。按「精靈信仰」(animism)一詞，原係德國化學家司搭勒(George Stahl,1660～1734)用於說明一切生物均具有「靈魂」(soul)的用語。泰勒就借用這個術語來說明原始社會人類的「精靈崇拜」現象，並且提出了「殘存物」(survival)一辭之術語。此外，泰氏的宗教理論也受到他那位信奉基督教「貴格會」(Quaker Church)友人，克里斯底(Henry Christy)學說的影響。1884年泰勒應牛津大學聘請為「人類學講座」(歷史上第一個)之講師，1896年升為首席教授。英國政府因其對「人類學」研究的學術貢獻，而於1912年封贈他「爵士」之榮銜。

　　泰勒是一位走進化論路線的學者，因為他主張宗教這種精神文化的發展，是由物質文化的發展而來的。於是他創造了一個「殘存物」(survival)術語，用以說明宗教的因素是由文化殘存物進化而來的，宗教是進化過程中某種比較早期階段的東西。因此他假設宗教起源於「精靈信仰」(animism)，因「精靈」(anima)源於原始人對於活人的「睡眠」、「出神」狀態，「幻影」、「影子」、以及相信以「死人靈魂」到處遊蕩現象而有的信仰，此乃原始人類之心理。如此論點，對於後代「宗教學」的研究影響很大。

2.朗格(Andrew Lang, 1844～1912)

這位蘇格蘭學者係泰勒的門人,然而他的「民俗學家」之角色勝過於「人類學家」之角色,因其多數作品都是神仙故事與小說。朗氏有關宗教與神話的研究,可分為兩個時期:

(1)1873年至1887年期間,朗格為泰勒的忠實門人,並以人類學派立場與繆勒(Max Müller)的神話學派進行當仁不讓的學術論戰。

(2)1887年至1897年期間,朗格就人類學的資料發展他的宗教理論——「至上神」(high god)學說。從此朗氏的立場不但與其師相反,也不走達爾文主義的宗教研究路線。

朗格的宗教學說之代表作品是《宗教的建立》(The Making of Religion,1898)乙書,後人稱他的學說為「原始一神論」(Urmonotheismus, or primordial monotheism)。

3.馬累特(Robert R. Marett, 1866～1943)

這位英國牛津大學的人類學家與朗格同樣是泰勒的門人,因此受牛津大學「哲學理想主義」(philosophical idealism)之影響甚深。有趣的是:他有關「宗教起源」的理論,卻與其師相反。馬累特也是牛津大學「益錫特學院」(Exeter

College)的會員，雖然他有這種哲學訓練之背景，然而這位泰勒學派的哲學人文主義者，卻不愧是一位傑出的人類學家(其實他也受到朗格的《習俗與神話，1884》一書之啓蒙)。

　　1899年「大英協會」(British Association)在多佛(Dover)召開史前研究學術會議時邀請他爲講師，其時他提出了一篇〈前精靈論的宗教〉(Preanimistic Religion)之重要論文，因此建立他的「前精靈論」(Preanimism)學說。這對當代學界言委實是一件大事，因其師泰勒的「精靈信仰」學說已經在學界流傳了五十年。對他而言，原始宗教的基本形式應該是「前精靈崇拜」(animatism)而非「精靈崇拜」(animism)。馬氏又以原始社會的宗教都是酋長領導部落以「舞蹈」形式跳出來的，不是他們「思考」出來的(也就是說，巫術與恐懼、讚嘆的情緒化態度，多於敬畏的態度)。因爲「神奇的」(uncanny)的原始人感受，是非人格的一種力量。它如同美拉尼西亞人的「瑪那」(mana)一樣，因而形成宗教信仰。馬氏的著作相當豐富，他於1931年至1933年之間先後兩次在英國蘇格蘭聖安德魯大學(St.Andrew University)主持兩次「基福特講座」(Gifford Lecture)。首次主題爲：『原始宗教中的信仰、希望、與慈愛』(1932)，其次爲『單純民俗中之聖禮』(1933)。然以《宗教的入門》(The Threshold of Religion,l902)一書，爲其代表作。

4.弗雷澤(James George Frazer, 1854～1941)

　　這位出身於英國蘇格蘭的民俗學家，除了受泰勒的人

類學影響外，也受到法國社會學家孔德(Auguste Comte)的影響。早期弗雷澤研究古典文學與法律，後來專心於原始宗教中的「神話」、「巫術」、及「儀式」的研究，因此大有成就而成為著名的民俗學家。1879年他被選為劍橋大學「三一學院」(Trinity Collge)會員，並且曾經被聘為曼徹斯特大學及利物浦大學的比較宗教學教授。當其知友史密斯(W. R. Smith)負責編輯《大英百科全書》工作時，弗氏被托撰述其中的「圖騰崇拜」(Totemism)及「禁忌」(Taboo)這兩部份。弗雷澤在學術上的代表作是《金枝》(The Golden Bough，1890)這部巨著，最先完成兩卷，但自1900年至1913年之間增加至十三卷，故為一部大著。這部書共分三大部份：第一部份是有關「巫術」(magic)的研究，第二部份探討「聖王」(divine kingship)的問題，第三部份探究植物女神的死與復活的神話。弗氏認為宗教的原始形式是「巫術」(magic)，故為宗教起源問題的「巫術論」代表性學者。

弗雷澤在《金枝》這部巨著裡面，提出了他影響深遠的「巫術論」方法。他主張「巫術」是一種應用「交感律」(sympathetic law)所發生之交感作用，而且可分為：「模倣巫術」(imitative magic)——巫師由高處撒水模倣下雨，刺穿假人模擬傷害敵人；及「傳染巫術」(contagious magic)——用替身、衣物、指甲、頭髮施術感染使人病癒或達成某些目的。他稱治癒疾病的做「白巫術」(white magic)，加害人的叫做「黑巫術」(black magic)。同時主張

「巫術」比「宗教」更古老，因為原始人以「巫術」控制環境及驅使神鬼。「宗教」則是對神鬼這類超自然力量之敬畏及有所求討。

II.社會人類學派的宗教研究

十九世紀後半另有一群學者關心原始宗教的各種現象，就如原始人類社會的「宗教儀式」(savage rites)，及其「圖騰崇拜」(totemism)的社會行為等等。為此，這時期的學者有的集中於研究「過關禮儀」(rites of passage)——誕生禮、成年禮、婚姻禮、喪葬禮之研究〔像法國學者凡吉涅普(Arnold van Gennep,1873~1957)就於1909年出版上述《過關禮儀》的作品：(Les Rites de Passage)一書。有些則集中於探究「圖騰崇拜」之現象，就如：馬克禮南(J. F. M'Lennan)、史密斯(William R. Smith)、及涂爾幹(E. Durkheim)等人。因為他們的學術焦點均集中於研究原始社會人類的社會行為與宗教的關係，儘管他們也是人類學家，將其歸類為社會人類學派之內則比較妥當。

1.馬克禮南(John Ferguson M'Lennan, 1827~1881)

這位英國蘇格蘭學者係人類學家及律師，1857年曾經在《大英百科全書》(Encyclopaedia Britannica)執筆撰寫「法律」條目。1872年至1875年之間，擔任蘇格蘭國會法案起草人(Parliamentary Draftsman)。就他的宗教研究貢獻而論，馬氏可以說是「圖騰崇拜」(totemism)研究的開

山祖師之一。他於1865年在出版《原始的婚姻》(Primitive Marriage)此一「圖騰」(totem)研究的主要作品之中，介紹兩個新的「圖騰社群」(totemic clan)術語：「部落內婚制」(endogamy)，及「部落外婚制」(exogamy)，從此成為「人類學」的重要術語。1869至1879的十年間，馬克禮南在「兩週評論」(Fortnightly Review)期刊中發表了兩篇重要論文：〈古希臘的血親關係〉(Kinship in Ancient Grece)與〈動物與植物的崇拜〉(The Worship of Animals and Plants)，並且認為「圖騰崇拜」(totemism)是初民最原始的宗教形式。據他的說法，古代的動物崇拜及植物崇拜，均與圖騰信仰有密切的關係。同時並主張在人類歷史所出現的社群及宗教之中，均有「圖騰崇拜」存在。馬氏又將「精靈崇拜」(animism)及「物神崇拜」(fetishism)納入他的「圖騰崇拜」(totemism)範圍內。

2.史密斯(William Robertson Smith, 1846～1894)

這位在愛丁堡大學受教育並擔任教授的學者，不但是人類學家，也是《舊約聖經》學者。他的學術成就之貢獻，使他與知交馬克禮南形成了「蘇格蘭學派」。史密斯專長於「閃族宗教」(Religion of the Semites)的研究，尤其是關於閃族原始宗教的「獻祭」(sacrifices)儀式及「圖騰崇拜」(totemism)的關係，有相當傑出之貢獻，因此對於後期社會人類學及宗教社會學之影響甚大。1879年斯氏首次赴北非研究當地土著的「圖騰」與「獻祭」的宗教現象，

又前往埃及西乃曠野阿拉伯遊牧部落貝都因人(Bedouin)當中研究他們的「圖騰」制度。1880年發表〈舊約及阿拉伯人中間的動物崇拜及動物部落〉(Animal Worship and Animal Tribes among the Arabs and in the Old Testament)乙文。稍後並出版《早期阿拉伯的婚姻及血親關係》(Kinship and Marriage in Early Arabia,1885)乙書。1886年爲《大英百科全書》第九版執筆撰寫〈獻祭〉(Sacrifice)一文。他認爲人的「獻祭」行爲在於與神交往，它是宗教之主要內容。1889年出版他的代表作：《閃族宗教演講集：其基本制度》(Lectures on the Religion of the Semites: the Fundamental Institutions)乙書，堪稱爲古典作品。史密斯主張：閃族宗教之現象，其實是一種「圖騰制度」，因爲閃民族將「圖騰動物」：牛、羊、駱駝獻祭於神靈的行爲，目的不外使宗族與神靈之間建立密切的關係。就此一意義而言，人與動物之間有血緣的「圖騰崇拜」社會關係。由於史密斯在《大英百科全書》的「聖經」條目上，懷疑摩西五經非完全出自摩西手筆乙事，而被教會撤銷其牧師職，也製造了一個「史密斯案件」列入教會史之中。這點不能不說是「宗教學」與「神學」之間的衝突，也是教會糟蹋學術人才之無知！史密斯曾經於1883年執教劍橋大學，爲阿拉伯語的首席教授。並爲著名的「三一學院」會員，1894年去世。

3.涂爾幹(Emile Durkheim, 1858〜1917)

這位法國籍的猶太人學者原學習法律與哲學，是一位

典型的無神論者。因受溫特(Wilhelm Wundt,1832～1920)這位心理學家以及史密斯的影響，而於日後成為傑出的社會人類學家。涂氏研究宗教的入門是原始社會的「圖騰制度」，並且由此主張圖騰制度社會的特色是「集體意識」強於個人之要素。質言之，也即「集團意志」(groups mind)支配著整個部落的宗教行為。因為宗教是集團意志的產物，所以其崇拜、儀式、與象徵均具整合部落的社會功能。涂氏並且強調：圖騰制度社會的「圖騰」(totems)者，其實就是「神」的象徵。因此動物或植物的「圖騰」，均在原始社會中取得人格化地位，並且是一種社會價值之記號。與涂爾幹持同樣主張的另一位法國知名學者，就是雷那克(Salomon Reinach,1858～1932)，他也是史密斯圖騰學說的擁護者。涂爾幹的學術性代表作為：《宗教生活的基本形式》(Les Formes elementaires de la vie religieuse，1912)乙書。其次是《社會分工論》(de la division du travail social,1893)，《社會學方法論》(Les Regles de la methode sociologique,1895)及《自殺論》(Le suicide,1897)等著作。他始終強調：只有根據宗教的社會功能，才能夠有效地探討宗教。而「圖騰崇拜」(totemism)就是發展他社會人類學理論之基礎。「圖騰」是人類社會群體之絕對權威，宗教即發端於崇拜「圖騰」之現象。

4.李維布魯(Lucien Levy-Bruhl, 1857～1939)

這位法國的文化人類學及社會人類學家頗受「涂爾幹

學派」的影響，因此他的宗教研究集中於原始社會之「集體意象」(collective representations)的問題分析。禮氏主張：原始社會人類的宗教行為，均受制於這種「集體意象」。也就是說，「初民的心態」(Primitive mentality)是集團性的，他們的心靈歷程乃是起步於「前邏輯心理」(prelogical mind)或「神秘心態」(mystical mentality)，也就是沒有個別的「前提」、「推理」，以至「結論」的那種科學的因果觀念。原始社會人類對自己的特殊性根本沒有感覺，他們只知道與自己的圖騰部落社會無法分割。也就是說，初民對於「部份」與「整體」難以分別(即部份就是整體)，因此生活均受制於「集團意識」所左右。禮氏視此一現象就是「原始社會」與「文明社會」不同之處，他的論點之代表作即《初民的心態》(La Mentalite primitive,1922)一書。李維布魯的學說曾經受到批評，因為許多學者均認為現代文明人也有「前邏輯心理」與「神秘心態」，不只原始社會的初民才有。就如英國社會人類學家伊班普立查(E.E.Evans-Pritchard, 1902～1973)就作此主張(see:Evans-Pritchard,《Theories of Primitive Religion, p.87)。李維布魯的回答是：不錯，只是原始社會的初民表現得更加明顯，他們部落對於「參與約法」(law of participation) 的依賴是十分明顯的。

5.馬林諾斯基(Bronislaw Malinowski,1884～1942)

這位出生於波蘭，但卻在英國從事學術研究工作的社會人類學家係弗雷澤的門人。馬氏窮其一生致力於人

類學的田野工作，研究澳洲土著部落及美拉尼西亞人(Melanesian)的宗教及文化，而被奉爲功能論人類學派之代表人物。與其師相同者，即馬氏以「宗教」、「巫術」、及「圖騰」爲主要研究對象，但卻有不同的結果。因爲馬氏主張：原始社會人類的生活習俗，均受制於社會的「圖騰」制度以及「巫術」儀禮。也就是說，宗教的「社會功能」就是控制人類的社會道德行爲。宗教不但是人實際生活之力量來源，也是文化之原動力。堅持此一主張的學者，尚有馬氏的友人拉克里費布朗(A.R.Radcliffe-Brown, 1881～1955)。兩人從事學術研究之特色是：注重原始部落之「田野調查」遠勝於對宗教起源問題之探究，因而開創社會人類學之新領域。馬林諾斯基的作品相當豐富，但最有名的代表作是：《巫術、宗教、與科學》(Magic、Religion and Science,1925)這部作品。

III.文化人類學派的宗教研究

自十九世紀後半至二十世紀上半的一百年間，有一群人類學家特別關心人類的「宗教」信仰與「文化」之間的關係，藉以探究「神觀」的發展。這群學者有的走達爾文主義的路線，有的則走文化史路線。因此，他們所關心的研究焦點均不盡相同。就如：有的學者研究原始社會初民對於信仰對象之演變情形，有的學者從「母系社會」來觀察神觀問題，有的卻從「父系社會」著手。也有學者專門探討「至上神」信仰問題，視原始社會人類的「多神信

仰」現象是「至上神崇拜」之退化。儘管他們的說法未必都對，然而他們實在留下了重要的研究成果，也爲後代學者樹立了可供遵循及參考的研究方向。

1.巴賀芬(Johann J. Bachofen, 1815～1887)

這位十九世紀的瑞士人類學家，係原始人類「母系社會」(Matriarchal society)的研究專家。巴氏的學術貢獻，就是指出原始母系社會的人類，均普遍奉「地母」(earth mother)爲主神。並且女神的勢力凌駕男神之上。爲什麼現代社會「母神」(mother goddess)勢力還是那麼興盛的原因，便是這種原始母系社會宗教信仰之殘存。因爲原始社會十分重視人類及他們賴以維生的動物、植物之繁殖(fertility)，「女性」爲部落生產繁殖之母，故取得了社群共認之領導權威。這種重視「女權」的母系社會，也自然將土地生產者的「地母」或「女神」置於主神之地位了。巴賀芬的代表作爲：《母權》(Das Mutterrecht,1861；英譯《The Mother Right》, tr. by Rudolf Marx，1927)乙書。

2.魯布克(John Lubbock,1834～1913)

這位英國人類學家爲達爾文主義路線的遵循者，因爲這位政治家與銀行家學者採取歷史演化過程來說明人類宗教之演變。一八六五年出版《史前時代》(Pre-historic Times,1865)一書，採用了「舊石器時代」(palaeolithic era)與「新石器時代」(neolithic era)兩個術語而聞名。並且精於

美洲墨西哥民族學之研究，因此出版《Anahuac,1861》這部作品。魯氏的代表作爲：《人類的原始狀態與文明的起源》(The Origin of Civilization and the Primitive Condition of Man,1870)乙書，他在書中主張：人類的宗教始自一種根本不具宗教觀念的「無神論」(atheism)，而後才演化爲「物神崇拜」(fetishism)、「自然崇拜」(nature worship)、「圖騰崇拜」、「薩滿信仰」(shamanism)、「擬人信仰」(anthropomorphism)、「一神信仰」(monotheism)等等，最後才進展到「倫理一神論」(ethical monotheism)。這種論點凸顯了宗教的「直線演化」(unilinear evolution)之特色。雖然許多學者拒絕魯氏的見解，但是他所從事的努力則深深影響後代，後人也應該加以肯定。

3.施密特(Wilhelm Schmidt, 1868～1954)

這位德國的文化人類學家(民族學者)，也是天主教神甫的學者，是研究非洲盧安達(Ruanda)土著部落、印度洋安達曼群島土人(Andaman Islanders)、以及南美洲印第安人(Indians)的原始宗教專家。他的學說受到民族地理學家納則爾(Friedrich Ratzel,1844～1904)及朗格(Andrew Lang)的影響，因此主張在初民及古老民族的社會中均有「超然神」(Supreme Being)信仰之證據。這種「原始一神論」便形成爲「至上神」(high gods)信仰。不過這類原始的「至上神」，於往後被諸神與鬼怪所取代。施密特在他的十二卷代表作：《神觀念的起源》(Der Ursprung der Gottesidee,l2volumes，1912～1955)

這部大作之中，一再強調他的「超然神」(Supreme Being)與「至上神」(high gods)學說。對於施密特來說，「至上神信仰」應該是人類宗教信仰之原型，這點可以從原始社會多神崇拜現象中均有「至上神」之事實看出來。至於原始社會人類供奉多神的現象，施氏認為是一種「至上神信仰」之退化。由此見之，他的見解和蘇格蘭人類學家朗格有共通之處。他的學說也被布拉耶(Pinard de la Boullaye)與貝隆(K.L.Bellon)所支持，並出現於他們的著作之中。

4.畢搭佐尼(Raffaele Pettazzoni, 1883〜1959)

這位義大利的人類學家及神甫顯然受到施密特(W. Schimidt)學說的影響，不過他修整施密特學說，認為「一神論」(monotheism)是個具歷史條件之術語，與「多神論」(polytheism)根本是對立的。若硬把「一神論」與宗教起源問題混為一談，是不合乎歷史邏輯的。他並不完全走施密特的「至上神」學說路線，僅致力探討「天空神」(sky god)的至上神性格。畢搭佐尼自1924年即擔任羅馬大學的「宗教學」教授，他於1951年更被選為「國際宗教史學協會」(The International Association for the History of Religions)的主席，同時主編『神靈』(Numen)這份著名的宗教學雜誌。畢氏在其代表作：《全知之神》(L'omniscienza di Dio,1955。英譯為:The All-Knowing God : Researches into Early Religion and Culture,1956)乙書裡，強調「天空神」在原始社會中往往被視為是「超然之神」(Supreme Being)，並且被奉為「至上神」(high

God)。只是「天空神」因高高在上，並與人間有一段距離，所以被視為是一位萬不可及的神(deus otiosus)。他假定：原始社會的初民可能都是信仰「天空神」的原始一神論者，後因「天空神」太過遙遠，從而淪為「多神論」的信徒。畢氏又認為族長文化社會的「至上神」都在天空，而且如「族長」一樣只有一位；農耕文化的社會雖然也崇拜「天空神」，但卻以「地母」為至上神。並且因「地母」的繁殖生產觀念之影響，很自然地傾向於多神信仰(polytheism)。

IV.基督教神學派的宗教研究

雖然十九世紀歐洲「比較語言學」之研究，以及「人類學」的田野工作帶動了「宗教學」這門人文科學學術的成立；然而基督教神學家對這一門新興學術的擁護與貢獻，其功勞也不能忽視。公元十九世紀是歐、美基督教海外宣教運動最積極的時代，許多宣教師受派到國外的殖民地宣揚基督教，開始有機會與異教接觸。基督教宣教師發現一個事實：基督教信仰若要有效地在異教地區傳播，就必須認識異教並研究異教。當然這類研究異教的態度都是「護教的」(apologetic)，目的在於辯證基督教的優越性。就如天主教派駐印度宣教師杜布瓦神甫(Abbe Jean-Antoine Dubois,1765～1848)的作品：《印度教徒的風俗、習慣、與儀式》(Hindu Manners、Customs and Ceremonies,1816)乙書、英國浸信會宣教師卡內(William Carey,1761～1834)看待異教的態度

可以為例。加拿大長老會宣教師馬偕(George L. Mackay,1844
～1901)的作品：《台灣遙寄》(From Far Formosa，1896)乙書，
也可以做例子。不過也有不乏同情「異教」的基督教學
人，就像英國聖公會神學家毛利斯(F. D. Maurice)於1846年
出版：《世界諸宗教及其與基督教的關係》(The Religions of
the World and their Relations to Christianity)乙書，及另一個聖公會
學者哈威克(Charles Hardwick)的：《基督與其他的主》(Christ
and Other Masters,1855～1858)這部書，都對「異教」採取溫和
的看法。只是他們也都認為耶穌「基督」足以「成全」
(fulfilment)其他的宗教，因此其態度仍然是保守的。然而基
督教學界的確也不乏態度客觀的宗教學者，他們立場中
肯，視「基督教」為世界諸宗教中的一個宗教，並且致力
探討諸宗教之間的同異之處。

1.華可哈(John Nicol Farquhar，1861～1929)

　　這位出身於牛津大學的蘇格蘭學者，受到繆勒的影響
甚深。他於1891年在印度擔任宣教師工作時，受到英國
聖公會神學家毛利斯(F.D.Maurice)和自由主義前輩宣教師斯
萊特(T.E.Slater)的影響。1902年至1923年之間，他服務於
印度基督教青年會，廣泛地和印度教徒及伊斯蘭教徒(穆斯
林)接觸，開始他對印度諸宗教之研究。1923年華氏應聘
於英國曼徹斯特大學擔任「比較宗教學」教授，一直到謝
世為止。華可哈有關研究印度宗教的作品相當豐富，比
較著名者有：《吉達與福音》(Gita and Cospel,1903)，《印度

教的冠冕》(The Crown of Hinduism,1913)，《印度現代宗教運動》(Modern Religious Movement in India 1915)，及《印度宗教文學大綱》(Outline of the Religious Literature of India，1920)等書。對華氏而言，基督教宣教師應該有學者的風度與耐心去看待「異教」，因爲諸宗教的存在一定有它們獨特的意義與貢獻。只是「基督教」的教訓，足以成全一切宗教之不足處，尤其是「印度教」(來自馬太福音書五：17的「成全論」)。與華氏具同樣見解的學者，就是創立香港「道風山叢林」的挪威宣教師艾香德(Karl Ludwig Reichelt)，他以「道種神學」(Logos theology)爲出發點，來從事他的宗教研究，因而感化了許多「佛教」出家眾成爲基督徒。

2.席德布隆(Nathan Soderblom, 1866～1931)

這位學識淵博的瑞典烏普撒拉(Uppsala)大主教，也是烏普撒拉大學及萊比錫大學(Leipzig University)的「宗教學」教授。他有生之年，對於基督教普世合一運動(Ecumenical Movement)也有很大的貢獻。席德布隆擅長於古代伊朗宗教的研究(即「波斯教」的研究)。在從事學術研究的方法上，則受到著名神學家立集爾(Albrecht Ritschl,1822～1888)的影響。後人可以從他的代表作(1931年的Gifford Lectures)：《活活的上帝》(The Living God,1931)這部作品中看出他的宗教研究方法(其實是一種神學與宗教學之綜合研究)。然而他的研究態度是客觀的，而且是一種嚴格的人文科學研究態度。相傳席氏在臨終前對他的家人說：『我知道上帝是活活的，因爲我能夠

從宗教的歷史來加似證明。』因爲席德布隆始終深信：宗教研究不可忽略歷史上發展之過程，所以是一位走歷史主義路線的學者。席氏又主張宗教的本質就是「神聖」(holy or holiness)，因爲「神聖本質」比「上帝的觀念」更爲根本。此一主張深深影響同時代的學者鄂圖(R .Otto)的宗教研究，他以宗教的「神聖」本質之分析見稱(其著名的宗教本質分析作品：論《神聖》(Heilige)於日後成爲神學及宗教學研究之重要作品)。

3.鄂圖(Rudolf Otto, 1869～1937)

這位德國神學教授的主要貢獻，是分析宗教的「神聖」(holy)本質。其著名代表作是：論《神聖》(Das Heilige，1917。(英譯爲《The Idea of the Holy》1923)乙書。按鄂圖關心宗教本質之研究，這與其1904年執教於德國格廷根大學(Gottingen University)有關。因爲這所大學在當時爲著名的「宗教史學派」(Religionsgeschichtliche Schule)之大本營，他的同事也正是現象學大師胡塞爾。另一位前輩知名學者就是立集爾。對鄂圖而言，「神聖」(holy)是宗教之基本概念。此一「神聖概念」訴諸於宗教人的直覺及非理性經驗，其超自然的實體就是「神似者」(numinous)。這一「神似者」的宗教經驗引發宗教人的「被造物意識」(creature-consciousness)，而「神似者」所表現之特徵是「神秘可怖」(mysterium tremendum)。宗教人均嚮往「神似者」，相信祂爲一「絕對他者」(wholly other)，並且敬畏祂的威嚴

及能力。鄂圖稱這一宗教經驗爲「被造物意識」(creature consciousness)，或「被造物感情」(creature-feeling)。因其神秘與可怖之本質，的確對宗教人具有「吸引性」(fascinans)。鄂圖的理論不但是一種「神學」的發現，也提供「宗教學」一種認識「宗教本質」的要領，其貢獻委實可以肯定。

4.海勒(Friedrich Heiler, 1892～1967)

這位德國學者是席德布隆與鄂圖的追隨者，並受到著名神學家許格爾(Baron F. von Hügel,1852～1925)的作品：《宗教中的神秘因素》(The Mystical Element in Religion)乙書所影響。關於海勒在宗教研究方面的主要貢獻，第一是宗教人「祈禱」經驗之研究。他因此著有：《祈禱》(Das Gebet,1920)乙書，認爲「祈禱」係宗教經驗的核心現象，是一切宗教人敬虔的基礎。第二是探究宗教的本質與現象，有關他在這方面的重要著作是：《宗教的本質與表現》(Erscheinungs formen und Wesen der Religion,1949)這本書。由此見之，海氏在宗教研究方面的影響屬於神學與宗教結構之分析，是一種「選擇性記述宗教現象學」(selective descripting phenomenology of religion)。

V.心理學派的宗教研究

宗教人的行爲一定和他們的宗教經驗有密不可分的關係，這點引發了一些學者開始從事「宗教心理分析」以及

「宗教經驗」的觀察與研究，於是成立「宗教心理學」此一屬於心理學門的附屬科學。就理論上說，這些學者認爲人類的「宗教經驗」應該可供學者去瞭解與研究，因爲人類的「宗教行爲」有著不同的模式與表現。諸如「集體的宗教行爲」與「個人的宗教行爲」，就具有不同的宗教經驗模式。何況宗教尚有原始與文明之分，傳統宗教與制度化宗教之別，其宗教經驗之表現模式從此更具多元。人類的「心理」(Psyche)是一種非物質(宗教用語叫做「靈性」)的部份，它是富有意志、感情、及意識的超然「個我」(Ego)。這些宗教心理學者所努力者，就是要將「個我」與「群我」的宗教經驗加以合理化。就這方面研究的開山祖師即德國學者溫特(Wilhelm Wundt,1832～1920)，他的《實驗心理學》(Grundzuge der Physiologischen Psychologie,1873～1874)一書提供了這方面的研究方法，並且影響美國的學者霍爾(Granville Stanley Hall,1844～1924)及其他心理學者。另外，走功能心理學派方向的宗教心理學家即詹姆斯(William James,1842～1910)，他在這一方面研究的影響力委實超過前者。

1.詹姆斯(William James, 1842～1910)

這位與霍爾同屬於美國第一代的宗教心理學家，係採取思辯的態度(哲學多於心理學)來研究宗教人的感情與經驗。其著名的代表作是：《宗教經驗之種種》(The Varieties of Religious Experience,1902)一書。詹氏原來在哈佛大學醫學院教授「生理學」，因爲他是一位有執照的醫師與教

授(但從來未曾開業執醫)。1876年開始教授「生理心理學」(physiological psychology)課程，因而注意到「宗教經驗」的問題。他這本《宗教經驗之種種》，是他在「吉福特講座」(Gifford Lecturcs)所輯成的作品。就中他以三種主觀原則評估「宗教經驗」的價值，那就是「即刻和諧性」(immediate harmoniousness)、「哲學的合理性」(Philosophical reasonableness)、及「道德的幫助」(moral helpfulness)。同時詹氏也以「病理學」立場將宗教分爲「健全心意的宗教」(the religion of healthy-mindedness)與「病態靈魂的宗教」(the religion of the sick-soul)兩大類。前者乃是避免「罪」、「病」、「苦難」、及「死亡」之消極強調，後者則言及「罪惡」、「苦難」、及「審判」之信仰經驗。他對於宗教人的「改心」(conversion)皈依的經驗有獨到之分析，並以此來闡釋宗教人的「宗教心理」反應。令人困擾者：詹氏的理論均專門注意宗教人的變態行爲(宗教上的心理變態)，較少注意健全宗教人的表現，因此受到一些批評。

2.路巴(James H. Leuba,1868～1946)

這位出生於瑞士的心理學家，有過做基督教「救世軍」(Salvation Army)信徒的經驗。來到美國時，在克拉克大學(Clark University)專攻心理學，並在霍爾(G. Stanley Hall)指導下完成博士學位。路氏因受「救世軍」信仰所影響的緣故，專門研究宗教人的「改心」(conversion)心理，所以和詹姆斯(W. James)、司搭布克(E.D. Starbuck)有其類似之

處。1912年出版他的代表作：《宗教心理學的研究》(A Psychological Study of Religion)，及1916年的：《上帝及不朽的信仰》(The Belief in God and Immortality)，藉以探討人類對神靈信仰的觀念，以及追尋人類靈魂不朽之信仰，並且以此來探尋「宗教」之起源。

3.司搭布克(Edwin Diller Starbuck,1866～1947)

這位哈佛大學學人係詹姆斯(W. James)的弟子，與其師一樣同為哈佛宗教心理學派之先驅。司氏是「貴格會」(Quaker)信徒，也是一位「新人文主義」(New Humanism)學者，因此特別留意宗教的「神秘經驗」問題。他對於宗教人的「改心」(conversion)經驗之研究，曾經被其師在「吉福特講座」(Gifford Lectures)中所借用。(這篇論文：《Sfudy of Conversion》發表於1897年的『American Journal of Psychology』期刊中)。司搭布克的代表作為：《宗教心理學》(The Psychology of Religion,1899)乙書。但他的另一位哈佛大學的老師(也是同事)門斯得堡(Munsterberg)，則批評其學說為「神學」的意味濃於「心理學」。按司氏對於宗教心理學研究方法之特色是「問卷調查」(questionnaires)，他的研究的確凸顯了美國改革教會個人主義的「改心」體驗。

4.普拉特(James Bissett Pratt, 1875～1944)

這位曾經訪問過印度、中國、及日本的宗教心理學家，其最重要的作品是：《宗教意識》(The Religious

Consciousness,1920)乙書。普氏認爲「宗教心理學」的任務是描述「人類意志」的運作，及其對「命運決定者」(Determiner of Destiny)的態度及影響。也就是說，「宗教」是個人或團體對於能夠操縱他們命運的一種或多種力量(神靈)所懷抱的鄭重社會態度。對普氏而言，「宗教經驗」是一種期望的態度，因爲宗教人不問"宇宙究極性爲何?"而是關心"將來前途將遭遇何事?"的問題。據此而言，宗教人重視實際之信仰經驗，而不注重宗教理論。一種成熟的宗教皆有兩方面內涵：一是對於「命運決定者」之態度，另者是重視「道德生活」的教訓。普拉特始終堅持「宗教心理學」應該是一門「記述性的」(descriptive)而非「規範性的」(normative)之人文科學，並且主張未來「宗教對話」(dialogue of religions)之重要性。阿米斯(Edward S. Ames, 1870～1958)這位《宗教經驗的心理學》(The Psychology of Religious Experience,1910)一書的作者，也留意到這方面的問題，認爲這方面的研究常常和基督教護教學之主張結合是不對的，應該對於異教之認識與尊重才是必要的。爲的是「宗教」之使命，均在對於最高社會價值意識及社會正義之維護。

VI.心理分析學派的宗教研究

人類的本能「欲求」及其生存的「驅策力」與社會風尚和道德約束，時常發生矛盾衝突。問題是：人類的「本能」趨向一旦遭受種種的壓制，結果將導致「本能」的衝

動，以及「思想」被壓抑在「潛意識」之內。這種被壓抑的本能衝動及思想雖然被他本人所遺忘，然而他內在潛意識之「隱機」，仍然會直接或間接地影響他的行為。儘管人心理上的「檢察」(Censor)時常防範那隱伏之「欲求」呈現，可是「欲求」或「本能」之衝動卻用間接之方式表露出來。就如用眠夢、神經質、機能失調、精神錯亂等去呈現。這一被稱為「深度心理學」(depth psychology)的心理分析方法，被用於瞭解人的變態心理以及治療精神障礙的病人，是一門與「醫學」有直接關係之學術。值得注意的是：這一「心理分析方法」也被應用於宗教心理的分析而自成一個學派，並且具有相當的影響力。

1.佛洛依德(Sigmund Freud, 1856～1939)

這位奧地利的學者是「心理分析學」(Psychoanalysis)之開山祖師，也是應用此一學說治療病人心理症狀(精神病)的第一人。有關他的「宗教心理」分析之學說與宗教研究之關係，可見之於他的三部作品之中，就是：《圖騰與禁忌》(Totem and Taboo,1912)，《一個幻象的未來》(The Future of an Illusion,1927)，及《摩西與一神論》(Moses and Monotheism,1939)等書。但以《圖騰與禁忌》這部書為其學說之代表作，也是佛氏首次討論宗教心理問題之作品。佛洛依德按照「心理分析學」的觀點，主張宗教現象是一種「精神病態徵兆」。他認為現代宗教人都具有與原始社會人類一樣的「神經質」，此一「神經質」與兒童時期心

理上的壓抑有關。就如性慾之壓抑，及其他本能的壓抑等等，它們都會藉著宗教發洩出來。佛洛依德用「戀母情結」(Oedipus complex)這個古希臘神話的悲劇故事，來說明宗教人這一「兒童期心理」(infantilism)的「戀母」或「依賴」的感情，如何演變爲信仰上帝爲「天父」的宗教信仰。並且主張：宗教人就是藉此去發洩他們「潛意識」(subconsciousness)所壓抑的慾望，「宗教」就是這類性慾壓抑之昇華。因此「圖騰崇拜」(totemism)等於是一種嬰兒期心態之重現(infantile recurrence)，而「禁忌」(taboo)相等於是一種良心的命令。這等於是說：「宗教」始自一種「戀母情結」的變態心理，是宗教人不成熟心態(兒童期心理)的那種「依賴感」之具體流露。

2.榮格(Carl Gustav Jung, 1875～1961)

這位佛洛依德(S. Freud)的弟子，對於宗教心理學的學說與其師比較起來有顯著的不同，因此學者稱其爲「分析心理學」(Analytical-Psychology)或「深度心理學」(Depth-Psychology)。榮格認爲「宗教」絕對不是一種被壓抑的心理病徵之表現，因爲宗教有它的歷史性與道德性。因此，人應該從宗教之「行爲」、「表現」、「象徵」、及「神話」之內容去瞭解人類。對榮格來說，「宗教」是人類經歷久遠年代中所遺傳下來的神秘經驗。因此人類生來其「心理狀態」絕對不是一張白紙，而是已經具備著一套複雜記憶之「原型」(archetype)。也就是說，人類的心

理「原型」存在於「意識」(consciousness)、「潛意識」(subconsciousness)、與「無意識」(unconsciousness)之中。因此可以推論：宗教現象實在是一種人類「集體無意識」(collective unconsciousness)之流露。這一「集體無意識」係來自遠古祖先之遺傳，因此世界各個不同民族均有「神話」、「象徵」、及「宗教」這些「種族記憶」的現象。由此見之，榮格的「深度心理學」(depth psychology)實在比佛洛依德的學說更具體而健全，因此影響學界至巨。榮格有關分析宗教心理的作品相當豐富，比較有名者有：《心理與象徵》(Psyche and Symbol,1958)、《心理學與宗教：東方與西方》(Psychology and Religion：West and East,1958)，以及《原始類型與集體無意識》(The Archetypes and the Collective Unconscious,1959)等書。

VII.社會學派的宗教研究

　　一般來說，社會學派研究宗教的理由，不出於探索下列幾個問題：宗教社團的社會結構為何?宗教對於整個社會經濟體系的推動有什麼影響？宗教是否抵制了人民的政治潛力或社會條件？從西方的立場言，這些問題實在值得正視，也十分迫切。因為西方社會基督宗教的勢力很強，基督教文化對社會的影響極大。為此，早期宗教社會學派的研究態度，均沒有離開此一背景，明顯地，「宗教」之於人間社會，其功用及影響力委實太大。學者阿米斯(Edward Scribner Ames, 1870～1958)就認為「宗教」應該被理

解爲「社會正義」(social righteousness)、「社會意識」(social consciousness)、及「社會價值」(social values)之保存[see：V.M. Ames,(ed),《Beyond Theology：The Autobiography of Edward Scribner Amnes》1959]。這一理解，誠然已經道出了宗教與社會之間的關係及其功能爲何。

1.韋伯(Max Weber，1864～1920)

這位德國知名社會學家的主要貢獻，即有關東方的印度、中國、猶太等宗教社會學之研究，及西方基督教社會經濟論證之研究。其次即分析東方與西方宗教倫理精神及其經濟體制，對於人類社會之影響。韋氏的代表作品即：《宗教社會學》(The Sociology of Religion,1963)，以及出版於1905年的《新教倫理與資本主義精神》(Die Protestantische Ethik und der Geist des Kapitalismus)這兩本書。韋伯的「宗教社會學」理論，可以從兩方面來瞭解：(1)論證東、西方宗教之不同信仰類型及其對人類社會生活的影響。(2)探討新教(Protestantism)的社會倫理精神對於資本主義的影響。就前者言，韋氏將宗教信仰的特性用三方面的論證加以說明，就是(一)宗教與社會──宗教藉著社會層面影響整個的社會生活，社會層面的知識分子提昇宗教的救贖意義。社會層面的實際行動者有教牧、官僚、武士、農民、及市民等階級。以歐洲社會情況而言，市民階級爲宗教的主要支柱。(二)宗教的「合理的預言」(rationale prophetie)與「模範的預言」(exemplarische prophetie)。「合理的預言」具服從

神令並履行神令之特性，「模範的預言」則不具大眾宗教性格，係賢人宗教之類屬(諸如佛陀即爲解脫之模範)。(三)宗教的「禁慾主義」(askese)與「神秘主義」(mystik)——禁慾者重視倫理行爲(韋氏以清教徒爲例)，結果能善用生命又堅強地推動了世俗生活；神秘者則強調與神合一的神秘經驗，注重自救而不關心社會改革(東方宗教之特色)。關於宗教與社會經濟的問題，韋伯認爲新教的「加爾文主義」(Calvinism)推動了西力的資本主義社會，因它要求人善用生命與神同工，促使人能夠敬業與積蓄。這些特色引向世俗事業的成功，並且被視爲是上帝恩賜。然而由於清教徒式的禁慾主義制衡經濟之壟斷與自私，因此也顧及社會福利及他人之利益。韋伯又發現中國與印度的宗教同樣影響社會之經濟政策，只是比較消極。於是斷言社會經濟往往爲「宗教」所制約，所以「宗教」的影響力不可忽視。

2.馬克思(Karl Marx, 1818～1883)

這位共產主義的開山祖師係出身於德國的一個猶太人家庭。父母信奉基督教，他因此於六歲時在「路德會」(Lutheran Church)受洗。年青時代的馬克思先後於波昂(Bonn)大學及柏林(Berlin)大學攻讀法律、歷史、及哲學，並且受到黑格爾(George Hegel,1770～1831)及盧梭(Jean J.Rousseau,1712～1778)的思想所影響。馬克思的社會運動因無法受到當代的德國及法國的政界所接納，因此一直定居於英國倫敦以至逝世爲止。論其代表作有1848年與恩格斯(Friedrich

Engels,1820〜1895)合著的《共產主義宣言》(Das Communist Manifesto,1848)，以及《資本論》(Das Capital,1867)這兩部作品。馬克思對十九世紀歐洲社會的宗教表現一向不懷好感，因此對宗教下了一句這樣的評語：『宗教是被壓迫者的呻吟，無情世界的心情，無知狀況之知覺。它是人民的鴉片。』(K.Marx，〈Critique of the Hegelian Philosophy of Law〉，in『Economic and Philosophical Manuscripts』,1844)。對馬氏而言，「宗教」是人類自我離間的麻醉品，一種奴役人性的存在模式。人類應該割斷一切自卑與奴役的種種關係(尤其是人與神的關係)，才能夠成為社會的「超人」——一種最高的社會存在模式。這樣看來，馬克思是一位道地的無神主義者。他也看出「宗教」是無產的貧民階級尋求心靈安慰之對象。人要獲得真正的解放，就得放棄「宗教」的控制，為的是「宗教」也往往被資產階級所利用。十分顯然地，馬克思所批評的是「制度化宗教」的黑暗面。其實使宗教成為墮落的工具者是「邪惡的人性」，而非「宗教」的基本精神。可惜馬克思忽略了宗教的光明面這一點，又將「人性」估價得太高，以致標榜「超人」理想的「共產主義」。其實「共產主義」的絕對化及泛政治化，正是今日世界的一種新的「政治鴉片」。

VIII‧現象學派的宗教研究

宗教有它的歷史、有它的淵源、有它的文化背景、有它的社會與心理層面，當然更有它的結構與本質。現象學

派所開創的宗教研究途徑，就是專門探討宗教之「結構」(structure)及其「本質」(essence)的問題，其方法係借自哲學的「現象學」(Phenomenology)，但又加以修整而自成一個系統，並以「宗教現象學」(Phenomenology of religion)的學術名詞稱之。按「現象學」是個獨特的哲學訓練，目的是要處理人思想上的「意向性」(intentionality)或意念程序，並將其做為純心理學的解釋、限制、及補充。此一哲學學派的創始人即法國知名學者胡塞爾，然其方法被應用於宗教研究的先驅，則為謝勒(Max Scheler,1874～1928)、鄂圖、拉蘇塞、及范得流(Gerardus van der Leeuw,1890～1950)等人。其中尤其是范得流的貢獻最為重要，因此他被視為宗教現象學派之代表。嚴格來說，「宗教現象學」之使命旨在探討宗教本質之「意向」(intention)，及其「神聖結構」。它探查「本質之展望」(eidetic vision)，對於真理問題之探究則加以「時限」(epoche)，即臨時停止或存而不論的意思。然而，此一學派所追隨者，多依照范得流路線從事於宗教研究而非胡塞爾的哲學，這就是「宗教現象學」不同於「哲學現象學」的獨特之處。

1.范得流(Gerardus van der Leeuw,1890～1950)

這位荷蘭學者受到買那斯(Christoph Meiners)的影響，遠比胡塞爾更深，但宗教現象學先驅拉蘇塞則較接近胡塞爾方法。他最有名的宗教現象學之代表作就是：《宗教現象學》(Phanomenologie der Religion,1933)乙書。(英

文譯本名爲：《宗教的本質與表現》(Religion in Essence and Manifestation,2vols,1948)。范氏於1918年在德國格羅凌根大學(Groningen University)擔任「宗教學」教授，其間受到鄂圖、席得布隆(N.Soderblom)及李維布赫(Levy-Bruhl)的思想所影響，因而著手於宗教現象學之探究。對范氏而言，宗教現象學所努力者，即宗教自己到底表達什麼意義及形式，故與宗教解釋(religious hermeneutics)有密切關係。范得流根據這個原則而將「宗教」分爲下列各種類型：

(1)抽象的宗教(religion of remoteness)──「儒教」與十八世紀的「理神論」(Deism)爲其典型。

(2)奮鬥的宗教(religion of struggle)──「波斯教」及其「二元論鬥爭」(dualistic conflict)爲其典型。

(3)無限的宗教(religion of infinity)──「印度教」的梵我一如經驗(Brahman- atman in One)爲其典型。

(4)色空的宗教(religion of nothingness)──「佛教」的無我及四大皆空之強調爲其典型。

(5)威嚴的宗教(religion of majesty)──「猶太教」不敢妄稱神的名字爲其典型。

(6)意志的宗教(religion of will)──「伊斯蘭教」(回教)的順服阿拉(Allah)爲其典型。

(7)愛心的宗教(religion of love)──「基督教」的博愛濟世爲其典型。

范氏的這種「宗教類型」之詮釋比較，已經指出「宗教現象學」之特色所在。自從范氏的《宗教現象學》一書出版以後，「宗教現象學」這門學術之名稱便於學界風行起來，而且與「比較宗教學」的名稱平行使用。

2.瓦哈(Joachim Wach, 1898～1955)

這位德國籍猶太人學者是個虔誠的基督徒，早年在德國萊比錫大學(University of Leipzig)接受教育，師承海勒(Friedrich Heiler)研究宗教學，並受特洛慈(Ernest Troeltsch,1865～1923)、哈那克(Adolf von Harnack,1850～1931)，席得布隆、韋伯、及鄂圖等學者的影響。1935年因德國納粹黨(Nazis)迫害猶太人的緣故而移居美國，並且先於布朗大學(Brown University)執教。1945年應聘擔任芝加哥大學(University of Chicago)宗教學教授，直到退休為止。有關瓦氏的重要作品有：《宗教學》(Religionswis senschaft,l924)、《認識論》(Das Verstehen, l926～1933)、《宗教社會學》(Socio1ogy of Religion,1944)、《宗教經驗之類型》(Types of Religious Experience，1951)、及其門人北川(J‧M. Kitagawa)為其所編輯的：《宗教之比較研究》(The Comparative Study of Religions，1958)等書。其中以：《宗教社會學》及《宗教之比較研究》兩本作品為他的代表作。瓦哈的「宗教現象學」之主要貢獻是「解釋學」(hermeneutics)。他認為「解釋學」是學者認識宗教的要領，並且有助於人對於「神學」之洞察。「解釋學」的任務是使人認識「宗教經驗」之特質，以

及有關宗教思想(教義)、行爲(儀式)、及團契(教團與其組織)的表現。由此見之,瓦哈對於宗教研究提出了一種現象學的解釋方法,並因此樹立了芝加哥大學之宗教研究學風。關於另一位宗教現象學路線的知名學者伊利亞德的貢獻,將在下一個芝加哥學派的段落加以介紹。

IX.哲學派的宗教研究

「宗教」一向是哲學所討論之主題,但專以討論宗教之哲學,學界稱其謂「宗教哲學」。儘管「宗教哲學」的宗教研究與「宗教學」有著顯著的不同,但前者研究之成果也豐富了後者的資料及方法論,因此哲學派之宗教研究是不能忽略的一圈。以往宗教哲學家的宗教研究,均集中於人類與宗教關係的問題,就如分析人對宗教的態度古今有否不同?神觀、人觀、宇宙觀問題、有神論信仰是神我的關係或物我的關係?宗教信仰之於人類的重要性爲何?其價值是什麼?下面將介紹三位最具影響力的宗教哲學家,以及他們對於宗教研究的影響與貢獻。他們有的是猶太教徒,有的是基督徒,有的是神學家及科學家。但他們對於「宗教哲學」的貢獻都非常傑出,並且影響深遠。

1.布伯(Martin Buber,1878～1965)

這位猶太教神學家及哲學家於1878年2月8日生於奧地利的維也納,早年在德國的柏林(Berlin)、萊比錫(Leipzig)及瑞士的祖利克(Zurich)受大學教育,專攻哲學、文學、及

神學，並醉心於猶太教敬虔主義(Hasidism)的研究〔這方面的研究可見之於他的回憶錄：《我到赫斯底主義的道路》(My Road to Hasidism)乙書〕。布氏眼見當代猶太人到處遭受迫害，於是自1898年起加入了猶太民族主義的復國運動：「錫安主義運動」(Zionism Movement)。1923年至1933年間，布伯應聘爲德國法蘭克福大學「比較宗教學」教授。同時被擁爲德國猶太人成年教育中心的領袖及指導者。後來因受到德國「納粹黨」(Nazism)的迫害，在1938年逃離德國前往耶路撒冷的「希伯來大學」任教，直到1951年退休爲止。代表布伯宗教研究的名作是：《我與你》(I and Thou,1923)乙書。他在書中強調，「宗教」的基本精神是一種「我」(人)與「你」(神)的人格對話(dialogue)之交談經驗。用布氏的話來說，現代世界人類的病態是：「我與你」(I-Thou)的人神交談倫理關係，墮落爲「我與它」(I-it)的物我非人格倫理之利害關係。此一「我與它」非人格倫理的物我關係之必然傾向，就是人忽視了栩栩如生的「神」以及人類的「精神潛力」。現代人就是因爲走上「我與它」的物我非人格關係，所以「人」被當成一個「物」(it)看待，「神」也被當做被利用及驅使之對象。人與人、人與神、人與自然的關係，也因此顯得離間而不正常。爲此，人類理想生活之建立，唯有重建「我與你」(I-Thou)的人神交談之倫理關係，這點正是現代宗教所應當努力追求之目標。布伯不但是個理論家，也是一位行動者。自1948年以色列建國以後，他致力於猶太人與阿拉

伯人之間的和平共存與互相接納事工，並有殊多貢獻。

2.懷海德(Alfred N.Whitehead, 1861～1947)

這位英國學人是「過程哲學」(Process Philosophy)的開山祖師。其父為英國聖公會牧師及教育家，因此懷氏自小即受英國社會嚴格的古典教育。懷海德早年出身於英國劍橋大學三一學院，並在劍橋擔任數學及物理學講師。1910年以後轉任為倫敦大學教授及理學院院長。1924年離英赴美，在哈佛大學擔任哲學教授，其時已經六十三歲。在哈佛大學任教十五年之後，於1938年退休。我們感到有趣的是：六十三歲以前的懷海德是位數學家及物理學家，但來到美國哈佛大學以後則成為哲學家。而且他對於「哲學」的成就，竟然凌駕於數學及物理學的成就。懷氏的哲學名著為：《過程與實有》(Process and Reality,1929)一書，它是一部集古今「形而上學」問題之巨著，但其哲理卻十分難懂。關於懷海德在「宗教哲學」方面的代表作為：《創造中的宗教》(Religion in the Making,1926)這本書。根據他的看法，宗教信仰是一種潔淨內衷的力量，是人追求神靈的一種反應。宗教是個人的「孤立性」(solitariness)之行為，因為「孤寂」使人信仰宗教。「宗教」的四個基本要素是：儀式(ritual)、情緒(emotion)、信仰(belief)、及信仰系統的合理化(rationalization)。人類的宗教演化也不出於這四個過程，而宗教的合理化階段，則是達到一種高級模式。懷氏也警告說，「宗教」若被惡人所操縱，就會成為人類蠻性的避

難所。人也不可死守「宗教」的教條，若「宗教」在它們的教條中尋求靈感時，便是「宗教」的自殺。「宗教」需要「形而上學」(Metaphysics)的支持，因爲「形而上學」是一種描述(description)，尤其是描述我們的宇宙。懷氏對「宗教」研究的貢獻是一種「方法論」的提示，中國文人謝扶雅的《宗教哲學》一書，即根據懷海德的方法論寫成的。

3.田立克(Paul Tillich, 1886～1965)

這位德國的宗教哲學家及神學家，係生於1886年8月20日一個普魯士鄉村史達札得爾(Starzaddel)地方。其父爲路得會牧師，故自幼即受宗教信仰的培養。笛氏先後在柏林(Berlin)、杜賓根(Tübingen)、哈雷(Halle)、及布利斯勞(Breslau)等大學受教育，專攻神學與哲學。第一次世界大戰時期擔任德軍的軍中牧師，因目睹戰場上的慘況而不禁感嘆"上帝之死亡"(Death of God)，如同尼采(Friedrich W. Nietzsche, 1844～1900)所言者一樣。在他看來，基督教國家在歐洲戰場之互相殘殺，乃是上帝之傳統觀念及信仰已經死亡的結果。戰後田立克曾經執教於柏林、萊比錫、及法蘭克福等地的大學，其時他成爲威瑪共和國(Weimar Republic)宗教社會運動之領袖。1933年希特勒執政時爲逃避暴政而移居美國，最先在紐約協和神學院教授宗教哲學，後來又執教於哥倫比亞大學、哈佛大學、及芝加哥大學。他於1965年12月22日去世。田立克在神學方面的

代表作即三卷的：《系統神學》(Systematic Theology,1951、1957、1963)。這部書的特色是以「宗教象徵」的方法來處理神學的問題，因此可視其為宗教哲學之巨著。在宗教研究方面，他有三本書直接影響此一園地，就是：《信仰的動力》(Dynamics of Faith,1957)、《基督教與世界宗教之相遇》(Christianity and the Encounter of the World Reljgions,1961)、及《宗教的未來》(The Future of Religions,1965)。田氏在《信仰的動力》一書中強調宗教是人的「究極關心」(ultimate concern)，而宗教人正是用「神話」此一「信仰語言」來表達他的「宗教經驗」。在《基督教與世界宗教之相遇》一書中，他用「類似宗教」(quasi-religion)一詞來界說「主義式」('-ism)之信仰，以和正統宗教有所分別，並且提出宗教與宗教之間的「對話交談」(dialogue)原則。在《宗教的未來》這部最後之作品中，他萬分期待宗教間的合作以及建立一種「宗教神學」(theology of religion)，藉以增進普世宗教人之互相瞭解。的確，田立克的思想雖然是「神學」及「哲學」的內容，卻對於「宗教學」之研究有相當重要之提示。

X.自然科學派之宗教研究

一般人常常以為「科學」與「宗教」是兩種難以調和的對象，因為「科學」注重實驗，「宗教」則是信仰、思想與經驗的東西。何況許多科學家視「宗教」為迷信，是阻礙人類進步的因素。而宗教家也往往自視很清高，批評

「進化論」之不可信，揶揄科學萬能的荒謬。其實那是一種無賴而永無結論的爭吵，於現實社會均沒有好處。畢竟「科學」與「宗教」的範疇彼此不同，前者關心物質，另者則關心靈性境界。然而第二次世界大戰前後企圖調和「科學」與「宗教」的學者卻大有人在，這個人就是法國「古生物學家」，也是專攻「神學」的一位耶穌會神父——德日進(Fr. Pierre Teihard de Chardin)。因為對德氏而言，「科學」的資料不但可供「宗教」研究，更可以豐富「宗教」的內容。因此德日進可以說是調和「科學」與「宗教」的先知角色，由於他的洞察力使他成為促使「宗教」與「科學」達到圓滿的第一人。

德日進(Pierre Teihard de Chardin,1881～1955)這位法國耶穌會神父及古生物學家，的確是一位企圖調和「科學」與「宗教」的偉大學人。只是這種嘗試難免激起了天主教會的激烈爭辯。但事實證明德日進是勝利者，只可惜他的勝利慢了一點，為的是他死後才揚名全世界。1881年5月1日德日進在法國的奧弗尼(Auvergne)地方出生，其父伊瑪努爾(Emmanuel)是位博學的鄉紳，母親是一位虔誠的天主教徒。德氏在他們的十一個孩子當中排行第四。他於十八歲時參加「耶穌會」，1911年晉陞為神父。第一次世界大戰期間他擔任「擔架兵」，開始對「古生物學」發生興趣，而於1919年退伍後選擇研究「地質學」及「古生物學」。1922年獲得「古生物學」的博士學位，即起程赴遠東從事考古工作。德日進選擇中國的北方做為他從事研

究的場所，在「古生物學」方面，他參與著名的「北京人」(Sinanthropus Pekinesis)頭骨化石的研究，德氏還爲這位女性「北京人」取名爲內莉(Nelly)。第二次世界大戰爆發時，德日進曾經被日本軍隊軟禁，就在這段艱難日子中，他利用時間完成了舉世名著：《人之現象》(Le Phenomene Humain, 1940)一書。這部書的出現，不僅震撼了科學界人士，也打擊了許多頑固的神學家們。對於德日進來說，「科學」和「宗教」之間沒有所謂不可跨越的鴻溝，兩者都是人類窺視「天主」(神)的兩種不同角度，如同一件衣服上的兩道縫線而已。

德日進學說的中心思想即：「進化」(evolution)。對他來說，「進化」(演化)是宇宙進展的必然現象，「生命」有它的進化過程與目標——就是自「無生命」的基本原素開始，然後有「生命」的來臨，進而爲動物的意識，人類的思想，最後歸於上帝的懷抱。德氏常言「人」不是由人猿衍生出來的，而是由「進化」而來的。因爲「進化」是一盞燈，可以照亮一切事物，也是萬物所應遵行的準繩。一般科學唯物論者認爲「進化」是一種「偶合」的過程，德日進則不贊同這樣的說法。因爲他強調「進化」是天主(神)的安排及攝理，其「進化」程序既有目標又有意義。「進化」的兩個主要本質是：『宇宙萬物均爲「永恆」做準備，並且努力走向「完善」的境界』。爲此，德日進用希臘文的第一個字母「阿利法」(Alpha)來做爲「進化」的最原始基點(A point)，而「進化」的最終目標用希臘文最後

一個字母「俄米加」(Omega)來做為終末的頂點(W point)。事實上，「阿利法點」(Alpha point)是天主(神)，「俄米加點」(Omega)也是天主(神)。也就是說，宇宙始自上主，亦終歸於上主的意思。那麼「人」在宇宙中的角色為何？德氏認為「人」是宇宙中進化的主軸及運動的指標，現在人類已夠資格通過「宗教」來獲得「超自然生命」，人性將在「俄米加點」(W. point)與天主做完美之結合。德日進又強調：「愛」是推動宇宙萬物使它走向「至善」之力量。「愛」的特性可以用「輻射能」(radial energe)來說明，而這一「輻射能」連最低等的無機物都有。由此可見，我們這個宇宙是整體性的，而且都在藉看「進化過程」走向完美的境界。的確，德日進的思想協助「宗教」勇於向「科學」接近，而「科學」也敢於向「宗教」學到了它的精神價值。值得我們留意的是：德日進也有一位台灣友人，他就是二次大戰中在北京關照過德日進的台灣著名地質學教授林朝棨教授。而林教授這位信仰基督教的學人也作過調和「科學」與「宗教」的努力，他的「進化神學」也與德日進有類同之處(見：董芳苑，〈論「創造」與「進化」：地質學家林朝棨教授「進化神學」之探討〉，台灣神學論刊，第四期，1982年，63－82頁)。

四、當代宗教學的發展

「宗教學」這門人文科學經過一百多年來大群學者的

努力，今日已經具備了獨立學科的重要地位，並且繼續在人文科學之領域發展中。因為這門學術係出自西方世界，所以「宗教學」之代表性學者也都是西方人居多。但這並不是說，在東方世界沒有關心「宗教學」的學人。就近代亞洲來說，東方世界的「宗教學」發展，以日本最為先進，遠從1896年開始便有宗教學者陸續出現。他們是橫井時雄(1928年去世)、岸本能武太(1865～1929)、高楠順次郎(1866～1945)、南條文雄(1849～1927)、木村泰賢(1881～1930)、宇井伯壽(1882～1963)、娣崎正治(1873～1949)、與鈴木大拙(1870～1966)等，均為著名的宗教學學人，只是他們多數傾向於「佛學」之研究為其特色。由於這群日本學者的努力，終使日本成為亞洲地區宗教研究之先進國家，並樹立了「大乘佛學」研究之學術聲望。現在日本也有「宗教學會」之組織，岸本英夫及比屋根安定這兩位宗教學者，均為日本宗教學會之重要領袖。

印度方面的宗教研究對於介紹印度哲學與宗教，或比較東西兩方的宗教精神，也有相當傑出的代表人物出現。其中，最先代表東方宗教於1893年在美國芝加哥的國際「宗教會議」(the Parliament of Religions)發言的印度教學人，就是維夫卡南達(Swami Vivekannda, 1863～1902)。由於他在會中發言的傑出表現，西方世界的宗教學者開始對東方「宗教」與「文化」的豐富資源莫不另眼相看，也引起西方學人對東方研究之興趣風氣。另外一位著名的印度宗教發言人，便是前印度總統拉達克里斯南(Sarvepalli

Radhakrishnan,1888～1975)。西方學者因他傑出的學術貢獻，而尊他爲「印度教的護教師」(Apologist of Hinduism)。這位學者除了在印度買索(Mysore)、加爾各答(Calcutta)、與德里(Delhi)等大學擔任哲學教授及大學校長外，也於1936年至1952年之間應聘在英國著名的牛津大學(Oxford University)擔任「東方宗教與倫理學講座」的教授。此後拉氏又活潑於政界，曾經先後擔任印度駐蘇聯大使、印度副總統及總統之職。這位學人的代表作是：《東方諸宗教與西方思想》(Eastern Religions and Western Thought, Oxford：1939)。其中強調「東方宗教」及「西方宗教」對於人類社會均具非常重要的貢獻，兩者之間的精神價值沒有優劣之分。拉氏認爲西方基督教的宣教態度，應該放棄它對東方宗教的排斥性。唯有如此，才能夠促使東西方宗教人之間的眞正和解。

近代中國學術界的宗教研究風氣雖然並不興盛，但是也有一些傑出的學人出現，他們就是：許地山(台灣人)、王治心、謝扶雅、林惠祥、玄珠、沈雁冰等人。許地山(1893～1941)原名許贊　，筆名爲「落花生」，台灣台南市人。早年專攻「比較宗教學」及「人類學」，曾經執教於中山大學及香港大學。有關許氏宗教研究方面的著作有：《道教史》(1934)、《道家思想與道教》(1937)、及《扶乩迷信之研究》等書。由此可見許地山對於「宗教學」之貢獻，是有關「道教」方面的研究。王治心爲福建協和大學的教授，他的主要貢獻是著作：《中國宗教思想史大綱》(1931)一書。謝扶雅(1893～1990)係前東吳大學、嶺南大學、

及香港大學的教授，他在宗教研究方面的貢獻是：《宗教哲學》(1927年)乙書。該書的方法論乃是師承「過程哲學」大師懷海德者。民俗學家林惠祥在宗教研究方面的貢獻是下列三部著作：《神話論》、《民俗學》、及《文化人類學》等書。玄珠與沈雁冰(茅盾)的宗教研究則以「神話」爲主，玄珠著有《中國神話研究》(1928)，沈氏的代表作即《神話雜論》(1929)。

就二次大戰以後的三、四十年間，台灣學界的宗教研究可謂成績並不顯著。中央研究院民族學研究所十分留意宗教研究，並採取人類學、民俗學、民族學、考古學、以至宗教社會學的方法著手，從事於台灣土著部族宗教及民間傳統宗教的研究。其他一些研究本土宗教的文章則散見於《台灣風物》、《台灣文獻》、《南瀛文獻》、《台南文化》、《台北文物》以及其他民間書籍及刊物之中。此外，各級大學及研究所根本沒有設置「宗教學」的課程。直到進入八○年代以後，台灣第一個宗教研究所才在私立天主教輔仁大學設立。時下(2001年)台灣已經有九所公、私立大學設置「宗教學系」及「宗教學研究所」，而其中只有政治大學爲公立學校，其餘均爲私立院校。除了輔仁大學外，時下尚有眞理大學、中原大學、東海大學、玄奘大學、慈濟大學、華梵大學、及佛光大學有宗教學系所。由此可見，具有「宗教」背景的大學對於「宗教學」的研究較具熱衷，其中尤見基督宗教與佛教的院校。值得留意的是：台灣學界正

式以「宗教學」課程授課的學術機構，竟然是台灣基督長老教會屬下的「私立台南神學院」以及「私立台灣神學院」這兩所神學教育機構。只是它們的宗教研究目的都是宣教學上之需要。

十分顯然的，當今世界領導「宗教學」之學術研究地位者，仍然是西方世界。為了這個緣故，要探討當今「宗教學」的研究動向及其代表性學者，還是要從歐美的學界動態著手。下面將分為兩部份來介紹當代美國及歐洲的宗教研究情形，以及它們的傑出學人。

(一)美國宗教學派之動向

美利堅合眾國的建國歷史雖然不長，然因為崇尚學術自由風氣又富甲天下，許多世界一流的知名學者都被網羅在美國各個著名大學執教。而美國「宗教學」之發展，實在與這一情況有關。因為其中的代表性學者，無一不是來自外國者。就如「芝加哥學派」之建立者瓦哈(J. Wach)及伊利亞德這兩位學者就分別來自德國及羅馬尼亞，「哈佛學派」的代表人物史密斯(W.C.Smith)也是來自加拿大。這些例子正可以說明美國的「宗教學」能有今日之地位，係佔盡『天時、地利、人和』所使然。時下美國各洲的大學多數均有「宗教學」之設置，比較有名的院校有芝加哥大學、哈佛大學、哥倫比亞大學、耶魯大學、及普林斯頓大學等等。但能夠主導「宗教學」學術潮流者，則只有芝加哥與哈佛這兩所大學而已。

1.芝加哥學派

在美國各大學中，芝加哥大學(The University of Chicago)算是設置「宗教學」的先進學府之一。遠在1921年，它便以發行《宗教雜誌》(The Journal of Religion)著稱。1945年瓦哈應芝加哥大學聘請擔任宗教研究所主持人，將「宗教現象學」方法加以發揚光大，因而建立了「芝加哥學派」。此一學派之特色是關心「宗教經驗」的問題，並提出研究宗教結構約三個基本入門：「理論的」(the theoretical——探討宗教思想)、「實際的」(the practical——探討宗教行為)、及「制度的」(the institutional——探討宗教社團)等，來做為宗教研究模式。與瓦哈共同建立「芝加哥學派」的另一位學者為伊利亞德，他是繼瓦哈之後該學派的主要台柱，並且繼承瓦哈的「宗教經驗形態學」(morphology of religious experience)的學風，因此頗受國際宗教學界所注目。

伊利亞德係生於羅馬尼亞(Romania)首府布加列斯特(Bucharest)的學者，其宗教學的博士學位以研究「瑜珈」的宗教經驗於1932年完成於印度的加爾各答(Calcutta)。1958年應聘為芝加哥大學宗教學教授，並繼瓦哈教授主持該大學的宗教研究所，直到退休為止。伊氏不但是一位傑出的宗教學者，也是一位想像力相當豐富的作家。除了學術作品外，也寫過小說、散文、及詩歌。伊利亞德的宗教學著述超過十部以上，最具代表性作品有：《永恆歸回之神話》(The Myth of the Eternal Return,1955)、《比較宗教的

模式》(Patterns in Comparative Religion,1958)、《神聖與凡俗》
(The Sacred and the Profane,1959)、《沙滿信仰：入神的古代技
巧》(Shamanism：Archaic Techniques of Ecstasy,1964)等書，並且
深遠地影響宗教學界。伊利亞德也是芝加哥大學《宗教
史》(History of Religions)雜誌的創辦人，這份雜誌代表著「芝
加哥學派」之立場。論伊氏的學術貢獻是提供一種類屬
「宗教現象學」範圍的思辯方法——「創造的解釋學」
(creative hermeneutics)，它的方法顯然受到分析心理學家榮格
的「深度心理學」(depth pschology)所影響。有關伊利亞德之
宗教學理論的兩個要點是：(一)主張「聖」與「俗」之間
的區別，是人的宗教思惟以及解釋宗教象徵之基礎。(二)
強調古代宗教往往用「神話」來表達它的歷史觀，而且這
種「神話的歷史觀」是循環式的。就如：人類的「創造」
與「墮落」這類的原始時間(illud tempus)於宗教人的信仰經
驗中時常在重覆循環，那就是藉著宗教儀式及神話的重述
中去再度呈現。宗教人就是藉此去經驗他與神靈及祖先溝
通之「永恆之歸回」(eternal return)，又體驗「永恆的現在」
(eternal present)。對伊利亞德看來，現代宗教的儀式中，均
有這類古老之要素(archaic elements)，其「本質」(essence)也
是一脈相承的直線的與歷史的(linear and historihcal)。這一無
意識中的宗教經驗需要宗教學者加以解釋，才能夠釋放或
解開其宗教象徵之重要意義。伊利亞德自芝加哥大學退休
以後，「芝加哥學派」的領導人物為伊氏門人與同事的
約瑟北川(Joseph M. Kitagawa)及農格(Charles H. Long)這兩位學

人。

2.哈佛學派

　　哈佛大學向來就關心宗教研究，為此於1961年建立了「世界宗教研究中心」(Center for the Study of World Religions)，藉以積極開發「宗教學」的研究部門。1964年哈佛大學聘請史密斯擔任「世界宗教研究中心」主任，因而建立了「哈佛學派」。按「哈佛學派」之學風及貢獻，是樹立了一種宗教研究之態度："宗教研究是「人」的研究"。也就是說，要以瞭解「人」的立場去研究宗教，這點正是「宗教學」這門人文科學之學術基礎。因為宗教學者若以價值判斷之立場來研究宗教，那不過是一種宗教哲學之努力，其結果將不會有什麼成就。這個學派的另一個貢獻，就是企圖去建立「世界神學」。這種努力的假定是：「宗教」是多元的，而且在人類歷史中互相影響。這類影響將在往後的日子不斷延續，卻要向著一個共同目標前進，此即建立「世界神學」的根據。

　　史密斯這一位「哈佛學派」的代表人物，係出身於加拿大的學者，因受到其父的長老教會傳統信仰之影響，早年分別於多倫多大學及英國劍橋大學研究過「神學」與「東方語言」。在「宗教學」的貢獻方面，他擅長於「伊斯蘭教」(Islam)的研究。史氏曾經於1941年至1945年之間分別在印度拉候(Lahore)及旁遮普(Punjab)大學執教，但到了1948年才在美國普林斯頓大學完成博士學位。1949年回

到加拿大蒙特婁(Montreal)的麥克吉爾大學(McGill University)擔任教席，並為「伊斯蘭教研究所」所長。1964年應聘在美國哈佛大學主持「世界宗教研究中心」，直到他退休為止。史氏因為認識東西方宗教的特色及其對人類的貢獻，因此提出了宗教研究即「人的研究」之主張。也就是說，「宗教學」是研究宗教人信仰經驗與行為主義的一門人文科學。因為學者無法擺脫「宗教人」，而只去窮究宗教的教義、儀式及教團組織。在史密斯看來，瞭解他人的各種宗教，相等於瞭解各種宗教的宗教人。與「芝加哥學派」不同者，史氏的宗教學方法論走歷史主義路線，因此強調宗教不只有它的「儀式」、「象徵」、與「教義」，也有它們的「歷史」，故宗教研究要從歷史研究著手。因為一切宗教在每天早晨都是新的宗教，此即宗教研究者不能去忽視時間性的原因所在。其次是非常重視「宗教對話」問題，這點可以從他的「世界神學」之理念看出來。有關史密斯的代表性作品有二：《宗教的目標及意義》(The Meaning and End of Religion,1963)及《向著一個世界神學》(Towards a World Theology，1981)這兩部著作。史密斯從哈佛大學退休以後，「哈佛學派」的影響力逐漸褪色，然而其學風仍然由史氏的作品中被後繼學者接受，因而繼續發揚開來。

3.新佛洛依德學派之宗教研究

　　二次世界大戰以後，由心理分析學派衍生而出的所

謂「文化學派」興起，學界又稱它做「新佛洛依德派」(Neo-Freudians)。此派代表人物為蘇利文(H.S. Sullivan)、賀妮(K. Horney)、及弗洛姆(E. Fromm)三人，然以弗洛姆最具影響力。這一學派修正了佛洛依德(S. Freud)的心理分析理論，反對他的「生物本能說」，而以「社會」及「文化」的要素來解釋「宗教起源」及「宗教本質」的問題。舉例來說，該學派認為宗教人的行為，根本不是所謂「戀母情結」(Oedipus complex)的「童稚症」之心理發洩，而是由「文化因素」及「社會環境」所決定。質言之，人要瞭解宗教的基本動因及內容，必須從「文化」與「社會」因素入門，而非「生物」之本能因素。

弗洛姆(Erich Fromm, 1900～1986)係出生於德國的猶太人，因納粹希特勒的迫害而逃到了美國。他在德國求學時代，弗氏就受到賀妮(Karen Horney, 1885～1952)的影響，來到了美國又與蘇利文(H.S.Sullivan, 1892～1949)合作，共同發揚「新佛洛伊德派」的學說。弗洛姆在學術上的貢獻可以從下列幾部書中看出來：《逃避自由》(Escape From Freedom,1941)、《為己的人》(Man for Himself,1947)、《愛的藝術》(The Art of Loving,1956)、《心理分析與宗教》(Psychoanalysis and Religion,1950)、《基督教義與其他有關宗教、心理學、及文化之文集》(The Dogma of Christ and Other Essays on Religion, Psychology and Culture,1963)等書。然以後者的兩部作品直接探討「宗教心理學」的問題。弗洛姆一向強調：宗教的使命在於協助宗教人認清其潛伏在「無意

識」(unconsciousness)中的錯綜複雜的罪惡感，並從中獲得釋放。他認爲現代人那種「逃避自由」的心態，實在是不敢正視他內在混濛的無意識中的眞面目之結果。弗氏強調人需要選擇一個健全的宗教，才能夠安身立命去生活。因爲他同意：「宗教」是人生「究極關懷」(ultimate concern)之說法。在宗教本質的分類上，弗洛姆將宗教分爲「極權宗教」(authoritarian religion)與「人文宗教」(humanistic religion)兩大類。人類心靈的絕對順服與屈就，乃是「極權宗教」之本質。這類宗教以「神」爲絕對權威及力量之象徵，「人類」則爲罪惡與墮落之角色。同樣地，世俗世界也遵循「極權宗教」的原則將「民族」、「政權」、「政治領袖」、或「社會主義祖國」等等加以宗教化，即將其當作信仰崇拜的對象，因此造成人類「逃避自由」之不幸。至於「人文宗教」的基礎是「人類」自己，其特色是既不盲從，又知道分別或判斷「宗教經驗」之眞僞。弗氏認爲舊約先知以賽亞的宗教及耶穌基督的宗教，就已經具備「人文宗教」之條件，佛教「禪宗」的思想也是如此。但這不是說，基督教與佛教已經是典型的「人文宗教」了。對弗洛姆而言，在同一個宗教裡面，已經可以看出「人文宗教」與「極權宗教」這兩種區分。就如基督教的加爾文主義(Calvinism)神學，就充分表現出「極權宗教」之本質(強調「預定論」及「榮耀只歸上帝」的教義)。佛教也有許多宗派將高僧之地位絕對化(如「活佛」之信仰)，並且要宗教人跟從及叩首等等可以爲例。

(二)歐洲的宗教學者

　　歐洲是宗教學的發源地，因此有相當穩固的宗教學術研究之傳統。雖然第二次世界大戰期間，有許多歐洲學者均在美利堅合眾國尋求自由的研究天地，「宗教學」的研究重心也從此轉移到美洲。儘管如此，歐洲的一些學者仍然有所表現。在近代歐洲學者之中，讓我們首先想到的是文化現象學家以及哲學家的卡西拉(Ernst Cassirer，1874～1945)有關「神話研究」之理論。按卡西拉係德國籍的猶太人，走「新康德主義」的路線。其神話研究方法則受到謝林(Friedrich J.von Schelling)的影響。也就是說，卡氏採取謝林的方法，但以批判的現象學觀點追溯「神話」之起源及其象徵意義。卡西拉主張：「神話」是人類獨立精神的經驗形態之流露，故必須由內在意向去瞭解。此一認識「神話」的要領，卡西拉稱它爲「重複的解釋」(tautological interpretation)。「神話」與「語言」對卡西拉來說，即人類最早的「象徵形式」，是人類直覺的「原始意象」，也可以說是一種「辯證意識」的表現。卡氏有關「神話研究」的代表作即：《語言與神話》(Language and Myth,1946)乙書。

　　在英國方面也有一群學者致力於宗教之研究，諸如：傑姆士(E.O.James)這位英國聖公會牧師及知名的人類學家，布蘭頓(S.G.F. Brandon)這位曼徹斯特大學(University of Manchester)的宗教學教授，以及帕林達(E. Geoffrey Parrinder)這位非洲及印度宗教的學者，他們的研究均相當的傑出。至

於在「宗教學」這個園地能夠樹立學風的當代代表性歐洲學者，可以下列四位為代表，即：走結構主義路線的李維史特勞斯(C.Levi-Strauss)；致力調和歷史主義及現象學方法並建立其「聖王理論」學說的威典格連(Geo Widengren)；強調宗教之間交互經驗分享的節拿(R.C. Zaehner)，以及宗教社會學家司馬特(N. Smart)等人。

1.李維史特勞斯(Claude Levi-Strauss,1908～2009)

這位比利時的社會人類學家是「結構學派」(structural school)之大師，早年在法國巴黎大學受教育。1935年至1939年之間執教於巴西的聖保羅大學，並從事亞瑪遜河流域的印第安部族之「人類學」研究。後來擔任過法國駐美國大使館的文化參事。李氏於1947年回到法國之後，即在巴黎大學的「社會人類學研究所」擔任教授。1968年以其學術成就而榮獲法國科學院的金質獎章(法國最高的學術獎章)。1971年更受頒國家榮譽勳章，來肯定其學術貢獻。1973年成為法蘭西研究院(French Academy)院士。李維史特勞斯的主要學術貢獻，乃是有關人類文化及宗教經驗之結構分析，尤其採取人類學、語言學、及分析心理學方法來探討原始社會人類的思想邏輯及宗教象徵。根據李氏的學說，現代人若要探查原始社會人類的宗教模式，就得留意原始社會人類的思考程序，而「神話」之研究即是達到此一目的之途徑。人類本具一種內在而普遍的「非理性邏輯」，宗教中的「神話」這部份，就是這一「非理

性邏輯」的具體表現。「神話」也是宗教人逃避歷史的努力，學者因此要特別留意「神話」背後的「符號」及「象徵」，洞察它所傳遞的訊息與意義。有關李維史特勞斯的學術著作相當豐富，最具影響力的代表作有：《結構人類學》(Anthropologie Stracturale, Paris：1958)、《圖騰制度新研》(Le Totemisme aujourd`hui,1962)、及四卷的《神話邏輯》(Mythologiques, vol. I, 1964, vol．II, 1967,vol.III,1967,vol.IV,1971)等書。

2.威典格連(Geo Widengren, 1907～1996)

這位瑞典學者自1940年起擔任烏普撒拉大學(University of Uppsala)的「宗教學」教授，並於1960年擔任「國際宗教學協會」(the International Association for the History of Religions)主席。就威氏的宗教學術訓練而言，他是知名學者圖安得賴(J.E.Tor Andrae,1885～1947)的門生。1936年完成有關巴比倫及以色列宗教研究的學位論文，提出著名的「聖王理論」(sacred kingship theory)，並影響了英格奈爾(Ivan Engnell)的古代近東之聖王研究。此外，威氏也是「波斯教」(Zoroastrianism)、「摩尼教」(Manichaeism)、及「伊斯蘭教」(Islam)之研究專家。在宗教研究方法論的問題上，威典格連曾經努力調和歷史主義及宗教現象學方法。爲此，威氏拒絕施密特的「原始一神論」(Primitive momtheism)之見解，而主張「一神論」信仰係經過宗教之歷史演化而來。然而他卻修飾了畢搭佐尼的「天空神」(sky-god)之至上神學說。另一方面，威典格連也重視宗教現象學方法，關於這

點可以從他的作品：《宗教現象學》一書中看出來。威氏的作品相當豐富，最具影響力的代表性作品有：《偉大的莫夫馬那與神的使徒》(The Great Vohu Manah and the Apostle of God, 1945)、《古代近東宗教中的君王與生命樹》(The King and the Tree of Life in Ancient Near Eastern Religion,1951)、《摩尼與摩尼教》(Mani and Manichaeism,1965)、以及《宗教現象學》(Religionsphanomenologie,1969)等書。

3.節拿(R.C.Zaehner, l913～1974)

這位英國宗教學者篤信羅馬天主教(Roman Catholic Church)，他於1953年繼印度學者拉達克里西南(Radhakrishnan)出任牛津大學的「東方宗教及倫理講座」(Spalding Lecture in Eastern Religions and Ethics)為教授。節拿在宗教學上的主要貢獻，即建立一種宗教之間交互經驗及交談的管道。對他來說，宗教現象是多元的，世界諸宗教應該彼此認識，繼而進入真正的友誼。為了促進此一理想，宗教學者的職責是忠實地比較、對照、及解釋世界諸宗教的教訓。節氏擅長於印度教、波斯教、與伊斯蘭教的研究，並且有相當豐富的著作。就如：《茲爾班，一個波斯教的困局》(Zurvan, a Zoroastrian Dilemma,1955)、《神秘主義之聖與俗》(Mysticism Sacred and Profane，1957)、《在各色各樣的時間中》(At Sundry Times,1958)、《印度教》(Hinduism,1962)、《印度教徒與回教徒的神秘主義》(Hindu and Muslim Mysticism,1960)等書。然而最重要的作品是1967年至1969年間的「吉

福特講座」(Gifford Lecture)所完成的作品：《和諧中的不和諧》(Concordant Discord, 1970)乙書。

4.司馬特(Ninian Smart,1927～2001)

　　這位英國宗教學者早年在格拉斯哥(Glasgow)及劍橋(Cambridge)這兩所大學受教育，戰後在牛津大學完成哲學士(B .Ph)學位。1967年在蘭卡斯特大學(University of Lancaster)設置宗教研究部門，因而提升該大學「宗教學」之研究聲望。司馬特專門於印度宗教及宗教社會學之研究，對於「宗教經驗」之內外「層面」(dimensions)的分析也很有名。對司氏而言，宗教研究需要「多元方法論」(polymethodic)及各科間的協調(interdisciplinary)才會有豐富之成果，故不能以「不得已而求其次」(faute de mieux)的態度為之。因此蘭卡斯特大學的宗教研究部門，不只是以「比較宗教學」為主科，也包含了「宗教社會學」、「宗教人類學」、「宗教心理學」、及「宗教哲學」之訓練。司馬特是一位多產作家，他的作品有：《「理性與信仰」(Reasons and Faiths,1958)、《印度哲學中的教義與討論》(Doctrine and Argument in Indian Philosophy,1964)，《一個諸教的對話》(A Dialogue of Religions,1960)等書。但以《人類的宗教經驗》(The Religious Experience of Mankind,1969)一書最具影響力。

　　此外，在歐洲宗教學界新進的學者之中，夏普(Eric J‧Sharpe)頗值得注目。夏氏原與司馬特同在蘭卡斯特大學的宗教研究所共事，現在執教於澳大利亞的雪梨大學(University of Sydney)。他擅長「印度教」之研究，代表性作品有：《比較宗教：一個歷史探討》(Comparative Religion：A History,1975)，及《信仰與信仰相遇》(Faith Meets Faiths,1977)等書。

四、國際宗教學協會

二十世紀四○年代有一群歐洲「宗教學」學界之先進學者，咸認有必要成立「國際宗教學協會」(International Association for the History of Religion，簡稱IAHR)，來促進宗教研究之國際交流。而倡導這個協會成立之最力學者，就是擔任荷蘭教育部長及著名宗教學者范得流所領導的「荷蘭宗教學者學會」(Dutch Society of Historians of Religion，荷文爲：Genootschap van Godsdienst historic)。一九五○年這群有心成立「國際宗教學協會」(IAHR)的歐美宗教學者，認爲時機已經成熟便發出邀請書。其時，這份「邀請書」係由下列的學者署名：荷蘭的范得流與布雷克，及瑞士的巴托列特(A. Bertholet)。組織委員會發起人的名單共列出有二十九名，其中英國學者有：庫克(S. A. Cook)與詹姆斯(E. O. James)，瑞典學者有：洪伯格(G. E. Holmberg)，威典格連、及尼爾遜(M. P. Nilsson)，美國學者有：歐布萊特(W. F. Albright)、洛威(R. H. Lowie)、諾克(A. B. Nock)、及瓦哈。由此可見，首屆「國際宗教學協會」(IAHR)的組織成員，係由歐洲學者(尤其是荷蘭、瑞士和瑞典)所主導，美國學者居次。這次協會在荷蘭阿姆斯特丹(Amsterdam)召開，大會主題是：『文明中的神話

與禮儀模式』(The Mythic-Ritual Pattern in Civilization)。與會代表共計一百九十三位，由荷蘭的范得流爲第一任會長，布雷克爲首任秘書長，並一直擔任到一九七〇年爲止。然而首任會長范得流於不到一年的任期內去世，其繼任者爲義大利羅馬的神父學者畢塔佐尼。此後二十年間，瑞典烏普薩拉大學的威典格連與法國斯特拉司堡大學的西蒙(Marcel Simon)，均先後擔任過會長。英國曼徹斯特大學的布蘭登(S. G. F. Brandon)與夏普也先後擔任過協會秘書長。

按「國際宗教學協會」(IAHR)成立的主要目標，不外透過宗教學者的各種研究方式進行國際間的合作，藉以促進「宗教學」研究者於國際間之學術研究交流。這一協會的學術貢獻，就是有其具體的出版計劃。一九五四年由第二任會長畢塔佐尼爲主編，創刊國際知名的《紐緬》(Numen)期刊。值得注意的是：歐美宗教學者十分留意東方世界的宗教園地，「國際宗教學協會」(IAHR)一開始就缺乏東方的宗教學者參與。有鑑於此，一九五八年的「國際宗教學協會」(IAHR)就選擇在日本的東京召開。其時，大會主題定爲：『東西方的宗教與思想：文化交流一世紀』(Religion and Thought in East and West：A Century of Cultural Exchange)。誰都清楚，東方與西方對於「宗教」之認知、因著神觀、人觀、世界觀、道德觀之不同，的確有相當大的分歧及差異。爲此，東方與西方均需要藉著宗教研究之學術交流來促進彼此間的瞭解，這個重點即這次與會學者之共識。

自歐洲越過大西洋的彼岸美國，於「宗教學」的研究成果方面也不可加以忽略。按「美國宗教學會」(American Society for the Study of Religion)成立於一九五九年四月，首任主席為耶魯大學的教授古典納夫(Erwin Ramsdell Goodenough, 1893～1965)。按古氏專長於「猶太教」之研究，著有：《希臘羅馬時期猶太人的象徵》(Jewish Symbols in the Greco-Roman Period, 1953～1968)之專論。其方法論顯然深受榮格的象徵論所影響，因此不走歷史主義之路。對古氏而言，「科學」本身也是一種宗教活動，或是一種新的宗教。他同時贊成芝加哥大學宗教學教授瓦哈之主張，即強調一種具有人性化(humanised)的宗教研究(按：瓦哈主張宗教學者不只是一位學者而已，也應該有其宗教經驗)。十分顯然地，美國宗教學界之宗教研究不走舊的歷史主義路線，而是走「神學」與「現象學」之路線。因此美國猶太教學者韋布洛斯基(R. J. Zwi Werblowsky)特別對於芝加哥大學的瓦哈提出批評，認為他的「宗教學」與「基督教神學」混淆在一起，所以不夠客觀。畢竟「宗教學」係人文科學之一，它不屬於「神學」的一支。值得留意的是：伊利亞德這位瓦哈的繼承人，及其芝加哥大學的同事北川(Joseph M. Kitagawa)和朗格(Charles H. Long)，也都認同於韋布洛斯基的批判。耶魯大學的古典納夫(E. R. Goodenough)，英國的布蘭登(S. G. F. Brandon)與簡拿(R. C. Zeahner)，也同意韋氏的主張。一九六一年芝加哥大學宗教研究所出版了《宗教史學》(History of Religions)論刊，因此和「國際宗教學協會」(IAHR)的《紐緬》

(Numen)，及歐洲宗教學界的《宗教史評論》(Revue d'histoire des religions)鼎足而立，而爲著名的「宗教學」之學術論刊，從此樹立了芝加哥學派之聲望。

一九六五年「國際宗教學協會」(IAHR)，第一次於美國加洲的克利蒙特(Claremont)召開。和一九五八年在日本東京的會議一樣，採取分組討論方式來進行學術討論。第一組探討：「罪或污染之清淨儀式」(Guilt or Pollution and Rites of Purification)，第二組探討「現代文化對傳統諸宗教之影響」(The Impact of Modern Culture on Traditional Religions)，第三組則專門探討「諸宗教之間的關係轉變中歷史學派之角色」(The Rote of Historical Scholarship in Changing the Relations among Religions)。此次國際會議係以客觀而不偏見的學術理想爲目標，由當代知名的宗教學者做了六次重要的演講，並分組討論會中所提出的各種問題。這六位代表性學者即：哈佛大學宗教研究所主任史密斯、及其他歐洲學者達維塞克拉(O. H. de Wijesekera)、菲利奧扎特(Jean Filliozat)、但地卡(P. N. Dandekar)、帕林達(E. Geoffrey Parrinder)、與莎基斯揚茲(Manuel Sarkisyanz)。其中的演講以史密斯的：〈傳統諸宗教與現代文化〉這一講最具影響力。史氏強調：「宗教」與文化之間的關係既重要又複雜，當然也是個牽涉廣泛又極其困難的問題，卻也是宗教學者不可忽視的一環。就如：越南佛教徒捲入政治，那既是政治問題，也是他們關係到「永恒」(eternity)信念的問題。何時何地每一個人做出其宗教之決斷，均已涉及人類最後之命運及意義。由於史密斯的影

響與貢獻，美國宗教學界也順其自然地注意到可以和「芝加哥學派」並駕齊驅的「哈佛學派」。稍後英國學者布蘭登(S.G. F. Brandon)，也在倫敦《泰晤士報》(The Times)針對史密斯的演講做了正面的回應。布氏除了肯定史密斯的貢獻外，也以英國宗教學者立場評論這次國際會議只著重於人類文化中宗教的現在及未來的意義問題，卻沒有強調宗教傳統之起源及於歷史中演化等等的問題。由此可見，「宗教學」的研究於美國學派而言比較關心「社會學的」現狀途徑，歐洲學界則比較關注於批判性的「歷史學的」之探討。

　　英國「宗教學」的研究及貢獻，的確也受到國際宗教學界的注目。因為自廿世紀的五〇年代至七〇年代當中，就有四所大學設有「宗教學」之研究中心。在曼徹斯特大學(University of Manchester)有布蘭登(S. G. F. Brandon)、漢學家司密斯(D. Howard Smith)，及夏普所主持的宗教學研究所。其次為利茲大學(University of Leeds)，其主持宗教研究的學者有佛學專家特雷弗林(Trevor Ling)與伊斯蘭教及非洲研究專家韋勃(William Weaver)。倫敦大學(London University)方面，其代表性學者為詹姆斯(E. O. James)及其後繼人路易斯(Hywel D. Lewis)，帕林達(E. Geoffrey Parrinder)及布克特(A. C. Bouquet)。以及一九六七年成立宗教研究所的蘭開斯特大學(University of Lancaster)，其代表性學者為斯馬特(Ninian Smart)，他的名著為：《人類的宗教經驗》(The Religious Experience of Mankind, 1969)。一九七一年蘭開斯特大學宗教研究所出版：《宗

教：宗教與諸宗教期刊》(Religion：a Journal of Religion and Religions)，因此，躍登成為英國宗教學之代表性學府。由於英國有如此之宗教研究學術之實力，所以在「國際宗教學協會」(IAHR)的地位自然舉足輕重。

第十二屆「國際宗教學協會」(IAHR)在瑞典的斯德哥爾摩(Stockholm)召開，主題是頗富「有神主義」色彩的『信仰上主』(Belief in God)。這次會議嚴格反省「宗教學」的方法與使命，認同宗教的學術研究不能只受制於宗教現象學，而是要以歷史學方法、人類學方法、考古學方法、社會學方法、民族學方法、心理學方法，以至哲學及神學等等人文科學方法之應用加以互補。因為「宗教學」的主要使命，不外熱愛宗教史上的眞理與闡釋，同時協助世人認識「宗教」的多元性。爲此，這次大會的確樹立了「宗教學」之學術研究方向。順便一提的是：第十四屆「國際宗教學協會」(IAHR)於一九八○年八月十七日至二十二日之間在加拿大馬尼托巴大學(University of Manitoba)舉行時，筆者曾經受主席團之一的加拿大多倫多大學宗教研究所主任衛得博士(Dr. Donald Wade)邀請參與，可惜因事未能成行。按「國際宗教學協會」(IAHR)之運作發展迄今已近二十屆，其目的與功能旨 在向普世學界宣示一個重要事實：「宗教學」這門人文科學，對出現於古今人類歷史中之宗教現象，有其認眞從事研究的重要使命。並且它所達成的貢獻，可與其他的人文科學比美。歷史已經證明：「宗教學」的發展迄今，也已經有傲人的學術成果。

　　「宗教學」係人文科學之一，其研究對象即人類的
「宗教」，也就是有關出現於人類歷史上的「原始宗
教」、「古代宗教」、與「現代宗教」。人做學問需要將
其研究對象之「名詞」加以規範，「宗教」(religion)是一個
名詞，因此規範「宗教」這個名詞的意義及功能之要領，
就是「定義」(definition)。值得留意的是：每當學者規範一
個「名詞」之時，至少出現「名詞」的三種內涵：名稱、
概念、及本質。舉例來說，人一提及「棹子」時，「棹
子」是它的通常名稱，棹子的「概念」有方型、圓型、長
方型，以及有大棹、小棹之分，而棹子的「本質」也有木
製、石製、鋁製、塑膠製等等。同樣的道理，當人言及
「宗教」一詞時，也有它的三種內涵：

1.「宗教」──一般名稱
2.「宗教概念」(或類別)──猶太教、基督宗教、伊斯
　蘭教、錫克教、波斯教、儒教、道教、神道教等
　等。
3.「宗教本質」──一神論、多神論、無神論等等。

其實「宗教」這一名詞之表達，仍然有其含義上的限制。何況「宗教」一詞的用語也有詮釋上之語病及分歧，又有文字理解上的文字障，此即給「宗教」下定義的困難所在。

雖然一個「名詞」有它含義上的限制，可是研究對象必須名正言順才能夠著手進行。為此，欲使「宗教」這個名詞能夠名正言順，就必須加以「定義」。只是「定義」僅是對於研究對象之名詞含義的一種「作業假設」(operational hypothesis)，是「正名」研究對象的一種規範。下面就針對「宗教定義」(作業假設)的問題，來做一文字上之分析以及西方學者於不同學術訓練立場上的各種見解。

一、從「宗教」這個名詞談起

漢文的「宗教」一詞，係十九世紀中葉日本明治維新時期，日本學者譯自外文"religion"這個字的漢文組合。因此可以說，「宗教」(religion)一詞是西方文化之產品，後由東方使用漢文的學界所採用。

(一)「宗教」一詞在西方世界之理解

西方世界有關「宗教」(religion)一詞的沿起，係由拉丁文(Latin)的"religio"這字動詞字根變化而來。由這個拉丁文動詞應用而出的三個有關「宗教」的用字，有："re-legere"(to re-read)、"re-ligare"(to re-bind)、及're-eligere'(to re-elect)等等。

$$religio \begin{cases} \text{re-legere(to re-read)} \\ \text{re-ligare(to re-bind)} \\ \text{re-eligere(to re-elect)} \end{cases}$$

現將這三個拉丁文用詞分別介紹如下：

1. "re-legere"(to re-read)

公元前後著名的拉丁作家西塞羅(Marcus Tullius Cicero, B. C. 106—A. D. 43)，就在其著作：《諸神的本性》(De Natura Deorum)一書中，應用're-legere'(to re-read)這個字，來指出「宗教」的功能不外重複敬禮諸神，或儀式的複習(宗教即儀禮的再三複習)。也就是以："re-legere"(to re-read)這個拉丁文字來定位「宗教」religion)的意思，此即西塞羅之見解。

2. "re-ligare"(to re-bind)

公元四世紀的基督教護教師拉丹修斯(Lactantius, 260～326)在他的作品：《神聖教制》(Divine Institutions)一書中，用're-ligare'(to re-bind)這字的拉丁文，來強調「宗教」的意義就是神與人之間的重新結連(再結連)。他有意指出「宗教」(re-ligare)之主要功用，不外教人性軟弱的人(罪人)因著尋求神的信仰經驗而悔改重生(重新做人)，進而與神結連。

3. "re-eligere"(to re-elect)

公元五世紀的北非著名教父奧古斯丁(St. Augustine, 354～

430)，也在他的著名巨著：《上主的城市》(De Civitate Dei)，用're-eligere'(to re-elect)來說明「宗教」之意義及功用。他指出「宗教」(re-eligere)就是神對人的呼召，並且重新揀選罪人皈依的意思。也就是說，「宗教」就是神重新救拔罪人的行動。這一觀點顯然有基督宗教的濃厚背景，也是奧氏自己從青少年時期放蕩為浪子以至懺悔皈依上主的宗教經驗(可參照其《懺悔錄》)。

由上列三位古代西方學者及教父對於「宗教」之見解，可以看出他們對於這字拉丁文're-ligio'動詞之應用雖然不盡相同，但都在詮釋「宗教」於文字上的意義與功用。顯然的，西塞羅(Cicero)的「宗教」(re-legere)用字具多神主義(polytheism)含意，拉丹修斯(Lactantius)與奧古斯丁(St. Augustine)兩人的用字具一神主義(monotheism)之基督宗教背景。儘管有這些分歧，這個西方的「宗教」用字都在說明人類內在的信仰經驗——神人之間的關係，神對於世界的揀選行動——啟示與拯救，以及有形的儀式——神人之間的溝通。

(二)漢文的「宗教」用語

在漢文的古典文學裡面，根本沒有「宗教」一詞之組合。原來漢人是將漢文的「宗」與「教」兩個字分開來說明它們的意義(所謂"望文生義")。史上最先把「宗」與「教」合成為名詞來翻譯西文的'religion'一字者，係十九世紀中葉日本明治維新時代日本學界之發明。由於有「宗教」這

個用語之漢文組合，後代學者即習慣地加以應用。就像清末民初的學人梁啓超，就在他的《飲冰室文集》裡面使用「宗教」之用語。

就漢文這種文字的字義來說，「宗教」一詞有："古人遺教，今人宗之"的粗略意義。事實上，「宗教」之內涵不能以漢文字義上的解釋去理解，它僅是一種作業上之假設，所以勿望文生義而陷入於文字障之中。按日本學者發明「宗教」這個用語，是以漢文之經典爲依據的。他們所根據的經典，一是《書經》(尚書：舜典)的「宗」字，二者爲《易經》(易上經：觀卦)的「教」字。

1.「宗」之宗教意涵

《書經》(舜典)有："禋於六宗"這句成語。何謂「六宗」？按「六宗」者，即古代漢人的祭祀對象(神祗)一共有六類，就是：「天」宗三，日、月、星；「地」宗三，河、海、岱。另外有兩種說法，以「六宗」就是古人崇拜四時、寒暑、日、月、星、水旱，或星、辰、風伯、雨師、司中、司命等等神祗。

$$
六宗 \begin{cases} 1.\text{天宗三，日、月、星，地宗三，河、海、岱} \\ 2.\text{四時、寒暑、日、月、星、水旱} \\ 3.\text{星、辰、風伯、雨師、司中、司命} \end{cases}
$$

由此見之，「六宗」就是古代漢人所崇拜的六類神

祇。因此日本學者取「宗」這個字來定位宗教之意涵，委實很有道理。

此外，「宗」這個字之原型，本來就具備特殊的宗教意涵。古代漢人的甲骨文字將「宗」這個字書寫成「⌂」或「⌂」之象形，一見就知道是一座內部置有祭壇之宗廟。因為「∩」分明是房屋之外形，「T」或「示」即祭壇(三腳鼎)及神祇之象形。由此可見，「宗」這個字的原始意涵是宗教的，因其文字之象形酷似一座宗廟。

2.「教」之宗教意涵

《易經》(易上經、觀卦)謂："聖人以神道設教，而天下服矣"。而其中的「教」這個字就被用以與「宗」字配合，因此形成了「宗教」一詞。那麼何謂《易經》所指的「教」？按照《說明解字》的註解是：「教」就是"上所思，下所效也"。也就是說，先人依其信仰思考又加以實踐的道統教條，後人必須去遵循及效法的意思。古代聖人以「神道」所設立之「教」(教條)，就是傳統之「禮教」。漢人傳統上之「禮教」，具體表現於「禮」(祭祀鬼神及人際關係之規範)之體制。「禮」即漢人之文化特徵，其含義甚廣。舉凡古人之祭祀行為、國家典章、社會體制、風俗習慣、道德規範，均和「禮」之含義有關。古代周朝禮治流傳於後代的三類典籍，就有：

《周禮》──周朝文武百官執掌政治之典章文獻。

《禮記》——記述古代禮儀，解釋禮儀經義。

《儀禮》——人事禮儀及社會行爲規範之文獻。

所謂「禮教」者，就是從上列三類典籍之教導演繹而來。因爲「禮教」與神道設教之社會規範關係密切，所以「禮」這字漢文也可視爲一個宗教定義。下列之典故可以佐證：

1). 《禮記》(曲禮篇)

　"祠禱祭祀、供給鬼神，非「禮」不誠不莊"。

2). 《禮記》(哀公問篇)

　"「禮」爲大，非「禮」無以節祀天地之神也"。

3). 《禮記》(樂記篇)

　"「禮」者，天地之序也"。

4). 《禮記》(祭儀篇)

　"「禮者」，履此者也"。

5). 《周禮》

　"掌天神、人鬼、地示之「禮」"。

6). 《說文解字》

　"「禮」履也，所以祀神致福也"。

7). 《說文解字》

　"「禮」之始也，以祭"。

8). 徐灝，《說文解字註箋》

　"「禮」之名起於祀神，引伸爲禮儀之禮"。

由此可見，「禮」之淵源，本於古代漢人事神致福之行爲。古代漢人因崇拜天神、人鬼、地示，因而創設祭祀禮儀。而後此一祭祀禮儀就用來教育下一代，「禮教」制度從而出現。所以說，「禮」這個字可以用來定位古代漢人的宗教信仰及人倫關係。爲此所謂「禮教」者，除了指出古代漢人敬天祭祖之禮儀外，也包含社會倫理教化的意義在內。再者，漢文「禮」這個字之象形，原本就是一種宗教。按「禮」從"示"從"豊"，"示"是「地示」(大地神祇)，"豊"即「祭品」(豊)置於祭壇之象形，令人一見便會領悟這個漢字具有宗教性。

從以上「宗」與「教」(禮教)之典故及文字分析，就能夠明白「宗教」一詞之組合，遠比西文的'religion'之含義更具宗教意味。此即以文會意的「文字」，和發音含意的「音字」更勝一籌之處。

3.漢文「道」字之宗教意義

漢文的「道」這個字，同樣可做爲「宗教」之代名詞。英國倫敦大學宗教學者布克特(A.C. Bouquet)在他的作品：《Comparative Religion》(Penguin Books，1991)一書裡，就強調「道」(The Way)可以定義中國的宗教(特別是儒教與道教)。如此論調是可以接受的，因爲孔子就說過："朝聞「道」，夕死可矣"這句話。古代先秦諸子對於「道」之定位也有所詮釋，只是內涵有些不同而已。

1).老子《道德經》 ── 自然主義的「道」

"道可道，非常道，名可名、非常名"(第一章)。

"有物混成，先天地生。……可以爲天下母。吾不知其名，字之日「道」"(第二十五章)

"道生一、一生二、二生三、三生萬物"(第四十二章)。

這樣看來，老子將「道」當做大自然中超然之第一因(可稱之謂神，即非常道)，也是宇宙造化源頭。並且此一造化源頭之「道」(天道)，老子視其爲人類(人道)之依歸。因此而有："人法地、地法天、天法「道」"(第二十五章)，"孔德之容，惟道是從(第二十一章)，以及"天道無親，常與善人"(第七十九章)等說詞。

2).孔子《四書》 ── 人本主義的「道」

孔子對於「道」之說明是人本主義的，並且以「道」爲社會倫理法則，因此力主「仁道」之宗教觀。

"天命之謂性，率性之謂「道」，修「道」之謂教。「道」也者，不可須臾離也"(中庸)。

"朝聞「道」，夕死可矣"(論語，里仁篇)。

"「道」之將行也歟，命也"(論語，憲問篇)

"吾「道」一以貫之"(論語，里仁篇)。

"守死善「道」"(論語，泰伯篇)。

由此可見，孔子要求其門人去洞察「道」之眞理，並要求爲「道」而甘願殉身。故此「道」必然是人道與天道交互感應之「大一」，是人倫關係之基本原則。

此外，《易經》直接闡釋「道」爲造化源頭，由其生命力化生陰陽(兩儀)、四象、八卦、及萬物。所謂："一陰一陽之謂「道」，……生生之謂易"(繫辭上傳五章)。又說："立天之「道」，曰仁與義。兼三才而兩之"(説卦傳、二章)。按「三才」者爲「天」、「地」、「人」，而天陽地陰爲一卦，男陽女陰爲一雙，均來自一元之「道」(太極)。故天倫與人倫呼應，天道爲人道之所本。

既然「道」這個字也是古代漢人之宗教用語，「道」之宗教使命也被規範爲「天下爲公」，也即走向世界大同的一條康莊大道：

"大道之行也，天下爲公。……故人不獨親其親，不獨子其子。使老有所終，壯有所用，幼有所長；矜、寡、孤、獨、廢疾者皆有所養。男有分、女有歸，貨惡其棄於地也，不必藏於己。力惡其不出於身也，不必爲己。是故謀閉而不興，盜竊亂賊而不作，故外戶而不閉，是謂大同"(《禮記·禮運大同篇》)。

這種"「大道」之行，天下爲公"之理念，將其稱爲「地上天國」之宗教運動，委實十分妥當，所以布克特(A.C. Bouquet)以「道」(The Way)來定義漢人的宗教，是近情合理的。

二、學者的宗教定義

　　歷史上的確有許多著名的西方學者曾經爲「宗教」(religion)做了定義。他們按其不同的學術領域企圖詮釋「宗教」，以期使「宗教」之意義更爲清楚。然因各家學術領域不同，見解因此有所差異，各說各話在所難免。何況「宗教」之定義實在多得不計其數，出身瑞士的宗教心理學家路巴(James H. Leuba, 1868～1946)在他的作品《A Psychological Study of Religion》一書，就曾經整理出五十個宗教定義。下面將列出幾個西方代表性學者的宗教定義，以做參考。

(一)宗教學家的宗教定義

　　有關近代宗教學者對於「宗教」所下的定義，僅介紹下列三位的見解。

1.帝列(Cornelius P. Tiele, 1830～1902)

　　"宗教是神與人雙方關係之現象"(Religion is the God and men bilateral phenomena)。

　　這位荷蘭宗教學者之宗教定義，係出於他的作品：《Elements of the Science of Religion》一書，而且具有濃厚的基督教文化之背景(「神」(God)爲單數，因而有一神論之意味)。此一定義之缺點是難以規範「無神論」(atheism)或「主義式」(-'ism, or ideology)之信仰，就如原始佛教、共產

主義及三民主義類似宗教的「宗教性」(religionity)。

2.鄂圖(Rudolf Otto, 1869～1937)

　　"宗教是人對神靈的敬畏及投靠之經驗"。

　　此一宗教定義係來自其名著：《Das Heilige》(1917)，英譯《The Idea of the Holy》(1923)一書。其理論是：宗教人往往對於他所信靠之「神靈」(numinous)感受到「神秘」(mysterium)、「恐怖」(tremendum)，卻又被祂所「吸引」(fascinasum)而加以信靠。這種複雜的「被造物感」(kreatur gefühl)，便是人類的宗教經驗。這個宗教定義也是以有神論為出發點，因此也不適於定位無神論宗教。

3.伊利亞德

　　"宗教是聖與俗兩個內涵之組合"。

　　這一宗教定義係依據美國芝加哥大學宗教學派大師伊利亞德(M. Eliade)的：《The Sacred and the Profane》(1957)一書而來。他認為：人類的宗教經驗範疇不出於「聖」(sacred, or holy)與「俗」(profane, or secular)兩個內涵。而宗教人所嚮往者是「神聖」之範疇，藉以擺脫「凡俗」之不安。因此是屬於「宗教經驗形態學」(morphology of religious experience)之宗教定義。因其不具歷史基礎(宗教現象學之通病)，所以無法定位宗教之全部。

(二)哲學家的宗教定義

關於哲學家為「宗教」所下的定義，只有選擇下列四位的觀點為例。

1.康德(Immanuel Kant, 1724～1804)

"宗教是人回應上主命令的道德本份"。

這位德國著名哲學家在他的作品：《實踐理性批判》(Kritik der Praktischen Vernunft, 1788)一書，提出這個宗教定義。「宗教」的確具備勸善(回應神靈)之道德本份。問題是：不同宗教都有他們自己的一套道德觀，優劣及合乎時代性與否都必須加以檢驗。何況「宗教」尚有教義、儀式、及教團組織之內涵，因此單用「道德」來歸範宗教，尚有許多缺失。

2.費爾巴哈(Ludwig Andreas von Feuerbach，1804～1872)

"宗教是人類幻想力之產物"。

這是一位無神主義哲學家在《宗教本質演講錄》(21講)一書所下的定義。可惜他忽略了「宗教人」所凸顯的功利主義一面。所以用這種人類幻想力觀念來規範「宗教」，委實很不周延。

3.胡塞爾(Edmund Husserl, 1859～1938)

"宗教是相信某一絕對存在者或非存在者的信仰"(Religion is to believe in and about what is Ultimate Being or Non-being)。

這是法國現象學大師胡塞爾爲「宗教」所下的一個定義，他明顯是以「信仰」來定位宗教。若由整個宗教內涵而言，雖然言之有理，同樣也不甚周延，畢竟宗教內涵是多元性的。

4.柏格森(Henri L. Bergson, 1859～1941)

"宗教是人對神的一種直觀"。

這是法國學者(也是1927年諾貝爾文學獎得主)給「宗教」所下的定義。他在其作品：《The Two Sources of Morality and Religion》(1935)一書，發揮宗教是人類對神的一種直觀之見解。人對神的「直觀」，可以說是一種宗教經驗。然而「直觀」僅是宗教人對於自己信仰對象之認知，因此對「宗教」之定位也不周延。

(三)神學家的宗教定義

1.施萊馬赫(F. E. Daniel Schleiermacher, 1768～1834)

"宗教是一種絕對依賴的感情"(Religion is a feeling of

absolute dependence)。

這位德國近代基督教自由神學之鼻祖，在《Über die Religion：Reden an die Gebildeten unter ihren Verachtern》(英譯：《On Religion：Speeches to its Cultured Despisers》, 1893)一書裡，以「絕對依賴的感情」來定義「宗教」，因而深深影響當代走理性主義路線的學者又再次留意宗教經驗之價值。當然以「感情」成分定位「宗教」，也不過對於「宗教」一部份的認知而已。

2.立節耳(Albrecht Ritschl, 1822～1889)

"宗教是人類生存利益及價值之總和"。

這位施萊馬赫之門人以「生存利益及價值」來定義宗教，雖然言之有理卻缺乏周延。畢竟「宗教」之內涵，尚有內在之信仰經驗及外在之儀式及體制，因此不只是這種人類的生存利益及價值而已。

3.田立克(Paul Tillich, 1886～1965)

"宗教是人類的究極關懷"(Religion is Ultimate Concern of human being)。

這是哲學化神學家田立克在其作品：《信仰的能力》(Dynamics of Faith, 1956)一書給「宗教」所下之定義。其優點是可以涵蓋原始佛教的無神主義(僅信仰'dharma')及類似宗教

的「主義式信仰」(—'ism)，但仍然無法說明原始宗教只有
'believe in'而沒有'believe about'之信仰系統(他們只有生存危
機之逃避而沒有究極之關心)。

(四)人類學家的宗教定義

人類學家對於「宗教」所關心的焦點不外宗教起源問
題，因此對於「宗教」之定義並不專注。雖然如此，卻也
有幾位人類學家給「宗教」下了定義。

1.泰勒(Edward Bernett Tylor, 1832～1917)

"宗教源自人類對精靈之信仰"。

這是英國人類學之啓蒙大師泰勒，在其《Primitive
Culture》(1871)一書所提出的宗教定義。因爲他主張「宗
教」源自「精靈信仰」(animism)，所以提出此一宗教定
義。問題是：有些宗教的信仰內容的確超越了「精靈信
仰」(就如：耆那教及原始佛教)，因此這個定義委實難以規範古
今出現於歷史上的所有宗教。

2.史密斯(Wilfred Cantwell Smith, 1846～1894)

"宗教是人類與神溝通的獻祭行爲"。

這位出身英國蘇格蘭的知名人類學家，在其作品：
《閃族宗教演講集》(Lectures on the Religion of the Semites, 1889)

一書給「宗教」所下的定義。這一定義對於閃族宗教而言是十分正確的，因爲閃民族慣於向神靈獻祭牛、羊、駱駝這些圖騰動物。然而許多現代宗教(如耆那教與佛教)都沒有「獻祭」(sacrifice)之行爲，所以也不周延。

3.馬累特(Robert R. Marett, 1866～1943)

"宗教的本質是一種神奇的力量"。

這位出身英國牛津大學的人類學家，在其《The Threshold of Religion》(1902)一書提出上述之宗教定義。他和其師泰勒一樣，都專注於宗教起源問題，然而他的結論是「前精靈信仰」(preanimism)卻不是其師的「精靈信仰」(animism)。他之所謂「神奇力量」(uncanny mana)者，是一種非人格的神聖本質。當然各種宗教都有其人類所感受之神奇力量，就像各種宗教的「圖騰」符號可以爲例。但是此一宗教定義仍然立足於宗教起源論的問題(探索宗教之本質)，所以對於現代宗教之規範性定位還是難以周延。

(五)心理學家的宗教定義

本段落將以關心宗教經驗的宗教心理學家及走精神科醫學的心理分析學家，對於「宗教」所下的定義爲例。

1.詹姆斯(William James, 1842～1910)

"宗教是人類與信仰對象保持關係時所發生的感情、行爲、及經驗。"

這是美國知名的宗教心理學家在其《宗教經驗之種種》(Varieties of Religious Experience, 1902)一書所表達的宗教定義。因爲詹姆斯所專注者是個人的宗教經驗，他所做的宗教定義當然沒有離開個人的感情成分，儀式行爲、及與信仰對象之間的深度經驗。此一定義不周延之處，便是缺乏宗教教義方面的理性思考，以及教團活動之經驗內涵。

2.阿米士(Edward S. Ames, 1870～1958)

"宗教是最高的社會價值意識"。

這是社會心理學家阿米士，在其作品：《宗教經驗的心理學》(The psychology of Religious Experience, 1910)一書給「宗教」所下的一個定義。固然「宗教」維護一個特定(非普遍的)的社會價值意識，也是教團活動之動力，然而觸及崇拜對象問題時也是無法周延，畢竟它只是一種學術領域之認知而已。

3.佛洛依德(Sigmund Freud, 1856～1939)

"宗教是變態心理之投射或性慾之昇華"。

這是心理分析學(psychoanalysis)大師佛洛依德，就人類的本能、欲求、幻覺、及變態心理分析之立場，在《圖騰與禁忌》(Totem and Taboo, 1915)一書裡給「宗教」所下的定義。當然將「宗教」以病態心理來加以規範，雖然有它的充分理由(就如'shamanic phenomena'，即童乩現象)，事實上卻很有問題。因為「宗教」既可協助浪子回頭，塑造健全人格，也是維護社會道德的一股力量。因此「宗教」(廣義的)不是用分析心理學方法可以規範的，為的是「宗教」也具備著真善美的內涵。

(六)歷史學家的宗教定義

這個段落只以英國歷史學家湯恩比(Arnold Joseph Toynbee, 1889～1975)給「宗教」所下的定義為例：

"宗教是人類文化活動之現象"。

湯恩比這位英國倫敦大學知名的歷史教授，在其名著：《A Study of History》這部巨著裡面，始終凸顯宗教是人類的文化活動這個主題。在這部巨著之中，他用心分析出現於人類歷史上的二十六個文明(civilizations)之類型，而主張「文明」來自「文化」(cultures)之催生。「宗教」是「文化」之母(「文明」也是由宗教所催生)，人類就是有了「宗教」才有多元之文化現象，也才會出現不同類型之文明。如此分析當然是不可否認之事實(諸如：古代占星術為現

代天文學之母，原始社會之巫師與巫醫爲現代醫療人員之祖師等等)。其實「宗教」尚有遠比「文化」更重要之內涵，就如教義、禮儀、體制、信仰經驗等等。所以說，歷史學家對於「宗教」之規範，僅是一個立足點而已，難以界說「宗教」之全部。

(七)政治學家的宗教定義

二十世紀影響人類歷史最巨的共產主義(社會主義)開山祖師──馬克思(Karl Marx, 1818～1883)，在《Selected Essays of Karl Marx》(1926)一書裡，給「宗教」下了一個定義：

"宗教是人民的麻醉品(鴉片)。"

馬克思的「宗教」定義係立足於社會主義經濟史觀，在他所處的時代(英國工業革命時期)，「宗教」的確站在資本家這一邊如同幫凶一樣來剝削勞動階級人民。所以這一宗教定義，也有時代背景及其事實之一面。當然「宗教」一旦失落其博愛濟世精神，就會如同麻醉品(鴉片)一樣只說不做，容易變成奴役人民身心之工具。所以「宗教」應當發揮其博愛濟世之精神及行動，才不至淪爲人民的麻醉品。不幸的是：二十世紀走「共產主義」(Communism)路線的國家均十分專制獨裁，不但於政治上「一黨專政」，更忽視人權又奴役人民。所以說，「共產主義」之實驗反而成爲一種比「鴉片」更毒的「海洛英」這類政治麻醉品，委實

言不爲過。畢竟「宗教」之毒素比它不如，這點正是馬克思所始料未及的(蔣介石時代的「三民主義」也是一樣，因其理論基礎是「共產主義」)。

　　綜觀以上所舉西方學者所下的宗教定義見之，可以將「宗教」之內涵歸納爲神人之關係、人對於神靈之投靠、聖與俗內涵之觀念、回應神的道德本性，人類幻想力之表現、信仰及直觀、絕對依賴感、人類生存價值之認知、人類究極之關懷、人類的信仰經驗、人類本能的昇華或變態心理之投射、人類最高的社會價值意識、人類的文化現象、及人民的麻醉品等等。由此可見「宗教」的內涵甚廣，很難用一個定義去規範。爲此，有些西方學者主張以「信仰」(Faith)來取代「宗教」(Religion)一詞，英國宗教學者夏普就做此主張。因此他的一本有關宗教對話作品就以《信仰與諸信仰相遇》(Faith Meets Faiths,1987)爲書名。在此也試作一個宗教定義，以做爲另一個作業上的假設：

　　"宗教是人神之間的交往管道或究極價值之關心，藉以追求人生之意義"。

　　「宗教」之內涵雖然廣泛，但不出於下列之基本公式：

宗教基本公式 {　宗教人——信仰之主體

　　　　　　　　神靈或究極價值——信仰之客體

　　論及人與神的關係，有「倫理」與「非倫理」之分

野。關於這個問題，猶太教神學家馬丁布伯(Martin Buber, 1878～1965)在其作品：《我與你》(I and Thou, 1923)一書裡，就將人與神的關係分為倫理的「我與你關係」(I-Thou relationship)及非倫理的「我與它」關係(I-it relationship)。「我與你」(I-Thou)是一種人神之間具有人格交往之倫理關係，「我與它」(I-it)則是一種非人格的信仰，僅決定於人的價值判斷(就如人利用神鬼之低級宗教，或主義式信仰之意識型態)。再者，「宗教」之於人類社會的使命也很多元，就像多神信仰(polytheism)的宗教人相信宗教的主要使命是提供人祈安求福之要領。一神信仰(monotheism)的宗教人，則強調宗教的主要使命不外博愛救世。無神信仰(atheism)的宗教人，認為宗教(耆那教及原始佛教)的主要使命是指點皈依者解脫之道。不過「宗教」也有自身之危機，就如它們的基本精神往往被忽略，以致被神棍及教棍所利用這點。這類宗教脫序現象頻頻於古今人類社會上發生，因而導致宗教成為善男信女的一種鴉片(麻醉品)。

五、宗教的各種層面

前已言及「宗教」定義僅是一種作業假設，因為「宗教」尚有定義所難以界說之內涵。為此，宗教學者司馬特在《人類的宗教經驗》(The Religious Experience of Mankind, 1969)一書裡，提出定義所無法規範的六類「宗教層面」(dimensions of religion)，計有：儀式層面、神話層面、教義層

面、倫理層面、社會層面、及經驗層面等等，很值得參考。

(一)儀式層面(The Ritual Dimension)

宗教必須要有「儀式」，因其需要藉著崇拜、歌頌、祈禱、獻祭等等儀式來表達本身的存在。「儀式」雖然是宗教的一種外在表現，實際上卻關連到宗教人與神靈接觸的內在意向。所以「儀式」的層面有內在與外在之分。當然「儀式」的外在表現有時會超越其內在意義，以致成為機械式的宗教人沿襲，使宗教人對處身於儀式中而心不在焉。「儀式」的精神一旦喪失，自然成為固定的「儀式化的」(ritualistic)動作。「儀式」也因此如同一種人人見面時說「早安」及「再見」一樣的例行禮節而已。事實上，儀式的內在精神乃超越了崇拜與獻祭的外在形式。因為「儀式」是宗教人與神靈溝通之管道，由其經驗自身之超越及解脫。因此一切宗教儀式均具備宗教人內在與外在的經驗層面，其象徵著一個不可見世界(invisible world)之臨在，並且具有超越時空之「神話」(mythology)層面。

(二)神話層面(The Mythological Dimension)

「神話」此一用語，於宗教學的理解上非指虛假的內容，而是指一種具象徵意義的「信仰語言」(languages of faith)。按「神話」(myth)之原義是「故事」(story)，它用信仰語言(非科學的語言)說明宇宙的來源，諸神之誕生，事物之由

來等等。「神話」的層面是具有歷史性的(尤其是信仰史或傳說史)。就像猶太教有古代以色列人過「逾越節」之「出埃及」故事，佛教有其教主瞿曇佛陀(Gautama Buddha)的感生神話故事，而且都被宗教人視為神聖的歷史事件。這類神聖史就是用「神話」來表達，「神話」也因此具有歷史性意義。就是因為如此，「逾越節」的故事對現代猶太教及基督宗教言均具有信仰意義，猶太教將其定為重要慶典，基督宗教用「新逾越節」的認知舉行彌撒或聖餐。更妥切而言，猶太教徒以過「逾越節」之經驗來激發猶太人的民族意識。基督宗教也認同耶穌基督為新逾越節的羔羊，因祂的犧牲完成人類之救贖，使普世基督徒經驗了一次「新的出埃及」。這就是「神話」層面的歷史性，也就是基督教神學所謂之「信仰史」(Heilsgeschichte)。同樣的道理，佛教年年所舉行的「佛誕」，也具神話層面之歷史性，佛教徒就在此一慶典中經驗皈依佛陀之喜悅。

(三)教義層面(The Doctrinal Dimension)

人要區別「神話」與「象徵」，誠然不是容易的事。能夠用合理的批判來區別「神話」與「象徵」，又加以系統化及歸類者，就是宗教之「教義」(doctrines)。「教義」層面是宗教所不可缺者，就如基督宗教神學家論及「創造」(Creation)與「道成肉身」(Incarnation)之「教義」時，就得利用神話與象徵之語言，從而譜成有系統的「教義」層面。質言之，基督宗教在神學上所言及的「創造」以及

「道成肉身」的教義，又要使其成為基督徒重要的信仰經驗時，非要用「教義」層面的信仰告白去做深切的信仰依據不可。

(四)倫理層面(The Ethical Dimension)

就整個人類歷史見之，可以發現宗教與倫理密不可分。因此有人認為宗教的主要功能，就是教化倫理道德及維護教義(原始宗教及民間信仰除外)。因為「倫理」層面支持著宗教來控制宗教人的行為，又維持宗教社團的運作，「宗教」因此極自然地就影響社會倫理。不過宗教人並不一定生活於宗教倫理規範之中，以致行為脫軌。就如基督徒並沒有達到這種「愛敵人」的倫理標準。為此就要區別宗教的「倫理」層面與社會環境之差異，其中尤其是宗教制度化之後如何失去其倫理精神這點。也就是說，「宗教」一旦具備制度化的社會結構，個人的生活往往會與其所信仰的宗教倫理要求脫節。可是宗教的「倫理」層面，正是教團這個神聖共同體所不可缺少的生活內容。

(五)社會層面(The social Dimension)

宗教團體是一個具組織性的機構(organization)，因此也具備著內外的「社會」層面。宗教團體之社會層面既顯示其社會倫理之理想，也明示宗教人的生活態度。不過有時候宗教人的倫理生活，也必須受制於社會習俗之條件。舉例來說，基督宗教的《新約聖經》(福音書)教導基督徒愛敵

人，基督徒卻因國家法律之規定或愛國心之驅使而參加戰爭殺敵。許多信奉佛教的日本漁民都知道慈悲戒殺(ahimsa)的教條，然而爲了生活只得不斷地捕魚維生。由此可見，宗教人的實際生活，具有倫理層面及社會層面之雙重經驗，而且往往互相矛盾。也就是說，宗教人雖然具有神話、教義、倫理等層面之信仰模式，宗教人的社會層面卻明顯受制於教團組織制度及其身處的社會生活。因此教團這一社會體制就必須要有守護者，他們就是專業的祭司階級，也即由他們來維護教團體制免受世俗社會之沖激。

(六)經驗層面(The Experiential Dimension)

宗教的「經驗」層面，司馬特(N. Smart)認爲最具重要性。宗教人時常通過宗教儀式，去經驗一個信仰上的不可見世界。如此經驗可以基督徒與上主的交通，佛教徒以禪定與瞑想去達到悟道(或涅槃)之經驗爲例。宗教經驗往往具有決定性效果，佛陀與穆罕默德(Mohammad)皆因信仰經驗而創教，保羅(Paul)也因爲在大馬士革途中之信仰經驗而成基督宗教的宣教師。這類宗教家的信仰經驗是難以文字記述的，因爲其中充滿著神秘性。雖然如此，宗教的「經驗」層面還是可以用文字加以表達，「教義」就是它的表達方式。儘管「教義」之層面具有神話與象徵形式，其重要性是：「教義」確保了創教者及其先知使徒的宗教經驗(教主之宗教經驗自然也成爲信徒宗教經驗之模式)。必須留意的是：「經驗」層面與「教義」之間，有其辯證的關係(dialetcial relation)。舉例來說，創教者的教訓有其所處時代的思想形式(thought forms)，後代的教師為了要適應時代需要，於詮釋上又介紹了新的論點，從而使原來創教者的教訓更加發揚光大。所以說，宗教經驗和教義之間是有辯證關係的。因為經驗潤色教義，教義又豐富了經驗。總之，宗教經驗之層面的確促進了教義、禮儀、倫理的價值，宗教人從此和崇拜對象更有親密的關係，既向祂祈禱頌讚，並且從信仰經驗中獲得滿足與喜樂。

有關「宗教」如何出現於人類歷史舞台的問題，並不像各種宗教所說的「信仰語言」(Languages of faith)──即「神話」與「傳說」所言者那麼簡單。就像基督宗教的經典：《新舊約聖經》第一本的《創世紀》(一章至二章)所載，人類歷史只能回溯到四千年至五千年以前，尚不及古埃及的文明史那麼長。又說到人類的始祖是亞當與夏娃，他們一開始就信仰唯一神上主，因為他們是上主用泥土塑造出來之傑作，所居住的環境即美麗的伊甸園。這個人類與萬物起源之神話，早於基督宗教出現的猶太教及晚於前兩個宗教出現的伊斯蘭教(回教)，也都如此相信。其實宗教起源的問題，絕對不是這類「信仰語言」所說的那麼單純，而是考古學家與人類學家所長期探尋的複雜之科學問題。

近兩百年來，西方許多人文科學學者，的確對於探索宗教起源的問題下過一番功夫。他們的領域不外人類學、民俗學、語言學、生物學、歷史學、心理學，以至哲學與神學等等。這些學者用他們不同之學術角度來探索這個問題，而且也有一番的成績與貢獻。

一、自然神話之宗教起源論

根據自然神話學派說法，宗教起源於人類的「自然神話」(nature myths)。其中尤其是主張太陽及星辰神話即宗教的最早形式這點。這等於是說：人類的宗教發抒於古人對於宇宙間太空星球偉大而變幻萬千的思想與感嘆，而後由語言之傳達才出現了宗教信仰。

此一學派之代表人物為繆勒這位出生於德國，卻大半生在英國從事學術研究之語言學家(也是「宗教學」之開山祖師)。繆勒在德國時原為路德會(Lutheran Churoh)的會友，其父為知名的浪漫主義詩人威廉繆勒(William Müller)。雖然在繆勒五歲時父親見背，其自由主義精神卻深深影響了他。1841年曾經因其自由主義思想在德國坐過三個月的政治牢，這是使他離開德國移居英國從事「印歐語言」(Indo-European Languages)研究的原因之一。十九世紀四〇年代中期，繆勒先後留學於德國的萊比錫大學、格洛林根大學、及法國巴黎大學，因而成為印度「梵文」(Sanskrit)專家。1948年來到英國牛津大學從事古代印度梵文經典之研究，並且隨其英籍夫人成為安立甘教會(Anglican Church，即英國國教)的會友。繆勒的唯心論深受德國哲學家黑格爾(Georg Wilhelm F. Hegel, 1770～1831)的影響，因此而應用其辯證方法說明宗教起源的問題。1868年繆勒成為英國牛津大學比較語言學教授，並且著手編纂著名的五十卷《東方聖典》

(The Sacred Books of the East, 50 vols, 1879~1910)以及十九卷《佛教聖典》(The Sacred Books of the Buddhists, 19 vols, 1895)。由於他的學術貢獻，英國政府於1896年聘請這位德國學者爲樞密院顧問。

關於繆勒的宗教起源論，明顯地走自然神話學派路線。他和當代基督徒知識分子一樣，極烈反對達爾文(Charles R. Darwin, 1809~1882)的「進化論」(evolutionism)。1875年繆勒曾經就此一問題請教過達爾文，問及人類思想上的語言符號如何進化的問題。達爾文的回答是："你眞是一位專找麻煩的危險人物"。無論如何，繆勒始終不承認當代生物學家及人類學家之推論，就是斷定現代原始社會人類之宗教生活爲原始社會人類宗教之殘存這點。對這位「宗教學之父」而言，宗教起源的兩大來源，一是「語言」，二爲「神話」(尤其是自然界的星辰神話)。

(一)語言與宗教起源問題

繆勒主張人類是懂得「思想」之動物，「思想」之表達即「語言」符號。宗教信仰就是人類心靈與意志的「思想」表達，它具體用「語言」所表達的方式，即「神話」這一種信仰語言。也就是說，人類的思想表達就是「語言」，而「語言」又形成「語辭」，進而有了「神話」之思考期。當人類懂得使用「語言」表達其意旨，就像言及早晨、黃昏、夜晚、春天、夏天、秋天、冬天、雲彩、雷霆、暴風等等，又將這些語詞加以抽象化又套入人格活動

之時，極自然地就形成了「神話」，宗教也從而出現。從這類論點開始，繆勒採取研究印歐語言的方法去探索宗教起源問題。對於繆勒而言，原始社會諸神的出現，與人類的「語病」(language disease)有關。舉例來說，就像古羅馬人的"nomen"(名稱)與"numen"的發音雷同，因此前者即被誤認爲某種的守護神。所以說，語言的訛傳是宗教與神話(信仰語言)之起源。

(二)神話和宗教起源有關

　　繆勒對於「神話」(信仰語言)始於「語病」(language disease)，「宗教」又源自「神話」(myths)之論點，也提出了一些說明。在他看來，原始社會都有豐富的「一神多名論」(polyonymy)以及「多神一名論」(homonymy)的信仰語言──「神話」(也是語言的訛傳)，從而造成了諸神名字的混合。這類使多神混合爲一神，又使一神演變爲多神的「神話」(信仰語言)，不但是一種信仰思惟，也從此發展爲宗教。繆勒利用印歐語言來詮釋「神話」的一個實例，就是有關同一「至上神」的不同語言表達。他以印度教《吠陀經》(Vedas)中的天神"Dyaus Pitar"，也就是希臘的天神"Zeus Pater"與拉丁人的天神"Jupiter"。祂們三者不但語源相同，也都是「天父」(Heavenly Father)的意思。

印歐語言的「天父」至上神 $\begin{cases} \text{印度梵文"Dyaus Piter"} \\ \text{希臘文"Zeus Pater"} \\ \text{拉丁文"Jupiter"} \end{cases}$

上列簡圖即繆勒以印歐語系的比較語言方法，來詮釋語言與神話，或神話與宗教之間的關係。

　　接著繆勒也注意到「宗教」發展的問題，因此就以三個階段來說明宗教的發展過程，即「擇一神論」(henotheism)時期、「多神論」(polytheism)時期，以及「一神論」(monotheism)時期。他以印度教經典《梨俱吠陀》(Rig Veda)，這部《吠陀經》中最古老的經典為例，認為其中所列頌讚詩的神觀，就是「擇一神論」之類型，印度人將其排在人類語言史的最早期。就如在眾神之中，早期印度人獨獨選擇火神阿耆尼(Agni)供奉，並且以詩歌來頌讚祂，其「物我一體」之表現相當明顯。到了第二階段的「多神論」時期，其語言所表達的神觀不但有人格化的思維模式(神話可以為例)，也有家庭與性別之分。就像黎明的美麗女神叫烏莎斯(Usas)，男性太陽神是蘇利耶(Surya)等等可以為例。到了《奧義書》(Upanishads)出現的時期，印度人便有「一神論」之傾向，其神觀的信仰語言(神話)也比較抽象。就如強調我(Atman)與大梵(Brahman)同源，人若達到「梵我一如」(Brahman-Atman in One)的修持境界，就可以解脫(脫出輪迴)。

(三)太陽神話與宗教起源

　　繆勒除了採取「比較語言學」的方法主張宗教始於語言的訛傳(語病)外，也以「太陽神話」(Solar Myth)來說明宗教起源問題，因此被奉為自然神話宗教起源論之代表人物。根據繆勒對於「太陽神話」之解釋，認為古人一生均

全神貫注於「天空」(仰觀天體)，爲此一切「神話」都可以追溯到以「太陽」爲主體及其他星辰的光明燦爛現象之背景。史前時期的先民從光輝奪目的「太陽」領悟到無限者之偉大，及夜間月亮及星辰的美麗燦爛現象，而後才出現語言訛傳之「神話」(信仰語言)，從而發展爲「宗教」。而且「太陽神」即古人心目中的「至上神」，祂因此被稱爲「天父」。所以印度人的"Dyaus Pitar"、希臘人的"Zeus Pater"、羅馬人的"Jupiter"，均是和太陽有關的天空光耀之大神(天父)。值得留意的是：自然神話之宗教起源論尚有許多流派，就如「汎月亮神話」(Panlunarism)學派，前台灣大學人類學系教授杜而未就是走「汎月亮神話論」的學者。其他尚有「星辰神話」(Astral Mythology)學派，以及「汎巴比倫神話」(Pan-Babylonianism)學派的宗教起源論等等。

二、鬼魂信仰之宗教起源論

原始社會人類因爲都相信「靈魂」不滅，人死後其「靈魂」出竅而變成一種「鬼魂」(ghost，或做「幽靈」)，它們是生者所懼怕的對象。又相信它們一旦不滿活人之作爲或嫉妒活人時，就會對生者加以報復。因此現代原始社會人類特別恐慌鬼魂作祟。爲要安撫鬼魂，就得以祭祀爲手段加以供奉膜拜。有些學者主張：「宗教」就是源自這類「鬼魂信仰」的。

走達爾文主義進化論史觀路線的英國人類學家斯賓

塞，就是力主宗教起源於「鬼魂信仰」的一位學者。按斯賓塞是一位知名的自然主義學者，擔任過工程師及報刊編輯。他也是衛理公會(Methodist Church)的會友，不過他嚮往「理神論」(Deism)。他鑽研史學、生物學、心理學、與人類學，但最著名的代表作為三卷的《社會學原理》(The Principles of Sociology, 3 vols，分別出版於1876、1882、1896)這部社會人類學巨著。斯賓塞認為「進化」(evolution)與「進展」(progress)是平行的，宗教於歷史上的演變就是如此。因此他所謂的「社會學」(sociology，這個名詞也是他的發明)是一種無所不包的社會科學，也可以認同為社會人類學。所以在《社會學原理》第一卷即用「進化」的觀點，來探討宗教起源及其「進展」之過程。在他看來，人類的社會是從原始狀態進展到文明階段的。同樣的道理：宗教也是從最低級的原始宗教進展到最現代的高級宗教。為此，斯賓塞主張最原始的宗教類型就是「鬼魂」崇拜，而且先由血親關係之亡靈(祖先崇拜)逐漸進展到部落的酋長、巫師、巫醫、戰士等等的英雄崇拜。他們同時也特別忌諱凶死的鬼魂，為的是十分懼怕它們。為了防備它們作祟，巫師除了以巫術驅除它們外，也以安撫為手段崇拜它們(屬鬼崇拜)。斯賓塞的這類宗教起源論，分明是一種「鬼魂成神說」(亡靈封神說)。他也認為原始社會的屍占術(necromancy)及崇拜人骨及獸骨的行為，也和鬼魂信仰有關。

那麼如何去印證宗教起源於「鬼魂信仰」之問題呢？又如何證明宗教是由最低級的原始宗教進化(進展)到高級

的現代宗教呢？這類的問題，斯賓塞主張要從現代的原始社會入門，也就是觀察澳洲、斯里蘭卡、波里尼西亞的原始部落土著的宗教行為。因為他們的宗教行為(鬼魂信仰、巫術、入會禮、及其他儀禮)，便是遠古祖先之「殘存物」(survivals)。因為斯賓塞從現代原始部落人類對於出神、影子、入神、水中倒影、眠夢之迷信現象而領悟出他們對於「靈魂」之存在及死後變化為「鬼魂」之信仰。尤其是在「惡夢」中活人靈魂遇上鬼魂的經驗，更會引發宗教信仰。因為宗教的這類現象古今皆是，所以正可印證宗教起源。這類的論點明顯來自達爾文主義(Darvinism)之影響，也是以後許多人類學家所遵循的原則。不過從現代原始人類的部落社會取例，來說明宗教起源的問題，反對者也大有人在。繆勒、朗格、及施密特等人便是。因為他們都走「至上神論」路線，也即至上神退化說的一種文化史觀。然而史前史學者盧布克(Sir John Lubbock, 1834～1913)及「人類學」開山祖師泰勒，卻十分認同斯賓塞的理論。尤其是泰勒更樂見斯賓塞將他的「殘存物」學說(就是現代原始社會人類的宗教現象即遠古原始宗教之殘存)加以發揮。

三、物神信仰之宗教起源論

　　十八世紀的法國哲人孔德(Auguste Comte, 1798～1857)曾經以其哲學的實驗主義(experimentalism)精神，提出他對於宗教起源之見解。其中特別將「物神崇拜」(fetishism)視為宗

教之原始類型這件事，更值得留意。孔德將人類的宗教發展分爲三個時期：

1.虛構或神學時期
　1.)物神崇拜(fetishism)
　2.)多神崇拜(polytheism)
　3.)一神崇拜(monotheism)
2.抽象或形而上學時期
3.實驗或科學時期

　　值得留意的是：孔德的「物神信仰」是廣義的，因爲他將自然崇拜的天體星座也包括在內，所以只是提出物神論的先驅而已。而眞正力主「物神崇拜」是宗教之原始類型者，爲英國知名的史前史學者盧布克。這位走達爾文主義路線的學者也是一位政治家與銀行家，在其《史前時代》(Pre-historic Times, 1865)這部作品裡，首次使用「舊石器時代」(Paleolithic era)與「新石器時代」(Neolithic era)兩個術語。他的史前史觀被學者規範爲「直線進化論」(unilinear evolution)。盧布克在他的代表作：《文明之起源與人類的原始狀態》(The Origin of Civilization and the Primitive Condition of Man, 1870)一書裡，提出他有關宗教起源論以及宗教發展史之見解。他所做的假定是：人類的宗教一直在發展中，宗教的起源與進展有下列六個階段：

宗教發展史
{
無宗教時期─原始無神信仰階段
物神信仰階段─採用de Brosses的"Fetishism"術語
圖騰信仰與自然崇拜階段
薩滿信仰(shamanism)階段
擬人化與偶像崇拜階段
創造神信仰與倫理一神論階段
}

按「物神信仰」術語係來自布羅西斯(Charles de Brosses)的作品：《物神崇拜儀式》(Du culte des dieux fetishes, 1760)一書，其語源出自葡萄牙語的"fetico"，它也是西非黑人的巫術、咒語、及身上佩帶避邪物之宗教用語。根據布羅西斯(de Brosses)的觀察，西非殖民地的黑人均普遍信仰「物神」(fetishes)，他們崇拜木偶、佩帶獅子及猛獸的牙齒、尾巴，牛角與鹿角，鳥禽的羽毛等等。他們既佩帶它們，也利用它們施行巫術儀式。因此盧布克就借用「物神」這一術語來說明其宗教起源論，以及其宗教發展史的第二個階段(參看上表)。不過他的假設遭到不少學者的反對，繆勒、朗格、施密特便是其中反對他的學說之代表性學者。

四、精靈信仰之宗教起源論

人類學家在調查現代原始社會人類的宗教現象時，發現各地的原始社會人類均相信萬物都有「精靈」(anima)之存在及附著，也即萬物均有一種冥冥之中的超然生命存

在。因爲信仰「精靈」之現象在現代的原始社會中相當普遍，並且也有豐富的資料加以佐證。爲此，英國人類學之父泰勒便作了「宗教」起源於「精靈信仰」(Animsim)之主張(也有學者將"animism"翻譯做「萬物有靈論」與「汎靈崇拜」)。

按最先應用「精靈」這個術語者，爲德國化學家斯塔爾(Georg Ernst Stahl, 1660～1734)。原來這位學者應用"anima"這個拉丁文來指出一切生物都有「靈」(spirit)、「魂」(soul)、與「心意」(mind)之組合，他並非用這個字詞來說明宗教起源論。後來這個術語被泰勒用以說明他的宗教起源論，並且影響後代相當深遠。

泰勒出身於英國的貴格會(Quaker Church)家庭，因此養成了一種平易近人性格。1835年會同考古學家克利斯帝(Henry Christy)赴墨西哥從事文史研究工作，回到英國之後即出版他在墨西哥的研究成果：《阿拿華克》(Anahuac, 1861)，及《人類早期歷史探究》(Researches into the Early History of Mankind, 1865)這兩本著作。他也從中領悟到「精靈信仰」應爲宗教之原型這件事，從而出版了他的代表作：《原始文化》(Primitive Culture, 1871)一書。1884年被牛津大學延聘爲人類學講師，因而成爲世上第一位執教「人類學」(Anthropology)這門人文科學的學者(從此被奉爲「人類學之父」)。1896年牛津大學授予他人類學教授(終身職)職位，1910年英國政府因他的學術貢獻而授予「爵士」(Sir)之榮譽。關於泰勒的宗教起源論，可以從他的《原始文化》一書找到立論的兩種假設：「殘存物」理論以及「精靈信

仰」理論。

(一)「殘存物」之理論

　　走達爾文進化論歷史觀路線的泰勒，在他的人類學研究之作品中提出了一種重要的假設，那就是：現代的宗教文化是從古老的宗教文化發展出來的。因此要探究原始宗教的文化類型，要從現代原始社會去尋找原始宗教的「殘存物」(survivals)，也從此去探查宗教的起源。泰勒也是「殘存物」這個術語的發明人，他始終相信原始社會的「宗教殘存物」(原型)，可以從現代原始部落社會蠻人的宗教儀式及行為找到蛛絲馬跡。所以說，現代原始社會人類的宗教現象(宗教活化石)，正是遠古祖先的原始宗教殘存物。探查這些「宗教殘存物」(歷史進化潮流遺留下來的宗教文化)，就可以找出宗教起源的線索。到底遠古原始社會人類的宗教，是否真的殘存於現代原始部落社會之中？或遠古原始宗教的殘存物，經歷如此漫長的歷史是否尚能夠一成不變？等等問題，後代學者雖然提出殊多質疑，事實上泰勒的「宗教殘存物」學說，委實是個值得進一步探究之重要假設。

(二)「精靈信仰」之理論

　　假定遠古原始社會的宗教仍然殘存於現代原始人類部落社會的話，就不難探查出宗教起源之線索。泰勒就是據此假設，進而發現「精靈信仰」正是現代原始人類社會中

最爲普遍的宗教現象。因此而斷定：宗教源於「精靈信仰」，並且提出一些理論來加以證明。

1.原始社會人類相信自然萬物都有「精靈」，即英文的"spirit"或"soul"。這種「精靈」依附身體(物體)而存在，但有時候會脫離身體而遊蕩在外面。他們相信：這就是人在睡眠時「作夢」、入神之時產生「幻覺」，或水中會出現「倒影」及光線照射時有「影子」之現象。爲此，原始社會人類始終相信人類與其他自然界的動物與植物都是「身體」與「精靈」之組合，尤其是「精靈」使自然萬物有了「生命」(這是自然崇拜之由來)。只是這類由「精靈」而來的生命現象終於會結束(死亡)，可是「精靈」是不滅的(也即「靈魂」不滅)。泰勒稱這種現象叫做「原始人心理學」(primitive psychology)，而且是類似「兒童心理」一樣的低級心理。就現代人的眼光見之，這種信仰雖然是落伍的，在原始人的社會而言卻是非常眞實。

2.自然界的人類、動物與植物既然都是「身體」與「精靈」之組合，那麼身體死亡以後「精靈」(anima, or soul)以何處爲歸宿？其「氣息」及「影子」(幽靈)又跑到那裡去？原始社會人類相信其「精靈」(氣息、幽靈、影子)仍然存在，而且遍佈於部落社區及山林各處。它們能附身於巫師身上任其驅使，也會附在動物及植物身上產生靈異現象。凶惡的精靈一旦捉弄人，人就會因此生病，甚至會使人死亡。這樣的信仰使原始社會人類對「精靈」產生恐懼，因而一面崇拜它們，另面也以巫術法力驅除它們。泰

勒就是據此認知斷言宗教係起源於「精靈信仰」，從而演化為自然崇拜以至現代的高級宗教。

十分明顯的，泰勒的宗教起源論於學界的確深具其影響力。儘管宗教不一定完完全全源自「精靈信仰」，然而原始社會普遍崇拜「精靈」之現象，卻是一種不可否認之事實。

五、前精靈信仰的宗教起源論

泰勒的宗教源於精靈信仰之理論，並不是全然被同時代的人類學家所接受。因為有些學者相信原始社會人類於「精靈信仰」之前，就有崇拜一種「非精靈」的宗教存在。這類先於「精靈崇拜」之宗教起源論，學者名其曰：「前精靈信仰」(preanimism, or animatism)。有趣的是持此主張的學者，竟然是泰勒的兩位門人：朗格與馬累特。不過朗格的「前精靈信仰」之宗教起源論與馬累特不同。前者主張原始一神論的前精靈信仰，後者則是物化的前精靈信仰。

1.朗格的原始一神論

朗格出身於英國蘇格蘭，是一位文化人類學家。他的人類學研究著重於民俗學，即神話、民間故事及神仙傳說之搜集。他先是走達爾文主義的文化人類學路線，後來以「原始一神論」(Urmonotheimus, or primordial monotheism)來

發展他的宗教起源論。就是以為：宗教源於一種擬人化的「原始一神信仰」(即原始至上神論)」，並不是泰勒所主張的「精靈信仰」。因而有人稱他的學說為：原始一神論前精靈信仰。其代表性作品為：《宗教的建立》(The Making of Religion, 1898)。有些學者認為這種原始一神論前精靈信仰缺乏有力論證，而且受基督教經典《舊約聖經》的擬人化一神論所影響。

2.馬累特的物化前精靈論

英國牛津大學人類學家馬累特是一位傑出的學者，除了受其師泰勒影響外，也受到學兄朗格的早期文化人類學作品：《習俗與神話》(Custom and Religion, 1884)一書的啟蒙。馬累特也是一位哲學家，走理想主義路線，是牛津大學「益賜特學院」(Exeter College)的會員。有關他對於宗教起源的假設，明顯的和泰勒相反，可以說是一種物化的前精靈論或巫術性的前精靈論。1899年「大英協會」(British Association)在英國的都佛(Dover)召開史前史研究學術會議之時，馬累特發表了〈前精靈論的宗教〉(Preanimistic Religion)這篇學術論文。他這類「前精靈信仰」(Preanimism)學說對於當代學界言，不但是新鮮事，也是一件大事。因為他主張：在「精靈信仰」之前，已經有宗教之存在，它是一種物化的、神奇的、又神聖的力量〔因此又被稱為「動力論」(dynamism)〕。為了證言此一論點，馬累特借用英國一位在新幾內亞(New Guinea)東部諾福克群島

(Norfolk Islands,位於太平洋西南方)擔任基督宣教師的學者——可林頓(Dr.R.H.Codrinton)所提出的「瑪納」(mana)這一非人格之信仰對象為佐證。按「瑪納」(mana)係美蘭尼西安土人(Melanesians)的普遍用語，也是該地區土人所信仰的一種「非人格力量」(impersonal power)。這類「瑪納」(mana)的非人格力量十分神秘，會依附於人身、物品、及自然界動植物裡面，並且可以由巫師加以控制。「瑪納」(mana)有好的(建設性的)與壞的(破壞性的)兩類，好的"mana"可以使人有好處(治病或給人福祉)，壞的"mana"則能夠加害人(使人生病或死亡)。土人為要防止"mana"所引發之危險，因此用許多「禁忌」(taboo)來加以防止。

馬累特就是根據美蘭尼亞安土人的「瑪納」信仰，來宣稱宗教起源於這類「非人格力量」(即物化神格)。他主張：「瑪納」(mana)正是原始社會人類信仰各種「精靈」與「神類」之前的宗教最先原型，是原始社會人類宗教信仰的「殘存物等價」(survival eguation)，也是支配他們心靈之基本要素(新幾內亞土人佩帶的獸齒項鍊可以為例)。而且這類「非人格力量」普遍存在於古今宗教之中，它同樣也支配著宗教人的心靈。諸如：美洲Iraqnois族印第安人的"Orenda"，印度教的火神"Agni"，日本神道教的神體"Kami Sama"、鄂圖所指的"Numinous"(台灣民間信仰的符仔與香火包也是)，都是「瑪納」(mana)這類非人格力量。當然也有些學者質疑馬累特的宗教起源論太過於物化，畢竟有些所謂的「瑪納」者也都有精靈附著，一切精靈也都有它們

的「瑪納」。

六、巫術的宗教起源論

將「巫術」(magic)當做人類宗教之最原始類型，藉以取代「精靈信仰」與「前精靈論」的代表性學者，就是金格(James H. King)與弗雷澤這兩個人。只是以「巫術」爲主體的宗教起源論，還是以弗雷澤這位學者較具代表性。

1.金格的巫術論

金格的巫術論見之於他的作品：《超自然、其起源、性質與進化》(The Supernatural, Its Origin, Nature and Evolution, 1892)一書裡面。這位主張宗教源於巫術的宗教起源論先驅作了如下的主張：大自然界充滿著「精靈之力量」與「非精靈之力量」，而「非精靈之力量」先於「精靈之力量」」，這一「非精靈之力量」就是「巫術」(magic)。按原始社會人類個個均相信「巫術」，也都知道運用「巫術」。當然專業施行巫術的人就是「酋長」(chieftain)、「巫師」(sorcerers)、「巫醫」(medicine men)、與後來出現的「童乩」(shamans)。所以說，「巫術」(magic)明顯是宗教之原型。

2.弗雷澤的巫術論

弗雷澤出身於英國蘇格蘭長老教會，係史密斯這位舊

約學者及人類學家的知交。同時頗受人類學之父泰勒及法國社會學家孔德之影響，因而成為頗負盛名的文化人類學家(民俗學家)。按弗雷澤的巫術論見之於他的這部巨著：《金枝》(The Golden Bough, 13 vols, 1890〜1915)裡面，其宗教起源論也以「巫術」(magic)為宗教原型之主張來加以規範。根據弗雷澤的「巫術論」說法，就是假定：原始社會人類慣於用「巫術」來控制神鬼與環境，以求得生存之勇氣。因為原始社會人類相信宇宙間有一種「非人格力量」在支配著(弗雷澤視其為自然律之原始類型)，同時也受到宇宙中有意志的人格精神所統治。而兩者的交互作用，就產生了「交感巫術」(sympathetic magic)。按「交感巫術」係由「交感律」(sympathetic law)所產生，其表現方式有「模倣巫術」(imitative magic)與「傳染巫術」(contagious magic)。至於治病祈安的巫術可簡稱為「白巫術」(white magic)，加害人的巫術稱之為「黑巫術」(black magic)。

　　論及「巫術」與「宗教」的關係，弗雷澤也做了理論上的說明。在他看來，「巫術」是先於「宗教」的東西，它是原始社會人類最低層的理智表現。因為「巫術」十分單純，而「宗教」卻相當複雜，是後來才出現的東西(巫術也是科學之前趨)。也可以這麼說：原始社會人類就是企圖以「巫術」為手段來控制環境(就如乾旱求雨的儀式)。後來發現「巫術」的控制無效(不可能)，於是轉而信賴「宗教」。而「巫術」與「宗教」之差別在於：「巫術」係以單純固定的控制法則(交感律)為基礎，「宗教」則以超然力量之信仰

(經驗)為基礎。弗雷澤從這一點認知提出了他的宗教起源論之假定：在人類歷史上，「巫術」比「宗教」更為古老。他也以澳大利亞土著為例來加以說明：他們的原始社會「巫術」到處流行，而做為更高超然力量的「宗教」，卻不為他們所知。當然有些學者不同意他所主張的「巫術」先於「宗教」之理論，畢竟此一論點太過於武斷。他們認為：要在「巫術」與「宗教」之間劃一道清晰的分界線，實在非常困難。所以從「巫術」發展而成為「宗教」的情形委實可議。事實上，現代宗教有時候也會墮落為一種「巫術宗教」(magico religion)，如此情形時常在人類歷史上發生。無論如何，任何一種學術理論都有其缺失，弗雷澤的「巫術論」也是如此。不過這位人類學家的偉大貢獻，對於「宗教學」學術領域之啟蒙是足以肯定的。

七、圖騰信仰的宗教起源論

　　宗教起源的問題，可以說是十九世紀人類學家與社會學家想欲探尋的知識。下列三位英國及法國的學者不但對宗教起源問題感到興趣，而且都以「圖騰信仰」(totemism)為假設，來論證宗教源自這類宗教現象。原來「圖騰」(totem)一詞係北美印第安人(Indians)土語，是專指一種與動物、植物、或某一自然物的部族符號。這類「圖騰」符號是與部族社會有血緣關係的，也是被崇拜的神聖對象。因為「圖騰崇拜」為維護部族社會之要領，也相等於崇拜自

己部族社會之價值。因此舉凡狩獵、播種、戰爭、除疫，北美印第安人都有大跳「圖騰舞」(totemic dance)之宗教儀式。就如：鷹圖騰部族跳著模倣老鷹之舞步，熊圖騰與狼圖騰的部族也是如此。崇拜「圖騰」之部族通常都在酋長住處樹立著一枝由各種動物混合而成的「圖騰柱」(totem pole)，在特殊儀式中他們也有吃「圖騰動物」(如果其圖騰是動物的話)之聖餐，藉以強化部族之生命力。不過也有不吃「圖騰動物」之部族。就如：因儀式需要而追捕老鷹，過後即將牠放生，這是墨西哥土人之習慣。有趣的是：最先應用「圖騰信仰」一詞者，爲十八世紀末的作家農格，他在《一個印第安商人與譯員的航海與旅行》(Voyages and Travels of An Indian Interpreter and Trader, 1791)這本旅行記裡面提到這個名詞。下列介紹的三位人類學家及社會學家就是主張以「圖騰信仰」(totemism)爲宗教最原始類型之學者，他們分別是：馬克禮南、史密斯、與涂爾幹。

1.馬克禮南的物神圖騰論

馬克禮南(John Ferguson M'Lennan, 1827～1881)係出身英國蘇格蘭的著名律師，1857年曾經是《大英百科全書》(Encyclopedia Britannica)「法律」條目的執筆者。1872年至1875年之間，他擔任過蘇格蘭國會法案起草人。同時他也是業餘的人類學家，因爲探究古代社會婚姻與親屬問題，因而開始注意「圖騰信仰」之宗教現象。1865年出版其人類學處女作：《原始的婚姻》(Primitive Marriage, 1865)

一書，因而注意到「圖騰族群」(totemic clan)的「圖騰」信仰現象，從而發明「部落內婚制」(endogamy)與「部落外婚制」(exogamy)這兩個術語。

馬克禮南於1869年至1830年之間發表於『雙週評論』(Fortnightly Review)的文章論及動物與植物崇拜關係時，提出了宗教起源於「圖騰信仰」之理論。他十分留意「圖騰信仰」發展階段中，原始社會人類的心智狀態，因此發現在擬人化神格出現以前，原始社會人類均處於「圖騰信仰」階段，即崇拜動物、植物、與天體的「圖騰」爲神格。所以原始社會人類都經歷過「圖騰信仰」階段，並且力主這樣的假設是合理的。馬克禮南又認爲「物神信仰」和「圖騰信仰」有密切的關係，不過原始部落社會的「圖騰」也有許多都是非人格的符號。所以他假設：「圖騰信仰」之特徵，是物神崇拜現象居多。爲此，我們以馬克禮南的理論具有「物神圖騰」之宗教起源論傾向。

2.史密斯的動物圖騰論

史密斯和他的知交馬克禮南同樣出身於英國蘇格蘭，既在愛丁堡大學受教育，也在母校教授數學與物理學。1870年至1875年之間在阿巴丁大學(Aberdeen University)擔任舊約學教授。期密司的學術成就及貢獻，使他和馬克禮南形成了頗具影響力的「蘇格蘭人類學派」。按這位蘇格蘭自由教會(Free Church of Scotland)學者牧師係研究「閃族宗教」(Religion of the Semites)之專家，對於閃民族(Semites)

的原始「圖騰信仰」與其圖騰動物(牛、羊、駱駝)「獻祭」
(sacrifices)儀式的關係，有相當傑出的貢獻(他是1886年版《大英
百科全書》「獻祭」條目的執筆者)。1879年史密斯前往北非研究
當地土著的「圖騰信仰」與「獻祭」的宗教現象，其時
他特別注意到埃及西乃曠野的遊牧部落貝都因人(Bedouin)
之「圖騰」制度。1880年發表其研究成果：〈舊約與
阿拉伯人中間的動物崇拜與動物部落〉(Animal Worship and
Animal Tribes among the Arabs and in the Old Testament, 1880)一文。
1885年又出版《早期阿拉伯的婚姻與血親關係》(Kinship
and Marriage in Early Arabia, 1885)一書，主張「圖騰信仰」與獻
祭儀式是一種人與神交往的行為，是閃族宗教之主要內
容。1889年出版其代表作：《閃族宗教演講集：其基本
體制部份》(Lectures on the Religion of the Semites: the Fundamental
Institutions, 1889)一書，因此奠定他的學術地位。早在1883
年史密斯應英國劍橋大學之聘為阿拉伯語及閃族宗教首席
教授，並為該校「三一學院」(Trinity College)會員。值得一
提的是：他於1875年因在《大英百科全書》的「聖經」
條目中，對於《舊約》的「五經」出於摩西手筆一事提出
質疑，因而引發「史密斯事件」，結果被教會當局撤銷其
牧師職(此事充分凸顯教會界干涉學術研究之無知)。

　　史密斯在研究閃族宗教的「圖騰信仰」與「獻祭」關
係的問題時，開始對宗教起源的問題發生興趣。因為他的
田野調查是阿拉伯遊牧民族——貝都因人，又因為貝都因
人的「圖騰信仰」都是以牛、羊、駱駝這些馴養之動物為

「圖騰」，所以稱其宗教起源的學說爲「動物圖騰論」。對於史密斯而言，宗教源自古人以圖騰動物的「獻祭」(sacrifice)行爲，目的是要與神靈交往，請求贖罪，祈求福祉。儘管「獻祭」儀式是一種戲劇性的行動，它卻是最原始的宗教內容。同時做爲「圖騰」的動物與人有一種親屬關係，所以說「圖騰信仰」也可以視爲人對神聖動物之崇拜。只不過這些神聖動物都要被當成爲「祭牲」來爲族群贖罪，並維護族群的生命力量。史密斯的理論不但影響法國社會人類學家涂爾幹，也影響分析心理學大師佛洛依德。尤其是佛洛依德曾經借用他的理論寫了《圖騰與禁忌》(Totem and Taboo, 1912)及《摩西和一神論》(Moses and Monotheism, 1939)這兩本書。

3.涂爾幹的社群圖騰論

涂爾幹係猶太裔的法國人，讀過哲學、法律、民俗心理學等等人文科學。自1892年開始擔任巴黎大學教授，是一位典型的無神論者。因受心理學家溫特及人類學家史密斯的影響，從而研究宗教社會學，尤其是鑽研原始社會「圖騰信仰」與社群部落的關係。涂爾幹主張：圖騰制度社群部落之特色，即「集體意志」(collective mind)支配著整個部族的宗教行爲。所以其崇拜儀式及做爲宗教象徵之「圖騰」符號，均具整合部落社群之功能。也就是說，社群部落所崇拜之「圖騰」者，就是「神」之象徵，崇拜「圖騰」相當於崇拜他們的神靈。值得注意的是：擁護史

密斯「圖騰學說」的法國學者雷那克(Salomon Reinach, 1858～1932)，也同感於涂爾幹之論點。

關於涂爾幹研究宗教的專論，見之於他的〈宗教現象之定義〉(De La definition des phenomenes religieux)，收錄於1899年的《L'Annee sociologique》(第二卷)一文，以及《宗教生活的基本形式》(Les Formes elementaires de La vie religieuse, 1912)一書這兩種文獻。他從澳大利亞土人的「圖騰信仰」取例，主張「宗教」是一種社會現象，是一種社群部族之義務性的權威。它發端於「圖騰」這一象徵社會價值之記號。這種有形的社會力量記號(聖物)後來演化為「神」，而其演化過程正是部落社群集體思想之成果。他認為：澳大利亞土人中的宗教殘存物就是「圖騰信仰」，從這類「圖騰」的神秘力量之中，可以發現宗教起源之線索。因為「圖騰」是族群之神、族群以其為神聖對象，從而形成保護性之「禁忌」(taboo, or tabu)系統。所以說，族群、圖騰、神之集體概念，也就是「社會」這個集團共同體之代名詞。有人認為涂爾幹的宗教起源論是一種臆測的推理，因為他始終不承認人類有一種對不可見超然存在者之信念，因而使他的論點過於薄弱。

八、至上神信仰的宗教起源論

宗教源自「至上神」(High God, Supreme Being)信仰之論點，其先驅性學者為泰勒之門人朗格。這位英國蘇格蘭的

文化人類學家先是反對繆勒的自然神話(nature myth)宗教起源論，後又不認同其師泰勒的精靈信仰宗教起源論。因為他主張原始社會人類在「精靈信仰」、「圖騰信仰」、與「巫術」出現之前，已經有其「原始一神信仰」(primodial monotheism)存在(見其：《宗教的建立》(The Making of Religion, 1898)。朗格認為：在遠古時代初民的宗教信仰儘管如何低級，他們卻相信有一位可稱為「主宰」、「創造主」、「不死天父」的至上神(High God)或「超然神」(Supreme Being)存在。這類「至上神」信仰後來逐漸退化，因而走向崇拜多神(polytheism)。

不過被學界公認以「至上神信仰」為宗教真正起源論點之學者，就是執教於奧地利維也納大學(Vienna University)的教授，也是天主教學者神父的施密特。他是安達曼群島(Andaman Islands)、非洲盧安達(Ruanda)、及中南美洲印第安人(Indians)原始社會宗教現象之研究者，同時也受到朗格的「至上神論」(或「超然神論」)之影響。為此在他的：《神觀念的起源》(Der Ursprung der Gottesidee, 12vols, 1912～1955)這部十二卷代表性作品中，始終強調宗教源自「至上神」(high gods)及「超然神」(supreme beings)的信仰現象。因為他觀察到：各地區原始社會人類心目中的「至上神」及「超然神」之名稱都不同，認知也不同，所以用"high gods"(or "supreme beings")的複數用詞加以規範，這點就和朗格的理解有所差別。這類主張未免遭受學界之批評，就是認為施密特的論說，天主教「聖經觀」的一神論色彩太過於濃

厚。而且反對達爾文主義(Darwinism)的進化史觀非常明顯，支持其立論的證據也不甚周延。不過他的學說也受到布拉耶(Pinard de La Boullaye)與貝隆(K. L. Belon)所支持。另一位天主教的學者神父畢搭佐尼則從施密特的理論獲得靈感，致力於各種「至上神」(或「超然神」)宗教現象之觀察與各種不同文化之間有關「至上神之分析(就如遊牧民族的至上神是「天空神」、農耕民族的至上神是「地母神」等等)。

九、心理因素的宗教起源論

原始社會人類的宗教現象，不管是信仰「精靈」、「物神」、「圖騰」、「鬼魂」、及「巫術」等等，一定均出於他們的「心理因素」。因此論及宗教起源問題時，也不能忽略此一「心理因素」之假設。遠在公元前第一世紀時代的拉丁詩人留克理丟(Lucretius, 95-55B.C)就說過：「恐懼」是神靈起源之第一個母親的話，而第一世紀拉丁詩人史搭修斯(Statius, d. 96)也假定：宗教信仰始自人類的「恐懼心理」(primus in orbe deos fecit tiimor)。法國考古人類學家雷那克(Salomon Reinach, 1858～1932)在其：《歐休斯：宗教通史》(Orpheus: histoire generale des religions, 1909)一書裡，就言及「宗教」是一種沒有依據的恐懼形式。他們都是以「恐懼」(fear)這一人類之「心理因素」來假定做宗教起源的第一因，這當然也不過是其中的理論之一而已。又人類學家泰勒的「精靈信仰」論點與斯賓塞的「鬼魂論」

(ghost theory)宗教起源見解，也是和「心理因素」有關的宗教起源論。因此有人稱它做：「泛心靈論」(pan-psychism)的宗教起源論。另外尚有人類學家馬累特的「前精靈信仰」(preanimism)理論，弗雷澤的「巫術」(magic)理論、及神學家鄂圖(Rodolf Otto, 1868～1937)的「神靈」(sensus numinous)理論，也都是原始社會人類信靠或求告神聖力量的一種宗教起源之心理因素，所以也可名其曰：「心理魔力論」(psychological magism)的宗教起源說。然而最強烈主張「心理因素」的宗教起源論代表性學者，應該是下列三位：李維布魯、佛洛依德、與榮格。

1.李維布魯(Lucien Léry-Brhul, 1857～1939)

這位法國社會人學家頗受涂爾幹的「圖騰信仰」論說所影響，就是看這類宗教現象即原始社會人類「集體意志」(collective mind)之產物，所以被視爲「涂爾幹學派」的學者之一。李維布魯的宗教研究專注於原始社會人類的「集體意象」(collective representations)之分析，並且以原始社會人類的「集體意象」來解釋宗教起源的問題。在他看來，「初民心態」(primitive mentality)是集體性的，因此既缺乏邏輯(logic)推理，亦無科學概念(idea)。也就是說，原始社會人類只有一種「前邏輯心意」(prelogical mind)或「神秘的心態」(mystical mentality)，而無所謂「前提」、「推理」、「分析」、「結論」等等的科學因果觀念。他們和自身的圖騰社群難以分割，沒有「部份」與「整體」之分別(部份

即整體)，一切生活均受制於「集體意志」。這一神秘又不可分割的「集體意志」，就是宗教起源。其具體表現於人與動物(或植物與星座)無所分別的「圖騰」崇拜之中，此即初民的「原始社會」和現代的「文明社會」之間最大差別之處。這一論點見之於李維布魯的代表作：《初民的心態》(La Mentalite Primitive, 1922)一書之中。

2.佛洛依德(Sigmund Freud, 1856～1939)

　　精神醫學的心理分析學家佛洛依德的興趣雖然不是宗教，卻也借用人類學家史密斯的宗教學說來探究「宗教心理」，分析宗教人的心理症狀。從此著作：《圖騰與禁忌》(Totem and Taboo, 1912)、《一個幻想的未來》(The Future of an Illusion, 1928)，及《摩西與一神論》(Moses and Monotheism, 1939)三本書，而且影響深遠。從《圖騰與禁忌》的作品中，他按其「心理分析」(psychoanalysis)方法主張宗教現象呈現出一種精神病徵兆，也就是「神經質」與入神狀態中的「幻覺」。而這類精神病徵兆都出自性慾或其他本能的厭抑，其發洩的管道就是宗教信仰。這等於是說，宗教係源自人類的這種類似兒童幼稚期(infantilism)的變態心理。為了證明此一理論，他引用希臘的悲劇神話：伊底帕斯殺父妻母故事〔心理分析學稱其為「戀母情結」(Oedipus Complex)〕來做說明。故事說到厄底帕斯(Oedipus)是底比斯(Thebes)國王拉由斯(Laius)與王后約卡斯搭(Jocasta)所生的王子，自幼因父王聽信預言家之言而遭到放逐於外地之命

運。及長成爲所向無敵之英雄，但因殺死扼守國門之怪獸斯芬克斯(Sphinx)而順利返國，卻受到命運之作弄而殺父妻母，又因娶了王后母親而生了一個女兒。最後從預言家那裡獲悉自己的亂倫行止，就悲憤地挖掉雙眼自我放逐，並且由女兒引導流浪各地終其一生。佛洛依德就根據這個「戀母情結」(Oedipus Complex)的悲劇性神話故事，來說明男性宗教人均有類似兒童期一樣的「戀母」依賴心理，進而演化爲信仰「天父」(父神)的宗教信仰。人向「圖騰」獻祭之行爲，相等於「禁忌」再度殺死父神這類良心悔過之命令，是厭抑在潛意識中的慾望(性慾)之昇華。

佛洛依德爲要發揮他的論點，就引用史密斯的閃族研究資料來印證他的理論。那就是：初期的遊牧民族往往有一些被族長父親驅逐的男子找機會聯合起來將族長父親殺死，又把他吃掉(cannibal)再佔有他的妻妾。稍後他們反悔了，爲取得死去族長父親之生命力，因而用「圖騰」動物來代表他們獻祭贖罪，又吃牠們的肉(聖餐)。所以「獻祭」(用圖騰動物之牛、羊、駱駝爲祭物)是一種向族長父親求赦與贖罪之原始心理表現，是「戀母情結」(Oedipus complex)與「戀父情結」(Electra complex)交織在一起的投射。它就是宗教起源的重要「心理因素」，也是「圖騰信仰」及相等於良心命令的「禁忌」之由來。

3.榮格(Carl Gustav Jung, 1875～1961)

以「分析心理學」(analytical psychology)學說著稱的榮

格，係佛洛依德的弟子。但其學說卻與其師相反，就是不認爲「宗教」是被壓抑的一種心理投射，或是變態心理之昇華。因爲宗教具有它的獨立的歷史性及道德性，所以人要瞭解宗教應從宗教之神話、象徵、與其儀式行爲去認識。對於榮格而言，人類自古以來的心理狀態，已經從無數之祖先那裡遺傳了一套複雜記憶之「原型」(archetype)，絕對不是一張白紙。這類來自遠古祖先遺傳而來的「原型」是存在於「意識」(consciousness)、「潛意識」(sub consciousness)、及「無意識」(unconsciousness)之中。因此有人稱他的理論爲「深度心理學」。榮格的學說見之於他的下列代表性作品之中：《心理與象徵》(Psyche and Symbol, 1958)、《心理學與宗教：東方與西方》(Psychology and Religion: West and East, 1958)、以及《原型與集體無意識》(The Archetypes and the Collective Unconscious, 1959)等書。

雖然榮格並沒有直接處理宗教起源的問題，然而從他的「分析心理學」或「深度心理學」的理論中，可以清楚看出他對於宗教起源問題之假定。他假定：人類與生俱來的一套複雜記憶之「原型」，就是來自遠古祖先遺傳下來的「集體無意識」(collective unconscious)。因此可以做如下之推論：「宗教現象」正是這一「集體無意識」(與意識、潛意識都有關連)之流露，宗教也就是源自此種深度的心理因素。爲此，世界各個地區之不同民族也都有他們自己的「神話」與「象徵」，而它們都是來自種族記憶(集體意識)之呈現。因此所謂：「宗教」是與生俱來之說詞(來自集體意識之

遺傳)，榮格是十分贊同的。他的理論不但影響宗教學界，
也有助於對「宗教象徵」之解釋。

科學方法首重「分類」(classification)，就像自然科學的「生物學」(Biology)有：「種」、「類」、「科」、「目」等等之分類，人文科學的「史學」(History)有：史前史、古代史、現代史等等之分類。而做為人文科學之一的「宗教學」當然也不例外。宗教學者要給「宗教」做一合理又令人滿意的分類，的確不是一件很容易的事情。因為宗教學者的學術立場見仁見智，其「區分」(divison)的方法相當分歧，「分類」自然也跟著不盡相同。雖然立論之分歧各有特色，然而也有不周延之處。其實「分類」於科學上言，只是一種「作業假設」(operational hypothesis)。宗教研究之分類，其主要目的係要求很有系統的探討研究對象，規範研究的範圍。

「宗教學」的啟蒙大師繆勒曾經提出一些通俗性的宗教分類，諸如：

1.**真宗教與假宗教**(True Religion and Pseudo Religion)——西方基督教世界比較本位主義的一般性區分。

2.**自然宗教與天啓宗教**(Natural Religion and Revealed

Religion)——西方基督教神學家慣用的主題性區分。

3. **通俗的宗教與個人的宗教**(Popular Religion and Personal Religion)——西方世界非科學的區分。

4. **一神主義宗教與多神主義宗教**(Monotheistic Religion and Polytheistic Religion)——籠統而不周延之區分，因為宗教尚有無神主義(atheism)、擇一神主義(henotheism)、及交替神主義(kathenotheism)等等沒有列入。

此外，有關荷蘭宗教學者帝列的宗教分類是：「國家或部族宗教」(National or Tribal Religion)與「普世或世界宗教」(Universal or World Religions)。更有哲學意味濃厚的「神人同格教與神人懸格致」(Theoanthropic Religion and Theocratic Religion)、「寬容的宗教與排他的宗教」(Tolerant Religion and Exclusive Religion)、以及「自力宗教與他力宗教」(Self-dependant Religion and Dependant Religion)等等的宗教分類。

顯然的，給「宗教」做分類，正是研究「宗教學」的方法論之一。這類學術上之作業假設雖然各有其特色，也各有它們的缺失，卻也是宗教學者不可忽略的認識。下列將簡要介紹宗教學者的各種分類法，以做學者之參考。

一、歷史的分類(Historical Classification)

日裔美籍宗教學者北川(Joseph M. Kitagawa)的宗教分類法，係走進化論宗教發展之歷史分類。北川在其〈原

始、古典、與現代諸宗教：一個宗教學的認識之透視〉(Primitive, Classical and Modern Religions: A Perspective on Understanding the History of Religions)一文，明顯地做了下列區分：

1.原始宗教(Primitive Religions)
2.古典宗教(Classical Religions)
3.現代世界諸宗教(Modern World Religions)

這種宗教分類法因為其有歷史基礎，自然容易被學者所接受。必須留意的是：第2項「古典宗教」指得是它們雖然在歷史上已經是「過去的宗教」(Bygone Religions)或已經是「消失的宗教」(Extinct Religions)，卻仍然具備著「古典」(classic)之文化價值，甚至影響第3項「現代世界諸宗教」之創立。就像：古埃及宗教、古巴比倫宗教、古迦南宗教、古希臘宗教及古羅馬宗教，對於現代世界諸宗教之影響相當明顯可以為例。

二、地理的分類(Geographical Classification)

採取世界地理之區分，來探討古今出現於人類歷史上的宗教分佈情形，也具有其特色。西方宗教學者諾斯(John B. Noss)的《人類的諸宗教》(Man's Religions, 1948，再版十次以上)一書，就是以世界地理為區分來介紹人類的諸宗教著稱，其分類法有如下列：

第一部，原始與過去的諸宗教(Part I, Primitive and Bygone Religions)

內容是探討人類歷史上的「原始宗教」，以及人類歷史上已經「過去的宗教」。所謂「過去的宗教」者，是指古代的米所波大米(Mesopotamia)、希臘(Greece)與羅馬(Rome)等地區所出現的宗教現象。

第二部，印度的諸宗教(Part II, The Religions of India)

這部份的內容係探討人類史上出現於印度地理區域的四大宗教。它們就是：「印度教」、「耆那教」、「佛教」、以及錫克教。

第三部，遠東諸宗教(Part III, The Religions of the Far East)

在遠東地區出現的諸宗教這部份，即探討中國的「儒教」、「道教」、以及日本的「神道教」等三大宗教。只是有關論及「儒教」與「道教」的內容時，都在介紹「儒家」與「道家」的思想，而非「宗教的儒教」(Religious Confucianism)及「宗教的道教」(Religious Taoism)。

第四部，近東諸宗教(Part IV, The Religions of the Near East)

在近東地區的諸宗教這部份，分別探討歷史上出現於該地區的四大宗教，就是：「波斯教」、「猶太教」、「基督宗教」、以及「伊斯蘭教」(即回教)。

宗教地理分類法之特色，就是教人從這種分類法的

內容，認識現代世界諸宗教均創立於東方，此即它的優點。

三、民族的分類(Ethnic Classification)

採取世界上不同的「民族」(或人種)來做爲宗教研究之分類，可以說也是一種描述「人類宗教發展史」之特色。就像日本學者加藤玄智的：《世界宗教史》(鐵錚譯，台灣商務印書館，1972年)一書，就作了以「民族」爲主體之宗教研究分類方法，這就是此書之特色，這本書的內容分爲三大篇，內容之分類有如下列：

第一篇、各民族宗教之孤立的發展

　　　　第一章、巴比倫及亞述之宗教

　　　　第二章、中國之宗教

　　　　第三章、埃及之宗教

第二篇、閃民族的宗教

　　　　第一章、太古閃族宗教概觀

　　　　第二章、迦南人與腓尼基人的宗教

　　　　第三章、以色列人的宗教

　　　　第四章、伊斯蘭教(回教)

　　　　第五章、基督宗教

第三篇、雅利安民族的宗教總論

第一章、雅利安民族之宗教
第二章、古代日耳曼民族之宗教
第三章、希臘之宗教
第四章、羅馬之宗教
第五章、印度之宗教
第六章、波斯之宗教

　　十分明顯的，加藤玄智的分類法沒有宗教發展的前後歷史次序，又無探討「原始宗教」之現象，此即以「民族」之分類爲主體從事宗教研究之缺失。

四、宗教現象學之分類(Classification of the Phenomenology of Religion)

　　「宗教現象學」的方法論，係來自法國哲人胡塞爾的「現象學」之啓蒙，主要在於探討及分析宗教結構之內容。只是「宗教現象學」之方法論，事實上已超越了「哲學的現象學」方法而獨樹一格。因其也應用「深度心理學」方法來探討宗教結構，從事「宗教象徵」之解釋。所以有些學者以「宗教經驗的形態學」(Morphology of Religious Experience)稱之。下列三位學者就是採取宗教現象學方法從事宗教分類的人，他們分別爲：范得流、瓦哈、以及伊利亞德。

(一)范得流的宗教分類

被認爲是開創「宗教現象學」領域的荷蘭學者范得流(Gerardus van der Leeuw)在其作品：《宗教之本質與表現》(Religion of Essence and Manifestation, 2 vols., 1963)這部書裡，將宗教研究作下列之分類：

第一部，宗教之客體(Part One: The Object of Religions)

主要探討人類對於崇拜對象：力量、禁忌、聖石、聖樹、聖水、動物、亡靈、地母、聖王、亡靈、救世主、天使、魔鬼、天父、及絕對者等等內容結構之分析。

第二部，宗教之主體(Part Two: The Subject of Religions)

分析宗教人(宗教之主體)、宗教團體、及所有宗教人神聖的內在結構——「靈魂」。

A. The Sacred Man

B. The Sacred Community

C. The Sacred within Man: The Soul

第三部，主體與客體之交互活動(Part Three: Object and Subject in Their Reciprocal Operation)

這部份主要探討宗教的「外在活動」：祭典、崇拜、聖禮典、神聖的時間與空間、祈禱、巫術、與禮俗等等。以及有關宗教的「內在活動」：宗教經驗、悔改、重生、

神秘主義、做神的兒女、與頌讚神等等。故做如下分：

    A. Outward Action(外在活動)

    B. Inward Action(內在活動)

第四部，世界(Part Four: The World)

分析世界之創造、神的命令及支配，人類的目標、世界的目標、與神的目標等等之啓示，深具基督宗教的神學(Theology)色彩。

第五部，諸形式(Part Five: Forms)

分析宗教結構之種種形式，以及宗教的領袖──創教者、救贖者、神學家、教師、中保者等等。故分爲「諸宗教」及「諸開創者」兩大類：

    A. Religions(諸宗教)

    B. Founders(開創者)

結論則以「後記」(Epilegomena)一段，提及「宗教現象學」的一些學者以及有關他們的貢獻。

(二)瓦哈的宗教分類

美國芝加哥學派的開山祖師瓦哈也是走「宗教現象學」路線的學者，他採取「宗教經驗」的「形態學」分析方法從事宗教研究之分類。其重要作品：《宗教之比較研

究》(The Comparative Study of Religions, ed., by Joseph M. Kitagawa, 1958)一書，就表現出這種分類之特色。

1. 比較宗教研究的發展、意義、與方法(Development, Meaning, and Method in The Comparative Study of Religions)
2. 宗教經驗之性質(The Nature of Religious Experiene)
3. 表現於思想上的宗教經驗(The Expression of Religions Experience in Thought)
4. 表現於行為上的宗教經驗(The Expression of Religious Experience in Action)
5. 表現於交誼上的宗教經驗(The Expression of Religious Experience in Fellowship)

學者只要從上列的宗教研究分類，即可瞭解這一「宗教經驗形態學」(morphology of Religious Experience)的內容為何。其應用的方法雖然立足於宗教現象學，卻也涵蓋「心理學」與「社會學」之方法論。

(三)伊利亞德的宗教分類

同樣是美國芝加哥大學宗教學派代表性學者的伊利亞德，也以另類的「宗教經驗形態學」來從事其宗教分類。在他的代表作：《比較宗教的模式》(Patterns in Comparative Religion, 1958)一書中，充分顯示出他對宗教象徵之結構分析相當精闢，也樹立了「宗教解釋學」(religious hermeneutics)

之重要原則。下列為該書的分類條目，可資研究者參考。

第一章、概說：神聖的形態學與結構(Approximations: The Structure and Morphology of the Sacred)

第二章、天空與天空諸神(The Sky and the Sky Gods)

第三章、太陽與太陽崇拜(The Sun and Sun-worship)

第四章、月亮及其神秘性(The Moon and Its Mystique)

第五章、水與水的象徵(The Water and Water Symbolism)

第六章、聖石：各種顯聖、記號、與形式(Sacred Stone: Epiphanies, Signs and Forms)

第七章、土地、女人、與繁殖(The Earth, Woman, and Fertility)

第八章、植物：其再生的各種儀式及象徵(Vegetation: Rites and Symbols of Regeneration)

第九章、農業與各種繁殖的宗教儀式(Agriculture and Fertility Cults)

第十章、神聖諸空間：廟宇、宮殿、「世界的中心」(Sacred Spaces: Temple、Palace、"Center of the World")

第十一章、神聖的時間與永恆更新的神話(Sacred Time and the Myth of Eternal Renewal)

第十二章、形態學與諸神話之功能(The Morphology and Function of Myths)

第十三章、各種象徵之結構(The Structure of Symbols)

上列的宗教研究分類法，可以講是一種「宗教結構」

之分析，也是解釋「宗教象徵」之典範。宗教經驗之形態學不但從此成立，宗教解釋學也因此奠定了基礎，使古今的「宗教象徵」能夠藉其方法解開，洞察其中深奧的意義。

五、其他的宗教分類

　　將「宗教」做分類的研究，除了上面所介紹的四種宗教分類的方法外，尚有哲學的、心理學的、社會學的、及綜合性的分類法等等，就像德國哲學家黑格爾(G.W.F. Hegel, 1771～1831)就以哲學方法將「宗教」分類為：

(一)自然宗教(Natural Religion)

　　內容係探討巫術宗教、古埃及宗教、波斯教與印度教等等。

(二)知識分子個人的宗教(The Religion of Intellectual Individuality)

　　探討希臘、羅馬及猶太的諸宗教。

(三)絕對的宗教(Absolute Religion)

　　探討基督宗教之絕對性。

　　日本宗教學者比屋根安定，也以「宗教哲學」之方法來做宗教分類，其區分法也相當簡要：

1.自然宗教

　　內容係討論「原始宗教」與「多神宗教」。

2.倫理宗教

內容係探討「律法宗教」與「倫理宗教」。

3.普遍的宗教

內容係討論「佛教」與「基督宗教」。

台灣的宗教學者李添春於1955年纂修的《台灣省通志稿》(卷二，人民志，宗教篇)，將「宗教」分爲下列兩大類：

1.劣等人文教

(1)原始拜物教。
(2)漠然二元教。

2.高等人文教

(1)高等自然教
　　分析各種古代宗教。
(2)倫理宗教
　　分析各種現代宗教。

以上所列各種宗教分類之範例，除了有濃厚的批判性及主觀性外，因缺乏嚴格的學術訓練分類法(與前四大類的科學研究不同)，僅供研究者參考而已。

第六篇
人類的
宗教現象

6

一、人類與宗教

「宗教」是普世人類共有的現象，更是人類精神生活的一種「活現象」(living phenomena)。古今人類自原始到文明，均離不開他們的宗教生活。在這一段裡面，要探討「宗教人」一詞的意義，人的宗教企求，以及現代人的宗教態度。

(一)宗教人

拉丁文所謂「宗教人」者，即指擁有宗教信仰的人而言。不管他們是基督徒、穆斯林(回教徒)、印度教徒、佛教徒都好，均為「宗教人」。「宗教人」與「俗化人」(homo-secular)是有所分別的。因為後者拒絕任何的宗教信仰，生活內容全部以理性與世俗的經驗為依歸，所以與「宗教人」的生活態度正成對比。質言之，兩者之間各具不同的意識形態，對人類與世界觀所抱持的態度也完全迥異。因此論及世界諸宗教時，必定事先理解：一切世界宗教都是「宗教人」經驗的累積與依歸。它們雖然也影響到

「俗化人」的生活，但卻爲「俗化人」所拒絕接受。這等於是說，世界諸宗教(World Religions)乃是普世「宗教人」所信仰與維護的對象。〔不過「俗化人」也有他們自己的信仰──「類似宗教」(Quasi-Religion)，這點容下再論〕。

(二)人的宗教企求

哲學化神學家田立克視宗教爲人類精神生活的「究極關心」(ultimate concern)。如此斷言，委實有其道理之所在。漢人的口頭禪常說『人爲萬物之靈』，因此人不能單獨滿足物質生活的一面也需要靈性(精神)生活。他知道去企求靈性生活的最高價值，也即他的「究極關心」者爲何。宗教係包含不可見世界的「究極實有」(ultimate reality)。也有社會道德倫理要素，更有教義、規律與儀式行爲。這些事實，用人生哲學用語而言，便是企求「眞」、「善」、「美」的靈性生活境界。

1.求眞──究極神觀的關懷

宗教第一個所欲把握的要點，即信仰對象的選擇。到底信仰一神好？還是信仰多神？或者是信仰自己本具的自救潛力呢？這些信仰對象的問題既然成爲宗教人「求眞」的努力，便有不同的「神觀」出現，就是：一神論(monotheism)，多神論(polytheism)以及無神論(atheism)。無論如何，「眞」的企求實在是宗教信仰最基本的「神觀」要素。

2.求善——道德價值之肯定

宗教最重要之功能(尤其是社會功能)，就是提供宗教人的一種道德規範。儘管人類各種宗教所出現的道德規範不盡相同，但宗教確實能夠協助人去企求人性的至善面。以致有人誤認宗教的主要使命，僅止於「勸善」(因為宗教尚有「求真」的重要內涵)。事實上，世上確實存在著僅止於「求善」的自力主義宗教，諸如「儒教」與「原始佛教」。它們提供人獨善其身的自由修持解脫之道。然而他力主義的宗教則肯定人性的缺憾(他們稱之為「原罪」)，因此若沒有神靈的協助則無法自救。故認為「求善」只是宗教人的本份，而非他們追求解脫的唯一手段。因為人間的「道德觀」與善惡標準，隨著文化而不同。因此不能視「求善」為唯一的解脫標準。

3.求美——宗教人的生活藝術

宗教人深度的內在經驗即「求真」，其行為規準即表現於「求善」。而他們由宗教信仰而來的外在生活表現，諸如廟宇、教堂的建築，以及隆重之祭典與禮拜儀式，均是「求美」的表現。質言之，即企求宗教生活的藝術內涵，俾使宗教人的生活內容充滿了盼望與喜悅。這麼說，宗教人的生活也是一種「求美」的內容，事實上也確是如此。因為宗教人的行為充滿了象徵記號，而「宗教象徵」非但是一種藝術，也是信仰內容。畢竟宗教人的審美觀，

其內容是相當豐富而多采多姿的。

(三)現代人的宗教態度

自從中世紀西方文藝復興以後，人類生活便逐漸走向世俗化之地步。所謂「人文主義」(humanism)者，便是其中最清楚的特徵。人類也從此變得十分自信，認為沒有宗教也可以好好地生活下去。至於我們這個時代，「世俗化」(secularization)的問題更走向極端。不但西方如此流行，連東方也頗受影響。人既然擺脫了神靈而不需要宗教信仰，他們便充滿自信去走世俗的道路。因而一些「主義式」(-'ism)的世俗化信仰終於出現。田立克稱這種「主義式」的信仰為「類似宗教」(quasi-religions)。究其本質，分明是現代人的一種「新偶像崇拜」(new idolatries)。

1.現代人的類似宗教

無疑的，「類似宗教」是一種十足意識形態(edeology)之世俗化宗教。它教人崇拜物質，崇拜哲學，與崇拜政治(包括崇拜政治獨裁人物)。

(1)政治的類似宗教，以「共產主義」(communism)為其典型。它如今已成為現代人新的政治麻醉劑(新鴉片)。因為它的教主是馬克思，聖經是《資本論》，教條是「共產主義宣言」，信徒是共產黨員，禮拜時間是週會與月例會，人生觀是「無產階級專政」，世界觀是「創造經濟均等的社會」，神觀是「主席」或「領袖」一類人物

的「神化」(新皇帝崇拜)。顯然地,共產主義雖然不以自己
爲「宗教」,但據此分析起來,它的宗教條件已經十分
足夠做爲現代的世俗化宗教,是一種新的偶像崇拜。台
灣的「三民主義教」也是一樣,只是它的影響力僅止於
台灣一地而已。其他如「納粹主義」(nazism)、「法西斯
主義」(fascism)、「軍國主義」(militarism)、「民族主義」
(nationalism),均屬於這個世俗化宗教的範圍。

(2)哲學的類似宗教,顯然以「存在主義」對於現代
人的影響最鉅。按「存在主義」(existentialism)提供人一種
「新人生觀」(或人生的態度),它的出現在於滿足二次世界大
戰以後年輕一代的苦悶與需要。這個世俗化信仰的開山祖
師祁克果(Soren Kierkegaard),卻是一位丹麥的牧師。後來費
爾巴哈(Feuerbach)繼承其精神。直到本世紀德國學者馬丁
海德格(Martin Heidegger)與沙特(Jean Paul Sarter)成爲它的先知
性人物,終於使其成爲現代哲學的類似宗教。

無論如何,「主義式」信仰有其一時性的價值,但
將它們加以絕對化或做爲一種「政治意識形態」(political
ideology),那就變成了類似宗教。它被絕對化之後不但麻
醉人心,走獨裁專制之路,也阻礙人類社會的進步。

2.現代人的新宗教運動

現代人對於世俗化宗教的具體反動,即表現於「新興
宗教」(new religions)的創立。人類既然滿足不了世俗化的潮
流,同時也對既有的傳統宗教產生懷疑,他便會因此激

發另一種新的宗教運動。戰後看到台灣出現了「囡仔仙教」(宇宙大原靈教)、「軒轅教」與「新儒教」，日本出現了「創價學會」、「生長之家」與「PL教團」，韓國出現了「統一教」(世界基督教統一神靈協會)，印度出現了「克里斯那精神會」(Hare Krishna Movement)、「阿難達瑪加瑜珈」(Ananda Marga Yorga)，與「超覺靜坐」(Transcendental Meditation)等等新興宗教，均可視為現代人對世俗化潮流的一種反動，以及對舊有傳統宗教的失望。足見二次大戰以後的新宗教運動，即人尋找新的靈性指望，以做為解脫人生苦難的具體表現。而且也是與世俗化對照的另一種極端表現。

二、宗教與文化

人類的文化現象，充分表現於物質生活、社會生活，與精神生活(心理需求)之內涵。也就是說，整個文化內容均與宗教有關。

(一)宗教是文化的母親

從文化史的立場來看，宗教實為文化的母親。如果細心觀察古代人類一切的社會活動，就能夠發現都具備著宗教的記號。而後人類逐漸走向文明，才有人文科學與自然科學之成立。下列之事實，就是明顯之例證。

1.酋長、巫師——現代君王、總統之原型。

2.祭司組織——現代政治科學之原型。

3.禁忌系統——現代法律之原型。

4.醫療、巫術——現代醫學與藥學之原型。

5.童乩與巫醫——現代醫師、藥劑師之原型。

6.符咒——現代文字與繪畫之原型。

7.占星術——現代天文學之原型。

8.煉金術——現代化學之原型。

9.巫術——現代科學之原型。

10.祭典歌頌與舞蹈——現代音樂與歌舞的原型。

11.祭物供獻——現代經濟學之原型。

12.相命、算命——現代心理協談之原型。

由這些有力之例子，就足以說明「宗教為文化之母親」的事實，歷史學家湯恩比，就是持此見解。

(二)宗教與民族文化

世界各大民族均有他們自己的文化，而他們的文化又塑造了他們特有的宗教之模式。因此若從人類各種民族的文化傳統來觀察他們的宗教現象，就不難發現：宗教確實與地理環境及文化背景有密不可分的關係。下列的分析，可資參考。

1.印度文化——產生了苦行、玄秘、冥思的「印度教」、「耆那教」與「佛教」，它們更具有濃厚印

度性(或印度文化色彩)。

2.**猶太文化**——產生了一神主義與博愛濟世的「猶太教」與強調苦得起的「基督宗教」(Christianity)，它們都具有深度的猶太性(或猶太文化色彩)。

3.**阿拉伯文化**——產生了服從阿拉的戰鬥性(聖戰)宗教，就像「伊斯蘭教」就具備阿拉伯性(阿拉伯文化色彩)的特徵，其普世團結力量甚強。

4.**日本文化**——產生了酷愛自然與清潔又具愛國主義色彩的「神道教」，其強烈的日本性(日本文化色彩)，顯而易見。

5.**中國文化**——產生天、祖崇拜的「儒教」與混合信仰形式的「道教」，它們獨具"禮教"與"道統"的中國性(中國文化色彩)，與西方宗教有極端之分別，尤其是它的宗教化人本主義(Humancentricism)之「人道」與「天道」對應信仰。

(三)宗教與社會文化

到底宗教與社會文化的關係為何？有什麼直接的影響？這個問題義大利宗教學者畢搭佐尼曾經處理過，認為農耕文化民族與遊牧文化民族，對於「至上神」(supreme being, or high gods)之見解，就有不同之看法。

1.**農業社會**——具「多神崇拜」(polytheism)傾向，至上神都是「地母」(Earth Mother)。因祂的多產與土地的

生殖有關。中國的"太極生兩儀"之宇宙化生說，可以爲例。

2.**遊牧社會**——因受族長文化之影響均「崇拜一神」(monotheism)，其至上神都在天上，就是「天父」(Heavenly Father)。因爲族長只有一位，此爲族長權威之反映。

這些分析雖然未必都正確(只是一種理論)，但卻有它的道理存在。另外，東方文化與西方文化因思想方式之不同，其神學立場自然也迥異。東方思想都走「一元論」(monism)路線，以「兩兩相依」(both-and)爲思辨原則，其神學自然具「泛神論」(pantheism)傾向。西方思想走「二元論」(dualism)路線，神人的地位與關係分明。同時以「兩端分明」(either-or)爲思維原則，其神學具有「超然神論」(Deism, or Supreme Deity)的強調。

(四)宗教與風俗習慣

不同宗教的傳統，往往發展成十分迥異的風俗習慣，此一現象至爲明顯。宗教保護習俗的重要法寶，就是「禁忌」(taboo)。這一「禁忌」性質之宗教規條，信徒是不敢違背的。惟恐一旦違犯就會招來神怒與災禍，同時受到宗教團體的制裁。茲舉各種宗教的特殊習俗爲例，來做個比較：

印度教——信徒奉牛隻爲神祇之代身，故戒食牛肉。

伊斯蘭教——穆斯林只食牛肉，戒食豬肉與血。

猶太教——信徒持守「十誡」，不吃豬肉與血。

南傳佛教——和尚戒殺性，但可食肉抽煙。

北傳佛教——中國和尚、尼姑獨身又吃素，但日本和尚娶妻又食葷。

天主教——信徒劃十字又崇拜馬利亞。

東方正教——信徒崇拜圖像又供奉聖油。

基督教改革派——信徒重視宣講教義，不重儀式。

華人基督教——禁抽煙、飲酒，標榜屬靈的靈恩運動。

以上的例子足以領會到「宗教」與「習俗」的關係，甚至同一個教門因著民族與地域之不同，其習俗也跟著相異。

三、宗教與現代世界

現代世界的特色是科技進步，物質文明也已到了登峰造極的地步。相反的，人與人的關係，人與神的關係，以及人與大自然的關係，似乎變得相當的離間(alienation)而不正常。人因此內心空虛，對宗教信仰也冷漠起來。那麼，現代世界諸宗教的使命爲何？它們能夠填滿人類心靈的需求嗎？凡是歷史上出現的偉大宗教，一定能夠正視這些問

題，以做為人類心靈上的保母。

(一)現代世界已經走向一體性

今日世界交通工具發達，地域間之距離因而縮短，民族與民族之間的交流頻繁，各地區不同民族的文化更能夠互相瞭解，世界也因此變得不再隔離(除非政治理由)。在這麼一個「一個性」(Oneness)世界之中，宗教與宗教之間更需要彼此認識，互相瞭解，以至用合作的行動領導世人走向和平與公義的社會。現代世界諸宗教的迫切使命，不僅是做人類精神生活的保母而已，它們更要擔負著「和平使者」(peace-maker)，來消弭民族與民族之間，國家與國家之間的仇恨鬥爭。以往在歷史上出現眾多的人類不幸鬥爭史，或不同宗教之間的明爭暗鬥，以至訴諸武力蹧蹋生靈之宗教戰爭殘酷事實。甚至同一宗教之間的互相攻訐與戰爭，更是宗教精神淪喪的一大諷刺。現代世界諸宗教的偉大與否，要以它們對人類和平有否貢獻乙事來下判斷才是實際。因為「壞樹不會結好果子」(見：馬太福音七：18)，所以最能夠「利他」的宗教，才是現代世界宗教人所歡迎的信仰依歸。

(二)研究宗教應有的態度

按常理言，宗教研究者最好是一位「宗教人」(homo religiosus)，這樣才足以體會宗教的內涵及真諦。可惜的是：「宗教人」往往於研究和自己所信仰的不同宗教之

時，都表現得十分主觀。就是事先假定自己的宗教最好，而後挖苦別人的宗教之不是，以便自我陶醉於廉價的勝利之中。台灣的佛教和尚與尼姑如此，基督教神學人也是如此。回顧基督宗教的「宗教學」在神學院傳授的主旨是「護教學」(Apology)的輔助知識，是講來講去都是「基督宗教」勝利的一門學問。這一「排他性」(exclusiveness)態度，實在沒有什麼學術知識上的幫助，是自圓其說而已。可惜在時下的台灣有多所佛教大學的宗教研究所，也遠離「人文科學」之精神，以"佛學"(Buddhology) 取代科學的宗教研究，以致學來學去也都是「佛教」(Buddhism) 勝利的那一種主觀老套。今日是宗教與宗教之間互相建立瞭解與友誼的時代。因此要採取知己知彼的態度來研究宗教。誠如前哈佛大學宗教研究所所長史密斯所說的："宗教研究是一種人格交流的研究"，研究者與被研究對象之間均需要有人格溝通。如此論調，乃是本於宗教人瞭解其他宗教的誠意，爲一種健全的研究態度。無論如何，基督宗教研究機構開了宗教課程之目的，雖然是「宣教學的關心」(missiological concern)的一部份。但於研究態度上言，宜著重於瞭解與寬容，這點斷不可忽略。畢竟天父所愛者是普世人類，不是單單基督徒而已。

(三)基督宗教的角色

從歷史的觀點來說，「基督宗教」爲歷史的產物。它的出現比「印度教」、「佛教」、「儒教」的歷史都短，

至今不過廿一個世紀。基督宗教也是猶太文化之產物，故其教義具有濃厚的猶太性。然而基督宗教流傳至今，已十足的普世化了。因為它對於人類歷史與文化的確有殊多貢獻，所以不愧為現代世界偉大宗教之一。基督宗教之眞理其精彩地方，在於證言「上主」(神)為歷史的主宰，世界是「上主」救拔之對象，也是祂救拔人類的舞台。世界諸宗教的存在，應該認同為「上主」救拔人類行動的一部份，否則它們就無法存在於歷史上這麼久遠。為了這個緣故，基督徒要藉著認識其他宗教的機會來檢討自己，而後才能夠負起見證基督眞理的使命。今日基督宗教已與世界諸宗教「相遇」(encounter)，剩下來的課題是如何去和他們「對話」(dialogue)交談，此一使命當然非常重要。

　　關於基督宗教與其他宗教關係的問題，主觀來說，如果基督宗教比喻做「上主」家裡大兒子的話，那麼世界其他宗教不外是「上主家裡」的另一個兒子。如果基督徒是大牧人耶穌羊圈裡的羊群的話，就非基督徒即是大牧人圈外的羊群，大牧人仍然在尋找他們(約翰福音十：16)。說到這裡，自然也把基督宗教神學問題拉進來了。承認「其他宗教」存在的第一步假定是上主的「一般啓示」(general revelation)。質言之，上主為使世界都能夠認識祂，所以才有世界諸宗教的存在，它們應該被認同為上主賜予人類的「一般啓示」。如此主張，當然為保守神學家巴特(Karl Barth)所主張的「特殊啓示」(special revelation)所拒絕，因他全然不承認「一般啓示」的存在與價值。如果只有「特

殊啟示」的救恩才有效的話，這種「唯聖經啟示獨尊」
(Biblicism only)之思想，實在忽視了歷史與人觀(人類被造有神的
形象)的內容。基督宗教神學研究之目的，乃是把上主所啟
示的真理有系統地傳達出去。如果基督徒不瞭解其他宗教
的信仰而冒昧否定它們對人類的貢獻，基督宗教焉能宣揚
「天父上主」聖道？研究世界諸宗教的本旨，就是著重於
人類的彼此瞭解這一重點。

　　宗教有它的歷史、有它的淵源、有它的文化背景、有它的社會與心理層面，當然更有它的結構與本質。現象學派所開創的宗教研究途徑，就是專門探討宗教之「結構」(structure)及其「本質」(essence)的問題，其方法係借自哲學的「現象學」(Phenomenology)，但又加以修整而自成一個系統，並以「宗教現象學」的學術名詞稱之。按「現象學」是個獨特的哲學訓練，目的是要處理人思想上的「意向性」(intentionality)或意念程序，並將其做為純心理學的解釋、限制、及補充。此一哲學學派的創始人即法國知名學者胡塞爾，然其方法被應用於宗教研究的先驅，則為謝勒、鄂圖、拉蘇塞、及范得流等人。其中尤其是范得流的貢獻最為重要，因此他被視為宗教現象學派之代表。嚴格來說，「宗教現象學」之使命旨在探討宗教本質之「意向」(intention)，及其「神聖結構」。它探查「本質之展望」(eidetic vision)，對於真理問題之探究則加以「時限」(epoche)，即臨時停止或存而不論的意思。然而，此一學派所追隨者，大多依照范得流路線從事於宗教研究而非胡塞爾的哲學，這就是「宗教現象學」不同於「哲學現象學」

的獨特之處。

一、范得流(Gerardus van der Leeuw,1890～1950)

這位荷蘭學者受到買那斯(Christoph Meiners)的影響，遠比胡塞爾更深，但宗教現象學先驅拉蘇塞則較接近胡塞爾方法。他最有名的宗教現象學之代表作就是：《宗教現象學》(Phanomenologie der Religion,1933)乙書。(英文譯本名爲：《宗教的本質與表現》(Religion in Essence and Manifestation,2vols,1948)。范氏於1918年在德國格羅凌根大學(Groningen University)擔任「宗教學」教授，其間受到鄂圖、席得布隆(N.Soderblom)及李維布魯的思想所影響，因而著手於宗教現象學之探究。對范氏而言，宗教現象學所努力者，即宗教自己到底表達什麼意義及形式，故與宗教解釋(religious hermeneutics)有密切關係。范得流根據這個原則而將「宗教」分爲下列各種類型：

(1)抽象的宗教(religion of remoteness)──「儒教」與十八
　　世紀的「理神論」(Deism)爲其典型。
(2)奮鬥的宗教(religion of struggle)──「波斯教」及其
　　「二元論鬥爭」(dualistic conflict)爲其典型。
(3)無限的宗教(religion of infinity)──「印度教」的梵我
　　一如經驗(Brahman- atman in One)爲其典型。
(4)色空的宗教(religion of nothingness)──「佛教」的無

我及四大皆空之強調爲其典型。

(5)威嚴的宗教(religion of majesty)──「猶太教」不敢妄稱神的名字爲其典型。

(6)意志的宗教(religion of will)──「伊斯蘭教」(回教)的順服阿拉(Allah)爲其典型。

(7)愛心的宗教(religion of love)──「基督教」的博愛濟世爲其典型。

范氏的這種「宗教類型」之詮釋比較，已經指出「宗教現象學」之特色所在。自從范氏的《宗教現象學》一書出版以後，「宗教現象學」這門學術之名稱便於學界風行起來，而且與「比較宗教學」的名稱平行使用。

二、瓦哈(Joachim Wach，1898～1955)

這位德國籍猶太人學者是個虔誠的基督徒，早年在德國萊比錫大學(University of Leipzig)接受教育，師承海勒(Friedrich Heiler)研究宗教學，並受特洛慈(Ernest Troeltsch,1865～1923)、哈那克(Adolf von Harnack,1850～1931)，席得布隆、韋伯、及鄂圖等學者的影響。1935年因德國納粹黨迫害猶太人的緣故而移居美國，並且先於布朗大學(Brown University)執教。1945年應聘擔任芝加哥大學宗教學教授，直到退休爲止。有關瓦氏的重要作品有：《宗教學》(Religionswissenschaft,1924)、《認識論》(Das Verstehen, 1926～1933)、《宗

教社會學》(Sociology of Religion,1944)、《宗教經驗之類型》
(Types of Religious Experience，1951)、及其門人北川(J‧M. Kitagawa)
爲其所編輯的：《宗教之比較研究》(The Comparative Study of
Religions，1958)等書。其中以：《宗教社會學》及《宗教之
比較研究》兩本作品爲他的代表作。瓦哈的「宗教現象
學」之主要貢獻是「解釋學」。他認爲「解釋學」是學者
認識宗教的要領，並且有助於人對於「神學」之洞察。
「解釋學」的任務是使人認識「宗教經驗」之特質，以
及有關宗教思想(教義)、行爲(儀式)、及團契(教團與其組織)的表
現。由此見之，瓦哈對於宗教研究提出了一種現象學的解
釋方法，並因此樹立了芝加哥大學之宗教研究學風。關於
另一位宗教現象學路線的知名學者伊利亞德的貢獻，將在
下一個芝加哥學派的段落加以介紹。

三、伊利亞德和芝加哥學派

在美國各大學中，芝加哥大學算是設置「宗教學」的
先進學府之一。遠在1921年，它便以發行『宗教雜誌』
(The Journal of Religion)著稱。1945年瓦哈應芝加哥大學聘請
擔任宗教研究所主持人，將「宗教現象學」方法加以發揚
光大，因而建立了「芝加哥學派」。此一學派之特色是關
心「宗教經驗」的問題，並提出研究宗教結構約三個基本
入門:「理論的」(the theoretical——探討宗教思想)、「實際的」
(the practical——探討宗教行爲)、及「制度的」(the institutional——探

討宗教社團)等，來做為宗教研究模式。與瓦哈共同建立「芝加哥學派」的另一位學者為伊利亞德(M.Eliade)，他是繼瓦哈之後該學派的主要台柱，並且繼承瓦哈的「宗教經驗形態學」(morphology of religious experience)的學風，因此頗受國際宗教學界所注目。

伊利亞德係生於羅馬尼亞(Romania)首府布加勒斯特(Bucharest)的學者，其宗教學的博士學位(研究「瑜迦」的宗教經驗)於1932年完成於印度的加爾各答(Calcutta)。1958年應聘為芝加哥大學宗教學教授，並繼瓦哈教授主持該大學的宗教研究所，直到退休為止。伊氏不但是一位傑出的宗教學者，也是一位想像力相當豐富的作家。除了學術作品外，也寫過小說、散文、及詩歌。伊利亞德的宗教學著述超過十部以上，最具代表性作品有：《永恆歸回之神話》(The Myth of the Eternal Return,I955)、《比較宗教的模式》(Patterns in Comparative Religion,1958)、《神聖與凡俗》(The Sacred and the Profane,1959)、《沙滿信仰：入神的古代技巧》(Shamanism：Archaic Techniques of Ecstasy,1964)等書，並且深遠地影響宗教學界。伊利亞德也是芝加哥大學《宗教史》雜誌的創辦人，這份雜誌代表著「芝加哥學派」之立場。論伊氏的學術貢獻是提供一種類屬「宗教現象學」範圍的思辯方法——「創造的解釋學」(creative hermeneutics)，它的方法顯然受到分析心理學家榮格的「深度心理學」(depth pschology)所影響。有關伊利亞德之宗教學理論的兩個要點是：(一)主張「聖」與「俗」之間的區別，是人的宗教思惟以及解

釋宗教象徵之基礎。(二)強調古代宗教往往用「神話」來
表達它的歷史觀,而且這種「神話的歷史觀」是循環式
的。就如:人類的「創造」與「墮落」這類的原始時間
(illud tempus)於宗教人的信仰經驗中時常在重復循環,那就
是藉著宗教儀式及神話的重述中去再度呈現。宗教人就是
藉此去經驗他與神靈及祖先溝通之「永恆之歸回」(eternal
return),又體驗「永恆的現在」(eternal present)。對伊利亞
德看來,現代宗教的儀式中,均有這類古老之要素(archaic
elements),其「本質」也是一脈相承的直線的與歷史的
(linear and historihcal)。這一無意識中的宗教經驗需要宗教學
者加以解釋,才能夠釋放或解開其宗教象徵之重要意義。
伊利亞德自芝加哥大學退休以後,「芝加哥學派」的領導
人物為伊氏門人與同事的約瑟北川及農格這兩位學人。

四、宗教結構分析之研究

　　近代宗教學者為要探討「宗教」之於人類生活中的功
能、象徵、與意義等等有關宗教結構問題之解答,便從哲
學家胡塞爾哲學的「現象學」方法論獲得靈感,進而發展
出:「宗教現象學」(這是一八八七年荷蘭阿姆斯特丹大學宗教學教授
P. B. Chantepie de la Saussaye最先使用之術語)。以下簡介下列幾位
代表性學者,以及他們對於「宗教現象學」方法之研究範
例:

1.范得流的宗教現象學

荷蘭宗教學者范得流在其《宗教現象學》(Phanomenologie der Religion, 1933)一書裡，具體提出了「宗教現象學」之研究範例：

第一部：宗教的客體

探討宗教的潛能、禁忌、神聖動物、植物、救主、聖王、天使、魔鬼、聖父母、聖名等等宗教結構及其象徵。

第二部：宗教的主體

1)神聖人物：君王、巫師、祭司、先知聖徒、邪惡的人類等等之宗教結構分析。

2)神聖共同體：團契、婚姻、家庭、部落、約法、宗派、教團、國家等等之宗教結構分析。

3)人類內在之聖質是靈魂：有關靈魂之形式、永恆性、不朽性、國魂、及靈魂與命運之宗教結構分析。

第三部：客體與主體之間的交互活動

1)外在行為：喜慶、清淨、獻祭、崇拜、神聖時間、神聖空間、神話、禮俗、祈禱、巫術等等之宗教結構分析。

2)內在行為：宗教經驗、與神立約、與神為友、跟從神靈、神靈附身、神秘主義、神的兒女、神的

敵人、信仰、悔改、重生、頌讚等等之宗教結構分析。

第四部：論世界

探討創造與神的旨意，以人爲目標之啓示，以世界爲目標之啓示、及以神爲目標之啓示等等之宗教結構分析。

第五部：各種形式

1)諸宗教：探討各種宗教之超然性，使命，混合主義、復興、改革、情愛、慈悲、順服、人性、及尊嚴之宗教結構分析。

2)創教者：探討創教者(教主)、改革者、教師、哲學家、神學家、及中保(神媒)等等之宗教結構分析。

3)後記：現象學、宗教、及宗教現象學之關係及差別。

2.瓦哈的宗教詮釋學

這位因逃避德國納綷政權迫害而移居美國的猶太人學者瓦哈是美國芝加哥學派的創始人。在其《宗教的比較研究》(The Comparative Study of Religions, 1958)一書裡，提出了宗教現象學路線之「宗教詮釋學」(religious hermeneutics)幾個基本原則：

1)比較宗教研究的發展、意義、與方法

2)宗教經驗的特性

3)思想上宗教經驗的表現(經典與教義)

4)行為上宗教經驗的表現(崇拜與儀式)

5)交誼上宗教經驗的表現(教團與組織)

上列所提幾個宗教經驗之原則：教義、儀式、及教團，頗能啟發日後宗教學者詮釋宗教人的宗教經驗，分析宗教結構問題，因此可稱其為「宗教經驗的形態學」(Morphology of Religious Experience)。

3.伊利亞德的宗教象徵論

這位出身於羅馬尼亞，又負笈印度的美國芝加哥大學「宗教學」大師——伊利亞德，也是「宗教經驗形態學」之泰斗。其學說以「宗教象徵論」見稱，他那獨特的詮釋宗教象徵方法，深受榮格的「深度心理學」所影響。他在《比較宗教學的諸模式》(Patterns in Comparative Religion, 1958)一書裡，提出了詮釋宗教象徵論(也是宗教結構分析之範例)之方法，計十三個題綱：

1)概要：神聖的形態學與結構

2)天空與天空諸神

3)太陽與太陽崇拜

4)月亮及其神秘性

5)水及水的象徵

6)聖石：聖顯、記號與形式

7)土地、女人與繁殖

8)植物：禮儀與再生之象徵

9)農業與繁殖儀式

10)神聖空間：聖殿，皇宮，與"世界中心點"

11)神聖時間與永恆更新(復甦)神話

12)神話功能與形態學

13)各種象徵之結構

伊利亞德詮釋「宗教象徵」之方法，的確影響近代之宗教學相當深遠，因而成為美國芝加哥大學宗教學派之中堅人物。

以上簡要介紹「宗教學」這門人文科學之研究方法與內容，只是期望能夠喚起學界對於「宗教學」之認識與關心，肯定它的學術貢獻，使更多優秀學子能夠提起興趣加入此一人文科學的重要研究領域。

第二部 | 認識神話學

第一篇
認識神話學

「神話學」這個學術的專用名詞，係譯自英文的
"mythology"這一字。它是由希臘文的兩個字所組成：即
"μυθος"與"λοȵια"(mythos-logia)。原來"μυθος"意思是「故
事」(story)或「話語」(word)，但特別是指遠古時代的故
事，尤其指諸神與英雄的故事，及想像中的故事等等。
"λοȵια"則指記述的方法，一種做學問的要領。因此
「神話學」(Mythology) 一詞可解釋爲：有關神話故事的知
識、或神話的搜集、記述、與整理的一套學問。

一、神話學與宗教學的關係

「神話」(myth)原爲「宗教」的重要內容，所以是宗
教現象之一。在「宗教學」(Sience of Religions，or History of
Religions)的範圍裡，「神話」被當做一種初民(原始人類，
primitives)的宗教特徵來加以處理，並獨立地探討它的象徵
意義。這不是說只有初民的宗教才有「神話」而現代宗
教沒有。其實凡是「宗教」者，均離不開「神話」之內
容。因爲「宗教語言」(religious languages)本身就是一種「神

一、認識神話學　295

話」(myth)。「宗教」的儀式行為，也是一種「神話時間」(mythical time)的重演。因此「神話」成為宗教學主要的研究對象之一。至於「神話」成為一種獨立的學問來研究處理而成為「神話學」(Mythology)者，顯然地，文學的興趣委實多於宗教學的興趣。因此它又與「民俗學」(Folklore)結合。早期神話學者汪倜然與謝六逸就認為「神話學」與「民俗學」的領域很難分別(見：《希臘神話與神話研究》，頁51)。因為「神話學」是記述與搜集的學問，而「民俗學」是觀察各地方宗教人社會行為的學問，兩者本可以為一。國內學者婁子匡與朱介凡就是將「神話學」歸類於「民俗學」的人(見：《五十年來的中國俗文學》，頁53 以下)，足見兩者關係之密切。不過「民俗學」若把「神話」、「民間故事」及「傳說」除掉，只記述原來民間的信仰、習俗、與技藝的遺形(survivals)者，則「民俗學」與「神話學」又有明顯的區分了。倘若就「宗教學」、「神話學」與「民俗學」再做一簡明區分的話，可作如下分類加以界說：

(一)宗教學──研究初民做為「信仰語言」的「神話」，以及殘留於現代宗教中之「神話」的象徵與意義。

(二)神話學──搜集做為初民「信仰經驗」的「神話」之原形及解釋。

(三)民俗學──記述現代人社會尚在流傳的古人信仰、習俗、與技藝。

這樣的區分可以使人明瞭「神話學」不同於「宗教學」或「神學」(Theology)，因為神話科學的對象，是初民(或古人)對自然事物之本質及來源的想像與思索出來的東西。事實上「神話」故事也即他們的宗教信仰之一部分。為此神話學者史班斯(Lewis Spence)稱「神話」為『化石』(fossil)，以「民俗」為『遺形』(survival)，是有其道理的。明顯地，「神話學」與「民俗學」能為「宗教學」提供研究的資料，而豐富了「宗教學」探究的範圍。以基督教觀點而言，上述的學門所從事的努力，可為基督教神學預備道路。尤其是本色神化學之建立，更不能忽視「神話學」的研究。

二、「神話」的定義

任何一種學術均需要界定研究對象的意義，這就是「定義」的用意。然而定義只是一種「作業上的假設」(operational hypothesis)，目的是使其研究的學門之內容「名正言順」，使人清楚研究的對象為何。然而「定義」是主觀的東西，學者的立場見仁見智。在此引述幾個「神話」的定義如下：

(一)繆勒(F. Max Muller,1823～1900)

這位十九世紀「宗教學」的開山始祖，也是「語言學」與「比較神話學」之大家。他給「神話」所下的定義

是：『神話來自「語言的疾病」』(disease of languages)。

(二)史班斯(Lewis Spence,1874～1955)

這位神話學家給「神話」所下的定義是：

『神話是敘述神靈或超自然物的事跡。所有敘述均用原始思想方式講述人類與大自然的關係，其主要內容具有一種宗教價值。』(見Lewis Spence，《An Introduction to Mythology》,London，1921，pp.11～12。)

(三)伊利亞德(Mircea Eliade,1907～1986)

這位現代有名的宗教學者定義「神話」爲：『神話敘述著一種神聖歷史(sacred history)，那就是在太初的神聖時間中(in illo tempore)所發生某些超自然的啟示。』(see：Mircea Eliade，《Myths,Dreams, and Mysteries》，New York,1957，p.23。)也就是說，神話以「聖顯」(hierophany)的方式說明神聖史之實有(reality)。

(四)夏普(Eric J. Sharpe, 1933～2000)

這位英國宗教學者給神話所下的定義爲：『神話是一種採取敘述的想像類型，尋求表現有關人類、世界、與神靈的信仰形式(imaginative form)。』(see：Eric Sharpe，《50 Key Words：Comparative Religion》, John Knox Press,1971，p.43。)

(五)茅盾(沈雁冰，1896~1981)

這位中國神話學家給「神話」所下的定義是：『神話是流行於上古時代的民間故事，所敘述的內容是超乎人類能力以上的諸神行事。』(見：茅盾編著，《神話雜論》，上海：世界書局，民國18年，"中國神話研究"段，頁1。)

以上僅取五例做為「神話」定義的界說。雖然各家說法不同，但可以把它們歸納起來說明「神話」的意義。即：「神話」是"語言的訛傳"、"敘述神靈與超自然事物的故事"，"一種神聖史與超自然的啟示"，"一種信仰想像形式的文學"，又可說是"上古時代的民間故事"。

關於「神話」(myths)、「民間故事」(folktales)與「傳說」(legends)的關係，在這裡也必須有個分野的說明。神話學者戈姆(G.L. Gomme)對於三者的關係曾經有所界說：『「神話」(myth)是說明屬於人類思想最原始階段對自然現象或人間行為的敘述。「民間故事」(folktales)則較前者更進一步，即保存於現階段文化環境中的故事遺形(survivals)。是取材於無名人物的生活經驗從而代代流傳，即以故事形式表現原始時代之事件與觀念。「傳說」(legend)是代代流傳於歷史上的人物、土地、與事件的各種流傳故事。』戈氏又說到「神話」為遺物、「民譚」(民間故事)是殘形、「傳說」是歷史，三者乃屬於文化的三個階段。學者史班斯對於三者關係，也另有一套說法：

1.「神話」—在原始思想之界線裡，說明神靈與超自
　　　　然存在者的行為表現。同時說明人類與
　　　　宇宙的關係、社會制度、風俗習慣等特
　　　　性，故具備宗教價值。
2.「民譚」—內容包含神話起源的故事，純粹反應當
　　　　代社會的生活事物，及富有美感的古代
　　　　事跡。
3.「傳說」—具有歷史背景，也可能有其實在的場所
　　　　與實在人物的傳述。

　　上述的區分更有助於分別三者的關係與不同的領域。
然而有時候三者也會混在一起，統統當做「神話學」
(Mythology)來加以處理。史班斯就做如是觀，因此史氏稱三
者為「傳統的科學」(science of tradition)。

　　史上可稽有關「神話研究」之歷史可說相當古老，至今已有二十六個世紀(2600年)之久。所以「神話」記述可說是古老學術之一。然而以科學方法來研究「神話」，使它成為一種專門學問之「神話學」(Mythology)者，則是近世的事情。尤其於十八世紀以後才見其實現。無論如何，古代「神話研究」的資料，實在可視為是一種「現代神話學」研究的啓蒙。

一、古代神話研究的發展

　　遠在公元前六世紀，希臘哲學家泰利斯(Thales,B.C 634～546)就對希臘神話做過批評。他認為希臘眾神不過是來自星座的神話而已。他的門人阿那其曼達(Anaximander,B.C.610—B.C.540)更進一步指出太陽與月亮不是神靈，而是兩個火球而已。並且算出太陽大於地球廿八倍。這等於糾正希臘人神話化占星術之錯誤。但直接給「希臘神話」做嚴格批判的學者，則是珍諾凡尼斯(Xenophanes, B. C. 570—475)。其對希臘神話主要批判有二：(一)希臘神話是自然現象之

擬人化(anthropomorphism)結果。(二)批評希臘神話中諸神的不道德(immorality)。他主張：偉大的神只有一位，其身心均不朽，而且無所不通、無所不思、無所不聞。又說，「神話」不過是古人的寓言。就如看天邊「彩虹」那麼美麗，就叫它做埃利斯(Iris)。然而它不過是一片彩色的雲罷了。這些主張使珍氏成爲「寓意說」(allegorical theory)神話理論的鼻祖。

古代希臘史家赫洛羅德斯(Herodotus, B .C. 484—425)，也多少提到埃及、巴比倫、與波斯等地的「宗教」與「神話」，並且認爲希臘神話可能受它們的影響。諸如他主張：希臘眾神的原型(prototypes)可能來自埃及，宙斯(Zeus)等於阿門(Amon)，阿波羅(Apollo)等於赫魯斯(Horus)，赫懷司多斯(Hephaistos)等於婆搭(Ptah)等等神話角色。

著名的希臘哲人柏拉圖(Plato,B.C. 427～347)就做過「神話」之研究，其作品就稱做《神話講論》(mythologia,"mythtelling")。柏氏認爲「神話」乃是古人一種哲學思索的表現，也被視爲哲學之原型。如此的「神話研究」觀點，也深刻影響他的門人亞里斯多德(Aristotle, B.C. 384～322)。

古代希臘最具影響力的「神話」學家，首推優黑梅魯斯(Euhemerus, B. C.330～260)。其代表作爲《神聖的獻詞》(Hiera anagraphe,"The Sacred Inscription")。書中言及他訪問印度洋中班加耶(Panchaia)地方的故事，並提及該地的丟斯神殿與諸神事跡。優氏對「神話」的見解走「歷史理論」

(historical theory)路線，就是看「神話」爲歷史的假托或變型，諸神不過是人間英雄的昇華。古代英雄因爲經過後代人間的想像，逐漸將他們的行止及姿態莊嚴化，以至加以"神格化"(deified)。質言之，希臘諸神不過是後世將古代英雄偉人神格化的結果。這類學說對後世的影響相當深遠，而由此出現了「英雄成神論」(Euhemerism)學說。後來優氏弟子勒克禮婁(Le Clero)與友紐斯(Eunius)將此一學說發揚光大，而影響到羅馬的西塞羅(Cicero)與基督教的初期教父(Church Fathers)。

拉丁作家西塞羅(Marcus T. Cicero,B. C.106～c.43)可說是一位在羅馬世界關心「神話研究」的學者。他的大作《諸神的本性》(De Natura Deorum)乙書顯然倡導「神話史實論」，因此可說是一種「英雄成神論」的延伸。稍後，希臘學人普魯搭克(Plutarch,A. D.46～120)的神話研究，開始建立一種"比較方法"。他除了應用希臘的神話資料外，也採用埃及與羅馬的神話爲研究對象。其典型作品爲《伊西絲與歐塞利斯》(De Iside et Osiride)，此書可說是一種早期「比較神話學」的佳作。

當「基督教」(Christianity)在羅馬帝國興起以後，希臘、羅馬、埃及、巴比倫的「古代神話」均被認爲"非道德"又"不合理"的東西。教父們也都採用「英雄成神論」見解，看那些古代留下來的「神話」爲迷信文學。有些開明的教父尚能欣賞「神話」的文學價值，但都加以寓言的註釋，使「神話」寓意化。第四世紀教父奧古斯丁(St. Aurelius

Augustine,A.D.354～430)，就是其中之一。他採用優氏學說(Euhemerism)來修飾了希臘與羅馬的神話，其著名作品《上帝之城》(De Civitate Dei)便反映此一寓意解釋方法。

中世紀時代，不論基督教學界或伊斯蘭教學界，均出現不少關於宗教探究的記述。諸如前往英國的基督教宣教師奧古斯丁(Augustine of Canterbury)，就有介紹「猶太教」與「伊斯蘭教」的記載。又如「伊斯蘭教」學者塔巴利(Tabari, A.D.838～923)介紹「波斯教」，馬司蒂(Masudi, A. D. 956)介紹「猶太教」，阿柏魯尼(Alberuni, A. D. 973～c.1050)介紹「印度教」與「波斯教」。但是那時尚沒有出現值得注意的「神話研究」之重要作品。原來中世紀時代的西方人，往往認爲古代諸神(男神與女神)均是出自惡魔的作品。各地民間信仰也是一種異教徒的偶像崇拜，是十足迷信行徑。至少，「基督教」與「伊斯蘭教」的出現，才叫這些男女眾神退到了地獄裡去。如此論調因被基督教與伊斯蘭教的宗教領袖所支持，因此於當時無法促進「神話學」的研究。儘管如此，十三世紀後半也曾經出現了類似「神話」的敘事詩：「坦侯瑟」(Tannhaüser)。內容係描述坦侯瑟的流浪生涯及冒險。他最後雖然努力進入天界，但被教皇烏班(Pope Urban)所拒絕，因他和異教愛神維納斯(Venus)親近的緣故。後來坦氏又回到維納斯的懷抱而終其一生。這個故事充分影射中世紀的宗教領袖對異教徒與異教神靈的排拒，難怪「神話」之研究無法發達。這種情形，要等到「文藝復興」(Renaissance)時期才解凍。其時古典文學的研

究再度復興，埃及、巴比倫、希臘、羅馬的眾神又在文學家、哲學家、藝術家的領域裡活潑起來，「神話學」的研究從此有了一線生機。

文藝復興時代最有名的「神話」研究者，就是《十日談》(Decameron,1353)的作家薄伽丘(Giovanni Boccaccio,A. D. 1313～1375)。其神話作品：《異邦諸神宗譜》(De genealogis deorum gentilium,1375)，為這個時代中最傑出的作品。薄氏之書作於1375年卻無法出版，但在1532年才出第一版。其特色是對希臘、羅馬的「神話」有相當精闢的比較研究，因而樹立「古典神話研究」之榜樣。薄氏的另一貢獻是將荷馬(Homer,B.C.880-850？)的神話作品《伊利亞德》(Iliad)與《奧得賽》(Odyssey)自希臘文翻譯成拉丁文，故對後代西方神話學的研究影響甚大。

二、近代神話學的發展

儘管從十七世紀至十八世紀上半描述希臘、羅馬神話的書已漸次出現，然而缺乏批判與研究精神。真正嚴格以科學方法來處理「神話學」的著作，要等到十八世紀末才陸續出現。

(一)現代神話學研究之先驅

十八世紀有一群學者採取科學方法從事於「宗教」與「神話」的研究。而頗有成就者，有下列幾個人：

1. 拉費妥(Fr. Joseph Francois Lafitau, 1681～1746)─這位天主教神父學者於1724年出版了《Moeurs des sauvages Ameriguains compares aux moeurs des premiers temps》(1724年)乙書。書中提出了希臘神話裡的野蠻因素，也可以在北美印第安人族群裡發現其殘形的理論。

2. 布羅塞(Charles de Brosses, 1709～1777)─他在1760年出版《物神崇拜》(Du culte des dieux fétiches)乙書。書中述及古代埃及宗教中的動物崇拜與物神崇拜等特徵，尚殘存於非洲黑人的原始宗教裡面。尤其侍奉「物神」(fétiches)之特徵更為明顯，並與當地土著族群的「神話」結聯。他因此而發明了「物神崇拜」"fetishism"乙詞。

3. 布里揚(Bryant)─這位學者努力在《新舊約聖經》中找出「神話」資料，而於1774年出版了《古代神話分析新系統》(A New System on an Analysis of Ancient Mythology)乙書。

4. 謝林(Friedrich W.J. von Schelling,1775～1854)─他在《神話哲學》(Philosophie der Mythologie,1857)一書中，述及國家的發展與「神話」構成之間是有密切關係的。

5. 克洛則(Georg F. Creuzer, 1771～1858)─他在其巨著《古人的神話與象徵》(Symbolik und Mythologie der alten Volker,4 vols.1810～1812)這部書中，指出「神話」是祭司們的學園，其象徵形式即來自代代傳承。此一

神祕智慧自東方來到希臘、羅馬，從而變成「神話」。故「神話」實在包含了寓言形式或象徵形式的古代智慧。

6. 米勒(Carl Otfried Müller, 1797～1840)——這位學者主張「神話」的解釋要從其起源的問題著手，同時強調：古代神話原型，與以往詩人、哲學家所牽強附會的神話解釋是有其差異的。因此神話學家的努力，就是將原來的神話資料還原。後人從他的作品：《科學的神話學序論》(Prolegomena zu einer wissenschaftlichen Mythologie, 1825)乙書中，可以發現他上述之主張。這一最早時期將科學方法來研究神話的嘗試，實在值得讚賞。因為他為後代「神話學」的研究預備了道路。

(二)早期的神話學派

從十九世紀至本世紀上半，可以說是「神話學」走向專門而獨立學問的時期，因此成就最大。關於早期的「神話學派」可以粗略的分類為三：語言學派、人類學派、與心理學派。

1.語言學派(Philological School)

近世樹立「神話學」地位者，此派的貢獻最大。因為此派從事語言的比較研究，而成功地發展了「比較神話學」之學門。

(1)繆勒

　　繆勒是此派的開山祖師，也是「神話學」領域的指導者。繆氏於23歲時自德國來到英國倫敦從事印歐語言(Indo-European linguistics)的研究，因而精通印度梵文(Sanskrit)及希臘文(Greek)，在英國學術界頗具地位。他從「比較語言學」的研究逐漸走向「神話學」的領域，從而發現「神話系統」為人類思想的一種形式，「語言」就是「神話」的傳達者。對他而言，「神話」為一種「語言的疾病」(a disease of language)，是宗教人以訛傳訛再加上他們的想像力之結果。其「神話學」的代表作為：《比較神話學》(Comparative Mythology,1856)，兩卷《語言、神話、與宗教論文選輯》(Selected Essays on Language、Mythology,and Religion, 2 vols, 1881)，與《神話科學的貢獻》(Contribution to the Science of Mythology, 2vols, 1897)等書。

　　值得留意的即：繆勒並非應用「比較語言學」方法於神話研究的第一位學者。在他以前，就有赫爾曼(Gottfried Jacob Hermann, 1772～1848)與波柏(Franz Bopp,1791～1867)兩氏做過類似之努力。赫氏努力以希臘語源去解釋「神話」，雖然沒有預期效果，但在「比較語言學」的神話研究上面置下了基礎。波氏偕其同道從事印度日耳曼(Indo-Germanic)語言之研究，用它來解釋「神話」的現象，並做成比較。諸如希臘文"Zeus"神名，可以和梵文、拉丁文、及條頓文做成下列的比較公式：

希臘文	梵文	拉丁文	條頓語
Zeus Pater	→Diaus Pitar	→ Jupiter	→ Tyr

由以上的比較，可見文字略異，但語源均同。至少這類「比較語言學」的研究啓蒙了「比較神話學」的研究，繆勒受其影響乃是意料中事。

(2)語言學派的三大分歧

採取「比較語言學」研究神話的結果，雖然在十九世紀後半盛極一時，可是難免有各種爭論。由於見解不同，終於出現了三大流派，即：太陽神話學派，太陰神話學派、與氣象學派。

太陽神話學派(Solar-myths School)

這個學派又叫做「自然神話學派」(Nature-myths School)，由繆勒開創，係以「太陽神話論」來闡述神話、民譚、與傳說。祖述此派的「方法論」再將它發揚光大的學者爲柯克斯(Rev. George W. Cox, 1827～1902)這位聖公會牧師。柯氏廣集世界各地的「神話」與「傳說」，因而發現「太陽神話」的普遍性。他循著繆勒路線建立「太陽神話解釋法」(solar mythological interpretation)。此一神話科學研究法之嘗試，對於神話研究的確有莫大的貢獻。柯氏代表作有：《神話學手冊》(Manual of Mythology, 1867)、《阿利安族的神話》(The Mythology of the Aryan Nations.1870)、及《比較

神話與民俗科學導論》(Introduction to the Science of Comparative Mythology and Folklore, 1881)等書。

太陰神話學派(Lunar-myths School)

此派又叫做「星辰神話學派」(Astral-myths School)，西克(Ernst Siecke)爲這個新運動的創始人。他不僅修整舊神話學派(自然神話學派)的觀念，在內容與方法上遠較前派進步。西氏主張天空兩個大天體：「日」與「月」是古代神話的靈感來源，其中尤其是每月變形的「月亮」更是。在方法上，西氏主張按「神話」本身的實在意義來解釋，不必依寓意去處理。因爲「古代神話」係古人對於周圍自然界變幻萬千現象的一種幼稚而天眞的判斷與反應。他們又多留意「月亮」體積變形的運動，故出現較多的「月亮神話」。西氏的代表作有：《天的戀愛史》(Liebesgeschichte des Himmels, 1892)，《神話學書信》(Mythologische Beriefe, 1901)，《月神與龍神》(Hermes der Mondgott, 1908)，《神的屬性與象徵》(Gotterattribute und Sogenannte Symbole, 1909)與《植物神》(Der Vegetationsgott, 1914)等書。走西氏學派路線最有名的學者有雷慈曼(Heinrich Leszmann, 1873～1916)，其代表作有：《比較神話學的範圍與目的》(Aufgaben und Ziele der vergleichenden Mythenforschung, 1908)。在台灣的此派學者有台灣大學教授杜而未。其作品有：《中國古代宗教系統》(民國49年)、《山海經神話系統》(民國50年)、《易經原義的發明》(民國50年)等書。

氣象神話學派(Meteorological-myths School)

　　此派自稱爲「汎巴比倫主義」(Pan-Babylonianism)，係由與繆勒同時代的學者昆恩(Franz F.A Kuhn, 1812～1881)及達麥斯德(Darmestetar, 1849～1894)所創立。昆氏主張古代「神話」中的眾神，係由：日、月、星辰、雷電、風雨等自然現象之人格化(personification)者。他又注意到古代「神話」裡雷電與暴風的主題很多。其人格化結果，就是龍神與魔神的曉爭，善神如何設法救出被禁閉在天岩戶裡公主的故事。當大神出現時，被雷電遮蔽的日光重現，雲霧被拂掃消散，如此構成了美麗的「神話」故事。這等於是說，古代「神話」內容幾乎是以天空的氣象爲主題的，也與天體的運行關係密切。故「占星術」與「天文學」混在一起，從而構成了古人的宇宙觀。昆氏的代表作是：《關於火的起源與諸神的飲食》(Ueber die Herabkunft des Feuers und des Göttertranks, 1859)，其思想論點並影響到繆勒。關於此派的追隨者有文開勒(Hugo Winckler, 1863～1913)，其代表作有《古巴比倫的世界觀》(Die altbabylonische Weltanschauung, 1901)。傑利米亞(Alfred Jeromias, 1864～1935)，其代表作有《汎巴比倫論者》(Die Panbabylonisten, 1907)。以及斯圖肯(E. Stucken)，其代表作有《星辰神話》(Astaalmythen, 1901～07)。他們的學說在當代頗具影響力。

2.人類學派(Anthropological School)

　　「神話學」的發展雖然始自「語言學」的比較研究，但後起的「人類學」也佔有重要的地位。只是人類學派立場與語言學派對立，前者以「進化論」方法來處理神話問題。人類學派的神話學者之特色，就是看古代「神話」為原始宗教的內容，初民信仰的殘形。也就是說，現代宗教中的神話要素，乃承傳自初民的遺產或殘遺物。因此以現代流傳的神話來比較蠻人傳述的神話，就可以解開神話之意義。如果進一步的比較各文化中的同類神話，則其原始性質也可與現代人的知識溝通。古代「神話」的價值，就是用「原始的表現」(primitive expression)來「反映」(reflection)歷史，故有其莊重的一面。下面十幾位人類學家，均是以人類學方法來闡述神話的人。

(1)泰勒(Edward Bernett Tylor, 1832〜1917)

　　應用人類學方法研究「神話學」者，誠以泰勒為第一人。因為他奠定了這個領域的基礎。泰氏於《原始文化》(Primitive Culture,2vols., 1871)這部古典巨著的「神話發展」這部份，提及「神話」的搜集與比較研究的重要性。他指出將蒐集來的同類「神話」做一比較，可以發現「神話」創作有其想像的組織過程。故「神話」的科學解釋，必須應用比較方法。除了《原始文化》乙書(二卷)外，泰氏研究「神話學」之代表作尚有：《人類早期歷史研究及文明發

展》(Researches into the Early History of Mankind and the Development of Civilization, 1865)與《人類學》(Anthropology, 1881)等書。

(2)斯賓塞(Herbert Spencer,1820～1903)

斯氏對於「神話」起源的研究特別關心，其理論發表在他的《社會學原理》(The Principles of Sociology, 3vols, 1876～1885)這部巨著中。他觀察出來古人將自然現象擬人化的過程，是處於一種「誤認」(misconception)的心理狀態，而「語言」是誤認的主要原因。為什麼呢？因為初民命名時，用語言叫出來那個「名字」是被相信具有「生命力」(vital force)的。而他們又喜歡將太陽、月亮、曙光、黑雲、暴風等自然現象當做名字來為子女命名。無意中，名字本身即是「人格」(person)。此一互相認同的結果，自然就產生了「神話」。故斯氏的「神話學」理論可以叫做「語言誤認說」(theory of misconception of language)。然其理論基礎並非語言學，而是人類學。

(3)史密斯(William Robertson Smith, 1846～1894)

他的「神話學」觀點見諸於《閃族宗教演講集》(Lectures on the Religion of the Semites,1889)這部巨著中。究其理論是：「神話」源自古代宗教信仰的教義。例如諸神的故事之形式，乃是祭祀起源或教訓之說明。《舊約聖經》中挪亞的獻祭，亞伯拉罕的蒙召，摩西的《十誡》均可以為例。「神話」與信仰神靈是不同的，因為神話不負宗教義

務，又非神的恩寵，它只是教義之一種說明。「神話」中諸神行動的故事，可視之為宗教的要素。就如沒有耶穌基督(Jesus Christ)的故事，「基督教」就無法成立。沒有先知穆罕默德(Mohammed)的故事，「伊斯蘭教」也不能成立一樣。

(4)朗格(Andrew Lang, 1844～1912)

這位人類學家是批評繆勒學說最力的人。其「神話學」的著述有：《習慣與神話》(Custom and Myth, 1885)，《神話、儀式、與宗教》(Myth, Ritual and Religion, 2 vols)，《現代神話學》(Modern Mythology, 1897)，與《宗教的創作》(The Making of Religion, 1898)等書。朗氏力主「神話學」的研究要立足於「人類學」才能穩固，而不是「語言學」，所以與繆勒學說有顯著的對立。「神話」與「宗教」有別，但「神話」在維護「宗教」的存在。研究「神話」不能忽略「民俗學」與「考古學」，因它們有助於「神話」起源之解釋。值得留意的即是他對於泰勒的精靈論神話學說並不贊同。

(5)弗雷澤(James George Frazer, 1854～1941)

在「人類學」的領域中，弗雷澤對「神話」的貢獻甚大。這點可以從其十二卷巨著：《金枝》(The Golden Bough, 12 vols., 1890～1915)這部作品中看出來。按《金枝》這部書是巫術儀式行為與宗教關係的比較研究，其中搜集豐富的

「神話」資料。內容分七部分：第一部、論巫術與聖王的進化(二卷)。第二部、論禁忌與靈魂的險境(一卷)。第三部、論已逝去的神(一卷)。第四部、論"Adonis"、"Attis"、與"Osiris"諸神(二卷)。第五部、論穀物與野生植物的精靈(二卷)。第六部、論代罪羔羊(一卷)。第七部、論美神Balder：歐洲的火神祭與外在靈魂教義(兩卷)。最後一卷即參考書目與索引。這部書以外，弗氏尚有眾多作品，諸如《圖騰制與外婚制》(Totemism and Exogamy, 4 vols, 1910)，《亡靈崇拜與靈魂不滅之信仰》(The Belief in Immortality and the Worship of the Dead, 2 vols., 1913～1924)，《自然崇拜》(The Worship of Nature, 1926)，《火起源的神話》(Myths of the Origin of Fire, 1930)，與《後記：一個金枝的補充》(Aftermath, A supplement to the Golden Bough, 1936)等，眞是不勝枚舉。弗氏的貢獻不但是「神話」文獻方面，他還提出「神話」源於巫術行爲與宗教儀式的說法。「神話」在他看來，正是「宗教」的重要部份。

(6)吉封斯(Frank Byron Jevons, 1858～1936)

這位英國國教的神學家與人類學家，係史密斯的門人。他不但發揚其師的「神話學」理論，同時也祖述朗格的主張。那就是：「神話」源自圖騰祭祀與教義，是原始的哲學與科學，也是文學的來源。「神話」在說明「宗教」，但不能取代「宗教」的地位(「神話」非「宗教」說)。「神話」是故事，而非歷史，是有關諸神與英雄的敘述。

其兩種性格是：(一)虛假而不合理。(二)古人卻信其為無須證明的實在(reality)。吉氏的代表作有：《宗教史導論》(An Introduction to the History of Religion, 1896)，《進化中的宗教》(Religion in Evolution, 1906)，《諸宗教中的神觀》(The Idea of God in Religion, 1910)等書。

(7)馬累特(Robert R. Marett, 1866～1943)

這位牛津人類學家係泰勒的門人。其主張卻與其師相反，即認為「宗教」非源於「精靈信仰」，而是源於一種非人格的力量(dynamism)，即所謂「瑪那」(mana)者，或謂「生力論」。馬氏最著名的作品：《宗教的入門》(The Threshold of Religion, 1909)就做此主張。學界又因此用「前精靈論」(pre-animism)來稱呼他的學說。就馬氏對「神話學」的貢獻來說，其學說的確在神話學界又樹立了另一個新天地。對馬氏而言，「神話」來自一種非人格的神聖力量之啓發，是初民對此一超自然力量的想像與解釋。初民的心智(mind)是「怪異的」(uncanny)，「神話」就是由此種怪異心智而出。無論如何，馬氏的學說在當時頗具影響力，並為學界討論的主題。

(8)涂爾幹(Emile Durkheim, 1858～1917)

這位法國籍的猶太人學者，是一位社會人類學家。早年受溫特的影響甚深(研究民族心理學)。後來研究澳洲中部原始部落的宗教，因而發展他的宗教起源學說─「圖騰

論」。涂氏著作甚多，其中被視為經典作品者，就是《宗教生活的基本形式》(Les formes elementailes de la vie religieuse, 1912)這部作品。涂氏思想有些與馬累特十分相似，就如以「圖騰信仰」是一種「非人格的力量」。它所崇拜的「聖力」雖是一種物體或記號，但卻相等於「神靈」(一位非人格的神)。此一「聖力」或「神靈」既無歷史也無名字，但散佈於物體記號中，並永存於世界裡。因此「圖騰」相等於「瑪那」。至於「神話」的出現，就是對「聖力」、「神靈」、「圖騰」之說明，是古代社會集體心智(group mind)的產品。

(9)哈特蘭(Edwin Sidney Hartland, 1848～1927)

這位英國學者對「神話」資料有相當廣泛的搜集與整理，而後再探討它們的起源、分歧、與一致性的問題。主要作品有：《神仙故事的科學》(The Science of Fairy Tales, 1891)，《神話學與民間傳說：它們的關係與解釋》(Mythology and Folktales：their relation and interpretation,1900)，與《儀式與信仰》(Ritual and Belief,1914)等書。哈氏主張「神話」源自「敬畏」(fear)與「驚奇」(wonderful)的心態，也是古人對自然現象所表現的「力量」之說明。

(10)戈姆(G.L.Gomme, 1853～1916)

這位歷史主義的學者專門於「民俗學」(folklore)的研究，著有：《做為歷史科學的民俗學》(Folklore as an

Historical Science, 1908)乙書，精闢討論歷史與習俗、神話、
民譚的關係。

(11)史密斯(Grafton Elliot Smith, 1871～1937)

他是近東神話學與巴比倫占星術的傑出研究者。其代
表作：《龍的進化》(The Evolution of the Dragon,1919)與：《象
群與民族學者》(Elephants and Ethnologists)這兩部作品，對於
「神話」與「民俗」之研究有莫大的貢獻。

(12)貝利(W.J. Perry, 1887～1949)

他同史氏一樣，同為文化人類學家。其「神話學」
貢獻見於下列幾部著作：《印度尼西亞的巨石文化》
(The Megalithic Culture of Indonesia, 1918)，《太陽的孩子》(The
Children of the Sun, 1923)，與《文化之成長》(The Growth of
Civilization, 1924)等書。

(13)邱吉華(Albert Churchward, 1852～1925)

他是一位祖述克洛則(G.F.Creuzer)學說的學者，開拓
了「神話」之象徵論(symbolism)的「新神話學」領域。
著名的代表作有：《宗教的起源與進化》(The Origin and
Evolution of Religion, 1924)與：《原人的記號與象徵》(Signs and
Symbolism of Primitive People, 1910)等名著。

(14)雷那克(Salomon Reinach, 1858～1932)

這位法國考古人類學家是史密斯(W.R.Smith)學說的擁護者，因此認為「神話」來自「圖騰崇拜」(totemism)儀式。其代表作有：《崇拜禮儀、神話與宗教》(Cultes,Mythes et Religions,3 vols,1905)與：《歐否斯：宗教通史》(Orpheus, Histoire generale des religions,1909)等書。

上述十四位學者只能算是人類學派的典型代表而已。其他尚有一些對於近代「神話學」相當貢獻的學者，諸如荷蘭學者帝烈、馬林諾斯基、波阿斯(Frani Boas,1858～1942)與拉登(Paul Radin)等人。他們的作品均不可忽略，也值得學界留意。

3.心理學派(Psychological School)

明顯地，「神話學」的研究與發展，心理學家也佔有一席之地位。心理學派的神話研究首重「原始社群心態」與「神話起源」的問題，這是心理學派之特色。其典型的代表人物有：李維布魯、佛洛依德、與榮格這三人。

(1)李維布魯(Lucien Levy-Bruhl, 1857～1939)

到底「宗教」與「神話」是如何發生的呢？對於這個質問，李氏的解釋是出於初民「前邏輯心智」(prelogical mind)的宗教因果觀，與集團性情緒所引起的結果。根據李氏說法，初民心靈歷程的起步是"非邏輯"又是"非因果"(無科學因果)的，也即沒有所謂「概念」(idea)的東西。也就是

既沒有「前提」，也沒有由「推理」到「結論」的那種科學因果觀念。其時操縱初民精神生活者，即部落社會之「集團性」，尤其是與圖騰團體有關的情緒激發。他們不懂什麼是矛盾性原則，對自己的特殊個性也沒有感覺，只知道自己與圖騰社團是一體而不可分開的。為此，「神話」就是在這種「前邏輯心智」(prelogical mind)與「集團意識」(group consciousness)中出現的產物，而「宗教」同樣由這樣的思考方式而出。質言之，初民將一切周遭的事物、成敗、疾病等，均歸給神祕而超自然的來源，這是沒有科學因果觀念的「前邏輯心態」(prelogical mentality)之結果。李氏的論說見諸於下列三部作品：《低級社會心靈的功能》(Les functions mentrales dans les sociétiés inférieures,1910)，《初民的心態》(Lamentalité primitive,1923)，與《初民的靈魂》(Lâme primitive,1927)。到底初民的心理狀態真的是如此嗎?許多學者持反對的意見，因他們認為初民也有「因果觀」，只是他們的因果觀念是「宗教的」(religious)，而不是「科學的」(scientifical)。但其「前邏輯心態」(prelogical mentality)及「集體意識」(collective consciousness)的說法，則可以接納。

(2)佛洛依德(Sigmund Freud, 1856～1939)

這位「精神分析學」(Psychological analysis)的開山祖師雖然不是神話學家，但其理論卻影響「神話學」的研究。1915年佛氏出版了：《圖騰與禁忌》(Totem and Taboo)這部有關心理分析之宗教理論的著作，其中提出了「戀母情

結」(Oedipus complex)的「圖騰祭祀起源說」。佛氏的理論假設是：希臘悲劇神話中的提比斯(Thebes)英雄(也是國王)奧底帕斯(Oedipus)，其無意中殺父妻母的亂倫之「情意癥結」(complex)，正是「圖騰崇拜」與「社會組織」的原始類型。也就是說，「神話觀念」的形式不在於文化史，是在於這種複雜的「戀母情意癥結」(Oedipus complex)的意識發洩。但他所用的佐證，卻是文化史與人類學的資料。人類因這種「戀母情結」之「意識壓抑」，其罪惡感之投射及願望能夠實現的象徵表現，往往出現於「神話」與「夢境」之中。而後以"獻祭"(殺害圖騰動物的犧牲)儀式來加以呈現，藉以贖罪。由此可以輕易地發現，佛氏的理論過份倚重「圖騰崇拜」資料，因其先假定它為宗教的開端，然後才用「戀母情結」套入說明，為此委實過於武斷。「神話」與人類的「情意癥結」可能有所關聯，但不能說所有的「神話」均出自這種「病態意識」。

(3)榮格(Carl Gustav Jung, 1875～1961)

他是佛洛依德的弟子，為「分析心理學」(analytical psychology)的鼻祖，其理論對「神話學」的貢獻最大。榮氏對於「神話」理論的貢獻在於他所提出的「種族記憶」與「原始類型」(archetypes)。其假定是：人類內在深處都帶著遠古祖先累積的記憶遺傳。這類來自祖先的意識遺物，榮氏稱其為「集體的潛意識」(collective unconscious)。它的存在可以由一個事實得到了證明：分散於世界各地

的民族，均有同樣的「神話」、「象徵」、與「宗教儀
式」。此即他所謂的「種族記憶」。明顯的事實指出：
「神話」形成的因素，永遠出現於人類「潛意識」之境界
中。這些因素之表現可以叫做「母題」(motif)及「根本意
象」(primodial image)。自有人類以來，這些心理上的「原始
類型」(archetypes)就已產生。直到現在仍然是人類心靈的
基本架構。因此在任何種族的「集體潛意識」中，均貯存
著人類往昔的經驗與「神話」象徵記號。當我們和這些
「象徵記號」和諧相處又懂得欣賞它時，吾人的生命才能
夠充實。「神話」與「象徵」的價值，在於它們是活生生
的瞭解人類之鎖匙。榮氏又說，「神話」是潛意識付諸
意識心智狀態所表現的媒體。「神話」的原始類型往往
於個人的夢想有所顯示，因此做「夢」是「個人化的神
話」。也可以說，「神話」是「集體潛意識的夢」。無
論如何，這種心智結構的「集體潛意識」(如同人類「基因」
一樣是來自遺傳的)分析，實在可以補充語言學派與人類學派
的「神話學」理論。榮氏的代表作有：《一個現代人的神
話》(Ein moderner Mythos,1958)，《心理學與宗教：東方和西
方》(Psychology and Religion：West and East, 1958)，《心理學與
象徵》(Psychology and Symbol, 1958)，《原始類型與集體潛意
識》(The Archetypes and the Collective Unconscious, 1959)等書。無
論如何，榮格的學說對於「神話學」的研究有相當大的貢
獻，因為他提供了一種「深度心理學」(depth psychology)的
方法論，來解釋「神話」與其各種「象徵記號」。

(三)現代神話學的發展及其貢獻者

　　由於早期神話學諸學派在這個園地留下了許多「方法論」與資料方面的貢獻，現代學者繼往開來創造了一個新境界，使「神話學」的園地於往後日子更能夠發揚光大。至於前期學者的貢獻倘若將其歸納起來，可見之於下列各要點：

(1)「神話」是人類思想的一種形式，也是由他們想像力而出的一種「語言的訛傳」。

(2)「神話」是歷史的原始表現，它指出一種觀念的價值，而非事實之史料。質言之，「神話」的表現方式是一種人類對「究極實有」(ultimate reality)的嚮往。

(3)「神話」是人類的「信仰語言」，它本異於科學的語言。其主要功能是「象徵」，尤其是用象徵記號來維護宗教與儀式這點。

(4)「神話」是人類對自然界一種「敬畏」與「驚奇」的心態的說明，也可說是古人經驗自然現象偉大力量訴諸於語言傳說的具體表露。

(5)「神話」是古人的「集體潛意識」與「前邏輯心理」的產物，也是宗教因果觀念的一種發明。

(6)「神話」是人類複雜的「情意癥結」之發洩，與人類的病態意識有關。

(7)「神話」是一種人類「集體潛意識」的「夢想流

露」，其架構與人類心智的「原始類型」(archtypes)有關，也可說是它的「殘形」(Servivals)，因此具重要的象徵價值。

以上七個論點雖然留有批判的餘地，但是大體上已經指出「神話」的功能與其象徵價值，此係無可否定的事實。

關於當代「神話學」的研究，在英語世界著作最豐富的學者首推甘倍爾(Joseph Campbell, 1904～1987)這個人。甘氏為美國人，早年在美國哥倫比亞大學(Columbia University)攻讀文學，是一位教育家與神話學家。曾經留學法國「巴黎大學」與德國「慕尼黑大學」。這位美國學者認為「神話學」的研究可以挽救藝術與文學，對現代人的生活也有所助益。他的主要作品有：《千面英雄》(The Hero with a thonsands Faces, 1949)與《神的面具》(Masks of God,3 vols., 1962～64)等書，並且影響甚大。其中《神的面具》這部書共分為：《原人神話》(The Masks of God;Primitive Mythology)，《東方神話》(The Masks of God：Oriental Mythology)，以及《西方神話》(The Masks of God：The Occidental Mythology)三部份，均獨立出版為書。其他值得留意的神話學者尚有：吉歐克(G.S.Kirk)，其代表作為：《神話》(Myth,1970)乙書。克萊瑪(Samuel N. Kraemer)，他編著：《古代世界的神話》(Mythologies of the Ancient World,1961)乙書。與史柏樓(Barbara C. Sproul)，她作有《原始神話：世界的創造》(Primal Myths：Creating the World,1979)乙書。

「神話學」的研究不能沒有"理論"加以支持。當代有關「神話學」理論最具貢獻的學者，有下列四位爲代表，即文化哲學家卡西拉(Ernst Cassirer)、社會人類學家馬林諾斯基、文化人類學家李維史陀、與宗教學家伊利亞德等人。現將他們的理論與貢獻簡要介紹如下：

1.卡西拉(Ernst Cassirer, 1874～1945)

　　這位文化現象學家的「神話」理論，顯然受到謝林(FriedrichW.J.von Schelling)的影響。因謝氏爲史上第一個能從神話現象本身去還原神話價值的學者。他放棄「神話」的寓意解釋(allegorical interpretation)觀點，而以一種「神話」的自身解釋(tautological interpretation)來取代。爲的是「神話」乃是人類精神生活的獨立型態，故必須由內在感受去瞭解。卡西拉採取謝氏的觀點，但更進一步以批判的現象學觀點來窮溯神話之淵源。在這方面，卡西拉又步繆勒之後塵，從原始語言現象入門。因「神話」構成有關語彙的「性」(gender)，具有「一語多義」(polynymy)、「多語一義」(synonymy)、與詩的「隱喻」(metaphor)特質。就如希臘神話中有洪水之後石頭變人的神話，乃因「石」與「人」的發音聽起來有些類似之故。語言本爲達意，在語意功能失調時，就會產生「神話」。因此卡氏認爲神話與語言係人類最早的「象徵形式」，是人類直覺感知的原始意象。卡氏以神話世界的兩個根本假定是：「生命的血緣性」(consanguinity of Life)與「整體交感性」(sympathy of the whole)。

因為「神話世界」乃是一個整體交感與血緣息息相關的世界，是一種原始符號形式。質言之，「神話世界」的根本性質是一個末做分化的整體，因為整體生命不但支配著生者，也同樣支配著死者。因此「神話思想」的理解不能以科學結構的世界觀去瞭解。總之，「神話思想」正是一種符號形式的哲學。「神話」的功能是一種「思想形式」、「直覺形式」、「生命形式」、與「辯證意識」的表現。當語言之種種偉大的象徵形式成熟時，「邏輯」(logic)於是誕生。卡氏的理論之主要作品有：《語言與神話》(Langunage and Myth, 1946 in English)，《象徵形式的哲學》(The Philosophy of Symbolic Forms, 3vols,.1953～1957)與《知識的難題》(The Problem of Knowledge, 1950 in English)等書。他的理論之傳承者為其高足蘭格(Susanne K.Langer, 1895～1985)，她同樣從事於「神話模式」(mythological Mode)的研究。

2.馬林諾斯基(Bronislaw Kaspar Malinowaski, 1884～1942)

被奉為人類學功能論學派(functional school)開山祖師的馬林諾斯基，他的「神話」理論係來自研究美拉尼西亞文化(Melanesian culture)，及對於澳洲土著民族田野工作(fieldworks)而來的結果。馬氏看「神話」是一種影響人類社會生活的神聖傳統(sacred tradition)，同時也控制著人的道德行為，因此「神話」具有社會功能。他反對自然神話學派的「神話」解釋，以為「神話」係來自「月亮」(Ehrenreich、Siecke、與Winckler見解)、「太陽」(Frobenius看法)、或「氣象」

(Max Müller、Kuhn主張)等說法,也不認爲「神話」是古人的純藝術或科學,所包含的象徵意義也不多。「神話」在古人生活中亦非空想與虛構的言談,而是他們實際生活之重要文化力量。「神話」是文化成就之一,而不是一種編年史實。「神話」不過是部落社會的神聖知識,是協助初民生活強而有力的工具。「神話」對原始文化的貢獻,乃是透過宗教儀式、道德力量、以及社會原則來完成的。

「神話」和「宗教」的關係密切,因爲「神話」存在於宗教儀式與社會道德之中,並且支配人類的信仰,控制人類的行爲。這麼說,流傳於原始社會的「神話」決非代代相傳的故事而已,乃是有它眞人眞事的原始眞貌。質言之,「神話」係曾經在遠古時代出現的活生生實體,往後也一直對世界和人類命運發生影響。因此初民心目中的「神話」,與現代基督徒所深信的《新舊約聖經》具同樣的地位。

「神話」又因流傳的年代久遠,於今日見之與原來的形式就大有出入。神話學家的使命是回到「原始神話」中探究其殘存部份,藉以瞭解往古習俗的生活秘密。研究這些殘存活著的「神話」之後,便可以洞察「神話」不是象徵的東西,而是生活的直接表現。「神話」單以科學興趣做解釋是不夠的,因它是古代事實的「故事式復活」。「神話」在原始文化中發揮強化信仰之作用、保護道德、證驗儀式、又具有規範社會行爲的功能。所以「神話」不是無稽之談,而是一股實際又積極的力量。馬氏代表作

有：《巫術、科學、與宗教》(Magic、Science and Religion, and Other Essays ,1925)、《性、文化、與神話》(Sex、Culture、and Myth,1962)等書。

3.李維史特勞斯(Claude Levi-Strauss,1908～2009)

　　這位生於比利時，卻長於法國的社會人類學家，爲人類學結構學派(structural school)創始人。其有關「神話學」的理論非但是人類學的，更是應用語言學與分析心理學方法。李氏以「神話」是一種神聖故事，其特質不在於它的虛假性。對於信仰它的人，「神話」是具有神聖眞實性(sacred reality)的。人往往以眞僞標準來區別「歷史」與「神話」，這點難免武斷。就如基督教經典從一個角度看是「歷史」，就另一個角度看是「神話」。要在兩者之間劃明界線，未免有些輕率。

　　同馬林諾斯基一樣，李氏的學術研究從澳洲土著與巴西部落民族的「無歷史社會」開始，因而逃避了「歷史」和「神話」關係的問題。李氏認爲「神話」並不存在於具有年代順序的時間中，它和「夢」與「神仙故事」有些共同之特徵。因爲在「神話」裡，人類能與神仙來往，與動物交談，又做常人所不能做的事。在此，李維史特勞斯留意到原始民族所呈現集體現象的「無意識」性質。他認爲現代人要探尋原始社會普遍邏輯的「形式」(mode)，則必須留意考察最原始人類的思考程序。而「神話」研究正是達到這一目的之途徑。

李氏認為人類具有一種內在而普遍的「非理性邏輯」，而「原始神話」就是這種「非理性邏輯」的自然表現。「神話」出現之當初，可說是一種與宗教儀式有關的口頭傳述，其故事本身經年累月用初民的語言保存下來。但經過學者一而再的分析過程，「神話」故事內容即脫離原來的宗教脈絡。李維史特勞斯則努力去保留「神話」的原始結構及其特徵，為的是要發現它那既原始又普遍、而非「理性邏輯」(及宗教邏輯)的特性。一般人在故事表面考察「神話」內容時，所得到的印象只是一種荒誕不經光怪陸離的題材，與事實之經驗頗有出入。李氏則要學者留意「神話」背後的「象徵」意義，一種用「符號」傳遞的訊息。這點與佛洛伊德及榮格的主張一樣，看「神話」是一種集體的「夢境」或「幻想」，其背後則隱藏著特殊的意義。這等於是說，「神話」乃是表達著與現實意識經驗不相符的「無意識願望」，諸如「神話」裡的死亡背後，則有「永生之門」，永生的概念也蘊涵滅亡概念等等。無論如何，「神話」的符號與訊息，要藉著結構分析的方法才能夠解開。有關李維史特勞斯的「神話學」著作有：《結構人類學》(Anthropologie structural, 1958)，《神話學》(Mythologigues, 4 vols, 1964～1972)四卷，及1955年發表於美國民俗學刊的〈神話結構研究〉("The Structural Study of Myth", Journal of American Folklore, vol. 68, No. 270)等，可供讀者參考。

4.伊利亞德(Mircea Eliade,1907～1986)

　　這位已故世界著名的宗教學家是羅馬尼亞人，1932年以「瑜珈」(yoga)的研究論文在印度獲得哲學博士(Ph, D)學位，旋即回到故鄉布加勒斯特執教。1957年以後應聘在美國芝加哥大學擔任「宗教學」教席，並擔任宗教研究所主任。許多學者認為伊氏的學術貢獻可以與榮格以及李維史特勞斯等量齊觀，而且又有過之。他的方法論除了受印度宗教及其哲學思想的影響外，也來自鄂圖(Rudolf Otto, 1869～1937)之《神聖》(Das Aeilige, 1917)乙書，與榮格(Carl G. Jung)「深度心理學」(depth psychology)的靈感。

　　伊利亞德對「神話學」的貢獻不在於「神話起源」的理論問題，是在於「神話結構」之解釋。伊氏從「神話結構」的層面去找尋「古人心態」(archaic mentality)之價值觀，去解開它的象徵意義，從此使現代人可與古人的宗教經驗有所溝通。他指出：「神話」的功能是教宗教人進入「永恒歸回」(eternal return)的經驗。這麼說，"神話時間"就不同於"凡俗的時間"，而是一種"神聖時間"。宗教人在"神話時間"中與永恒者信仰對象相遇，因此「神話」又使太初的時間重現，伊氏稱其為「永恒的現在」(eternal present)。就宗教人的經驗言，"神話時間"是一種「神聖史」，也就是從「混沌」至「創造」過程的一種重演。在"神話時間"中歷史消除，宇宙創始的行為(cosmogonic act)又重複出現，神與人在永恆歸回時間中"in illo tempore"

再度相遇。故"神話時間"實在是宗教人所嚮往的「眞實」(real)時間。「神話」此一神聖故事，在此一層面上言是一種「眞的歷史」(a true history)，因它所表達者即「實有」(realities)。所以現代人學習「神話」的主旨，是要洞察事物起源的秘密，及其豐富的象徵意義。

　　「神話」除了是一種眞正的「神聖史」，一種與發生於和「原始的時間」(primordial Time)之事件有所關聯外，同時說明宇宙實有如何藉著「超然存有」(Supernatural Beings)的行動而存在。「神話」同時是一種「象徵」，而「象徵」記號本身又成爲一種「聖顯」(hierophany)。這種「聖顯」的辯證，在理論上得自鄂圖的「神似者」(numinous)靈感，伊利亞德據此而加以發揮者。但在闡釋「聖顯」的宗教經驗上，伊氏的方法則來自榮格對於「原始類型」(archetypes)的分析，也即深度心理學的影響。伊利亞德的「神話」理論代表作有：《永恆歸回的神話》(The Myth of the Eternal Return, 1955, reissued as：《Cosmos and History》, 1959)，《比較宗教學樣式》(Patterns in Compartive Religion,1958)，《聖與俗》(The Sacred and the Profane, 1959)，《神話與實有》(Myth and Reality, 1963)等書。雖然伊利亞德的現象學神話解釋方法被批評爲過於武斷，沒有歷史學之基礎，但他對宗教象徵解釋原則的貢獻，委實不能忽視。

第三篇
神話學方法論

3

　　本章資料取材於神話學家史班斯(Lewis Spence)的：
《An Introduction to Mythology, 1921》與謝六逸的：
《神話研究》(原名《神話學ABC》)的作品。他們的論述雖然
出版近一世紀前，但對「神話學方法論」的提示，迄今仍
然是古典作品，因此不能忽視。

　　誰都知道，研究一個特定的對象時，一定需要入門的
方法。否則自己雖然用心去摸索，總是不得要顧。「神話
學」之研究，自然也不能例外。「神話學」所研究的對象
就是「神話」，但是也包括「傳說」與「民間故事」為附
屬題材。那麼用什麼方法來搜集、整理、分類、與記述的
問題，就屬於「方法論」(methodology)的應用了。傳統上，
神話學家慣用的研究方法有三，即：

1. 搜集(collection)──材料的搜集，包括田野工作與探
   訪。
2. 分類(classification)──如何分類加以記述與說明。
3. 比較(comparison)──相似資料之比較研究，藉以還
   原神話。

現將上述三個研究要領，稍後再予以分段詳論，以便建立一個清晰的「神話學」方法論概念。在「神話學」方法論的討論上僅提出三個範圍：(一) 神話研究方法，(二) 神話分類法，與(三) 神話搜集法，來提供讀者參考。然而這並不能說已經樣樣具備，僅能說是一種研究「神話學」初步的"方法論"入門而已。顯然地，「神話學」發展的過程尚有多方面的進步及變化，它們也均值得讀者去細心留意。

一、神話研究方法

　　歷來「神話學」研究方法大致可分六種，即(一)比較研究方法、(二)人類學研究法、(三)統計研究法、(四)心理學研究法、(五)社會學研究法、與(六)宗教學研究法。各種學術立場的努力均各有長處與缺失，但均能促進「神話學」的研究風氣。質言之，這些方法均對「神話」之研究有所貢獻。

(一)比較神話研究法

　　神話研究的「比較方法」(comparative method)，就是對照兩個以上不同的神話題材，而對同一主題加以研究的方法。此法之目的，在觀察其異同之處，即神話材料的「類似」或「差異」。此一方法的要領是：

　　1.類別神話材料——歸類各種神話材料的基本類型與分

岐類型。

2.探討材料的變化過程─神話材料既然有明確的區
　分，繼而尋求它在歷史過程中有何變化、綜合、與
　分布情形。

(二)人類學的神話研究法

　　這是一種以「文化人類學」(cultural anthropology)為立足
點【或「民俗學」(folklore)為立足點】的神話研究法。人類
的文化即人類的生活模式，「文化人類學」即在探究人類
文化進展之過程。而「神話」為人類文化的重要一環，因
此為「文化人類學」必須關心的對象。「文化人類學」的
神話研究方法，可以說是一種多角型的方法。它應用「民
俗學」、「考古學」、「語言學」、「社會學」、以至
「工藝學」的材料，來觀察「神話」與「人類生活」的關
係，也由此種方法來探討「神話」之價值。

(三)統計的神話研究法

　　此法乃選擇主題相同、情節類似的「神話」加以題目
分類。再從其中選出比較完整的故事形式(formula)，來求
得其所構成的情節要素，並且留意觀察「神話」之原型。
例如宇宙開闢神話中有關「人類起源」的神話，世界各地
均有發現。《舊約聖經》「創世紀」言及"人類"由耶和華
上主用泥土所創造，住在伊甸園中與神同工。中國人說"
人類"是女媧用黃土所捏造，有手造的貴人與繩子引出的

普通人。因此用統計法加以處理時，就要分析它的(1)創造神性別與神觀背景，(2)泥土的質料與色澤，(3)人類的社會階層及職責，(4)神話的文化背景、宗教信仰、及其原始類型。質言之，即藉著統計方法區別其異同、以至起原、發展、變化、及其不同宗教信仰之影響等問題。

(四)心理學的神話研究法

　　「神話」、「傳說」、與「民間故事」均為人類精神生活的一種"心態反應"，因此以「心理學」的研究法特別留意於宗教祭儀上的「集體行為」(collective behaviour)。因為藉著宗教儀式，「神話」在其中發揮了洗滌人心罪惡感之作用，解除了人心各種的壓抑。諸如「割禮儀式」象徵洗滌罪惡，與神立約分別為聖歸入選民團契。這與基督教「洗禮」所象徵的意義一樣。雖然早期心理學家將「神話」看作一種人類的「集體幻想」(collective illusion)，是為了達成某種社會願望而出現的東西。事實上，「神話」斷非一種「白日夢」的東西。它是一種人類疏解生活壓抑的方式，是具有「象徵」價值的東西。「象徵」是一種人類心態及意向的原型(archetype)，「宗教祭典」的祭祀儀式及其背後的「神話」，均具象徵形式。

(五)社會學的神話研究法

　　對社會學家而言，「神話」是人類的思想、情感、與宗教行為上團結意識的自然流露，因此人們喜歡利用「神

話」來發揮社會團結之力量。質言之，「神話」的研究，要於「社會學」條件的要求之下加以分析、比較、以至綜合研究，才能窺探它的社會功能。就「社會學」的神話研究法之目的而言，不出於在尋找「神話」的"社會功能"。而「神話」所具備的"社會功能"至少有二：

1. 「控制功能」—許多神話中的英雄領袖人物，具有招來社會人群向心力之功能。人們以他們爲中心而團結在一起，因爲他們是人群之希望及得救之化身。如此一來，「神話」自然對社會產生一股控制的力量。

2. 「穩定功能」—隨著「神話」的社會控制功能所產生的另一個結果，便是社會性的穩定力量。「神話」的主旨是要訴諸超自然的約束力，來維護傳統的禮俗行爲與狀況。因此「神話」具備著穩定自然界與現存社會秩序之功能。

無論如何，「神話」具有貫穿過去與現在的社會功能，使人不受社會變遷之限制。諸如台灣人就有："新例無設，舊例無滅"之俗語可以爲例。因爲它將永恒性與周期性之「實有」(reality)視爲「神聖」(sacred，or holy)之重複現象。所以人類社會不能沒有宗教信仰之「神話意識」，就如祭典儀式使社會人群彼此團結及熱鬧鄉里可以爲例。

(六)宗教學的神話研究法

　　「神話」是「宗教學」研究的主題之一。因為構成「神話」的主要角色就是：「神」、「仙」、「聖人」、「英雄」、「祖先」，以至「邪魔」、「惡鬼」等等。而這些角色在宗教上又是代表著「信仰」之對象，因此「宗教學」的神話研究相當重要。一般來說，「宗教學」的神話研究法，大約可分為研究的「對象」與「方法」兩大項目：

1.研究對象

　　「神話」的主體是「神」，再配以「天使」、「魔鬼」、「仙真」、「英雄」與「祖先」。其中論及宇宙之開闢、諸神之感生、人類之起源、善惡之鬥爭、與事物之由來及結局等。而這些主題均可在「神話學」範圍裡討論。至於「宗教學」對於「神話」研究方面，其主要的關心是以「神觀」為主。而「神話」內容則留給「神話學」去處理。具體而言，「宗教學」視「神話」為宗教之重要內容之一，但有其「神觀」之類別。而且由此立場來探討「神話」之性質及內容。諸如：

　　　「精靈神話」(animistic myths)

　　　「物神神話」(fetish myths)

　　　「圖騰神話」(totemic myths)

　　　「禁忌神話」(taboo myths)

「多神神話」(polytheistic myths)

「一神神話」(monotheistic myths)

2.研究方法

　　「宗教學」之神話研究方法，乃是應用比較、統計，又著重於「人類學」、「心理學」、「社會學」、以至「現象學」方法綜合而成。但是在「神話象徵」的解釋上，則借重「宗教現象學」方法。宗教學者伊利亞德的神話解釋可爲其中的典型【他的解釋方法被稱爲：「宗教經驗的形態學」(Morphology of Religious Experience)】。伊氏十分著重神話的「神聖」本質，並且強調「神話」具有「神聖史」之特質。因其具有貫穿過去與現在的"永恒性"與"循環性"，能夠引導宗教人回歸永恒的「神聖實有」之中。宗教儀式就是「神話時間」的週期性表現，宗教人在儀式的「神話時間」中經驗了從「混沌」到「創造」的過程，因而接觸到「眞實」而「神聖」的實存。

二、神話分類法

　　有了足夠的神話材料，再進一步的工作是規範一個標準來處理它們，給予整理與分類。「分類」(classification)是從事學術研究的重要手續，將採集到的神話材料做妥善的整理，「神話」便能生動過來。當然「神話的分類法」是個見仁見智的問題，「統一性神話」(mythology)較易分類，

「非統一性神話」(myth)就得用些心思，費些功夫。下面的分類法係參照斯便斯與謝六逸的神話學所擬(參照下列簡表)：

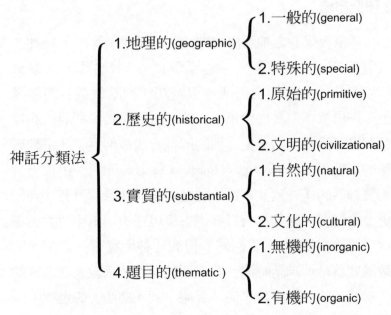

神話分類法

1.地理的(geographic)
　1.一般的(general)
　2.特殊的(special)

2.歷史的(historical)
　1.原始的(primitive)
　2.文明的(civilizational)

3.實質的(substantial)
　1.自然的(natural)
　2.文化的(cultural)

4.題目的(thematic)
　1.無機的(inorganic)
　2.有機的(organic)

(一)地理的分類

這個分類法不拘神話的內容如何，但是按照其人文地理的分佈而分類的一種方法。

1.一般的神話(general myths)

就是指世界各地的「神話」而言，也可稱為「普世的神話」(universal myths)。就如採取同類各地區的神話，而後再加以比較。使普洛爾(Barbara C.Sproul)就以「創造

神話」爲主題，而搜羅全世界有關這類的神話資料編成了《Prima Myths：Creating the World》，(Harper &Row,1979)乙書。

2.特殊的神話(special myths)

就是以某一地區的國家或民族爲主，來從事「神話」的分類研究。諸如波斯神話、印度神話、日本神話、韓國神話、中國神話、德國神話、瑞士神話等。故「特殊神話學」等於是「民族神話」的研究，比一般的神話研究範圍較窄。

(二)歷史的分類

不注重「神話」的分佈與主題，而依「神話」發達的歷史過程研究其文化的進展。因此有些學者看「地理分類法」是「橫的分類」(lateral classification)，而「歷史分類法」即「直的分類」(vertical classification)。

1.原始的神話(primitive myths)

已出現而尚未統一整合的「神話」(myth，而非mythology)，均爲原始的神話所屬。「原始神話」因其各個集成是很有體系的「神話群」(mythic group)，故是一種不具神話組織的「獨立神話」。更具體而言，「原始的神話」是以"一個神話單元"而存在的，它僅表現人民的部份生活。就如中國的開闢神話，有「盤古說」與「女媧

說」，它們都是個別獨立的，而且在民間交互流傳。「原始神話」的價值在於它係一切神話的基礎，「組織神話」(mythology)非要通過它這個階段不可。因為有了原始的「神話」材料，才能夠譜成「神話」組織體系。中國學者玄珠的《中國神話研究》，杜而未的《山海經神話系統》、蘇雪林、文崇一、張壽平等學者對《楚辭》、《九歌》的研究，均屬於「原始神話」研究之範疇。

2.文明的神話(civilized myths)

這是一種充分成長的神話，其原始形式已經失落，具有「神話群」特徵。因此又可稱為「系統神話」(systematic myth)，也即「組織神話」(mythology)之屬。如與「獨立神話」比較的話，「系統神話」顯示古代社會之宗教知識的全部，而「獨立神話」只有部分而已。「文明神話」(系統神話)雖然比「原始神話」(獨立神話)合理，但也包含著「不合理」因素。其倫理層面也是，但卻可從中窺探「神話」的進化過程。質言之，「文明神話」反映自低級社會到高級社會的過渡途徑(transitional course)。希臘、羅馬、印度等具有組織神話的高級神話，即「文明神話」之屬，學者又稱它做「高級神話學」(high-classed mythology)。南、北美洲印弟安人、澳洲與南洋土人的「原始神話」(獨立神話)探究，又叫「低級神話學」(low-classed mythology)。站在「神話學」觀點言，「神話」有低級與高級之分乃一權宜之稱。就其價值言，以「低級神話」為基礎的神話學研究，較之

「高級神話」為基礎者更具意義與價值，因它是「神話」的原始類型。

(三)實質的分類

「實質的分類法」(substantial classification)係地理分類法(橫的)與歷史分類法(縱的)的相交，因而被稱為「十字相交分類法」(crosswise classifacation)。以「神話實質」的分類為準則，又可分為「自然的神話」(natural myths)與「文化的神話」(cultural myths)兩大類。

1.自然的神話(natural myths)

為解釋自然現象及其起源而出現的「神話」，叫「自然神話」(或稱「天然神話」)。原始時代初民對於環繞著他們的自然環境及它所發出的力量未免驚愕、敬畏，又想去說明其所以然，「神話」便由此而生。初民在思索穹窿狀的天、起伏的山烙、一望無際的大地、與海洋、及其處身於天地之間的人類問題時，是以「宗教語言」來加以說明。因此往往以「天」就是「父神」(Heavenly Father)，以「地」為「母神」(Earthly Mother)，「人」為天地所孕育之「子孫」。從此「自然神話」便告成立，此即「自然神話」之背景。由此開始，初民對於日、月、星辰、風、雨、雷、電、地震、洪水等自然現象，也以信仰語言加以說明又賦予人格化，於是豐富了「自然神話」之內容。這類神話搜集比較容易，因資料較多。

2.文化的神話(cultural myths)

旨在闡釋社會現象及其功用的「人文神話」，即屬於
這個範圍。古代社會的人群共同努力營生，逐漸有了社會
習慣與制度。稍後他們的子孫為要解釋自己社會生活方式
之起源與演化，就產生「文化神話」。這類神話的內容
有：人類的由來、婚姻的起源、苦難及戰爭的發生，與其
他農、工、畜牧制度之緣起。古人因為沒有抽象觀念，因
此「人文神話」的表現方式均寫實而單純。諸如中國古代
神話用伏羲、女媧、神農、黃帝、螺祖，來說明漁獵、婚
姻、農耕、醫藥、民族、養殖與編織之起源。其說明方式因
太過份寫實，所以那些神話角色均被歷史化以至神格化。

(四)題目的分類

學者將這種題目分類(主題分類)劃分為「無機物神話」
與「有機物神話」兩種。

1.無機物神話(inorganic myths)

以一切自然界無機物為主題的「神話」，諸如"石
頭"、"山嶽"、"金屬"、"礦物"等主題為神話者。這類「神
話」以前兩類為最多。中國有關這類的神話有「女媧煉五
色石補天」、「禹生於石頭」(淮南子脩務訓、帝王世紀)、「石
敢當」、「石頭公」、「共工怒觸不周山」、「泰山神
話」、「三山國王」等神話。

2.有機物神話(organic myths)

這類神話在於說明有機物的生長、繁殖、活動、及死亡，以至復甦的循環過程。除「植物神話」以外，「動物神話」也包括在其中。中國的「神樹神話」與「動物神話」，均為這類神話之所屬。台灣民間的"大樹公"及"義犬公"的神話可以為例。

附錄：神話學分類法引例

例一、神話主題的分類

史班斯在：《神話學導論》(An Intro-duction to Mythology, 1921)乙書的分類法，有如下列：

1.創造神話(Creation Myths)

2.人類起源神話(Myths of the Origin of Man)

3.洪水神話(Flood myths)

4.褒賞神話(Myths of a Place of Reward)

5.刑罰神話(Myths of a Place of Punishment)

6.太陽神話(Sun Myths)

7.太陰神話(Moon Myths)

8.英雄神話(Hero Myths)

9.動物神話(Beast Myths)

10.習俗與禮儀神話(Myths of Customs or Rites)

11.冥府神話(Myths of Journeys of Adventure through the Under World)

12.諸神降誕神話(Myths regarding the Birth of Gods)

13.火的神話(Fire Myths)

14.星辰神話(Star Myths)

15.死亡神話(Myths of Death)

16.亡靈食物神話(Myths of the Food of the Dead Formula)

17.禁忌神話(Myths Regarding Taboo)

18.解體神話(Dismenberment Myths)

19.二元敵對神話(Dualittic Myths)

20.生活藝術起源神話(Myths of the Origin of the Art of Life)

21.靈魂神話(Soul Myths)

這種神話學分類的特色,乃按照各種「神話主題」而分類,使人一目瞭然。中國學者林惠祥的《神話論》乙書,也做如此分類。只是名目比較少,只有八類而已。即「開闢神話」、「自然神話」、「神怪神話」、「死亡靈魂及冥界神話」、「動植神話」、「風俗神話」、「歷史神話」與「英雄或傳奇神話」。

例二、神話綜合的分類

漢彌爾頓(Edith Hamilton)所著《神話學》(Mythology)乙書,可說是各類神話的綜合討論,尤其是希臘與羅馬兩民

族神話之綜合。書中分爲神話導論及七個大段落：

古典神話導論(Introduction to Classical Mythology)

第一部　諸神、創造、與最早的英雄(The Gods,the Creation,and the Earliest Heroes)

第二部　愛情與冒險的故事(Stories of Love and Adventure)

第三部　特洛伊戰爭前的偉大英雄(The Great Heroes before the Trojan War)

第四部　特洛伊戰爭的英雄(The Heroes of the Trojan War)

第五部　神話的偉大家庭(The Great Families of Mythology)

第六部　次要的神話(The Less Important Myths)

第七部　挪威人的神話(The Mythology of Norsemen)

　　大多數西方的神話書籍均採此一「神話綜合」方式來分類討論。馮作民編著的：《西洋神話全集》(雙子星叢書17)就是綜合希臘、羅馬、及北歐等神話的論著，可供學者參考。

例三、諸神神話分類

　　百安琪(G.H.Bianchi)在《希臘與羅馬的神話組織》一書中，就以諸神爲主體加以分類研究。但資料係以希臘、羅馬神話爲主，從而探討移轉變遷的演化現象。

　　1.風土化(acclimatization)—與地方化有類似之處，但

「神話」內容更進一步著根於風土之現象。

2.統一化(unification)──將移入的「神話」資料加以統一成為一種文化現象。

3.人格化(personalization)──將「神話」內容，不管有機物或無機物一一賦予人格之現象。

4.道德化(moralization)──即將非道德性質的「神話」內容改變成具道德性質之現象。

5.歷史化(historicalization)──將「神話」內容當做歷史內容加以解釋的一種現象。

　　的確，「神話」對於傳送(transmission)、普及(diffusion)、與散布(distribution)的時間、人事、地區的變化過程中，難免有被借用(borrowing)與同化(assimilation)作用。因此神話學者的使命除了尋找「神話原型」外，就是闡釋其「象徵意義」，俾使現代人能就它的「象徵意義」來豐富其精神生活。

三、神話搜集法

　　「神話學」研究的對象，當然以「神話」為主。問題是：「神話」時常與傳說、習俗、民譚、民謠、宗教經典(經讖)參雜一起，互相依存。為此神話材料之搜集不能單單只限於「神話」，也得搜集其他有關的輔助資料，再加以系統化整理。

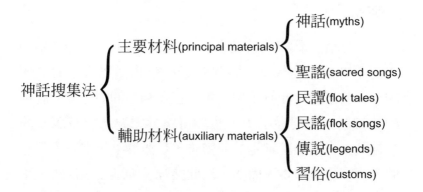

(一)主要材料

　　「神話」資料的搜集實在不那麼容易，有文字記錄的材料【即「成文神話」(written myths)】固然比較容易取得。為求其本源與分歧間的關係，應盡加以搜集。至於流傳於偏僻地區的"口傳神話"【即「不成文神話」(unwritten myths)】，就得從事不厭其煩的「田野調查」(field work)，或從人類學家與民俗學者所貢獻的資料中取得。「成文神話」又可分為"統一的"與"非統一的"兩類，"統一的神話"叫做「組織神話」(mythology)，就如具有系統秩序的希臘神話。"非統一的神話"單稱為「神話」，如不具系統的中國神話與日本神話便是。

　　無論如何，"統一性神話"與"非統一性神話"均應採集。因為採集資料的第一要領是「數量要多」，第二個祕訣即「資料正確」。

1.神話

　　「神話」這類"信仰語言"(languages of faith)，其最直接的主題不外諸神的故事。只是神祇的故事滲雜著靈異的傳說，究其來歷均非眞正的史實。在多神信仰的社會，諸神的「神話」不但吸引人，也顯得格外重要。沒有眾多的「神話」去渲染諸神是如何靈驗，是激發不了宗教人信心的，廟宇也無法香火鼎盛！爲此諸神「神話」之探集，正是神話學者不能忽略的一環。以「台灣民間信仰」爲例，有關介紹諸神的來歷之文獻，可以參考下列幾冊：

(1)追雲燕，《台灣民間信仰諸神傳》，逸群圖書公司，1984年。

(2)巫凡哲編，《道教諸神說》，益群書店。

(3)鍾華操，《台灣地區神明的由來》，台灣省文獻委員會，民國68年。

(4)仇德哉編，《台灣之寺廟與神明》，(一、二、三冊)，台灣省文獻委員會，民國72年。

(5)吳昭明，《神話、話神》，台灣新生報，民國73年。

(6)吳冠衡編，《台北市寺廟神佛源流》，台北市政府民政局，民國95年。

(7)董芳苑，《台灣人的神明》，前衛出版社，2008年。

(8)董芳苑，《台灣神明韻語詩》，2010年。

上列八冊有關介紹「台灣民間信仰」諸神神話之作品，均表現出多神主義(polytheism)的神觀特色。其中第八冊這本《台灣神明韻語詩》，計介紹台灣民間所供奉的六十種類重要神格。其名稱及角色有如下列：

(1)天公－道教塑造的玉皇上帝(民間信仰的至上神)

(2)三界公－天地水三界的道教神格

(3)南斗與北斗－註生與駐死的星神

(4)太陽與太陰－恆星與衛星的神格化

(5)風神與雨師－自然威力的神格化

(6)雷公與電母－自然氣象神格化的夫妻神格

(7)灶君公－天公派駐人間的特務神格

(8)媽祖婆－台灣民間的萬能女神(原台灣海峽黑水溝的守護女神)

(9)大道公－台灣民間的健康守護神(原與媽祖婆搭配的醫神)

(10)王爺公－代天巡狩的驅疫瘟神(現已兌變為萬能神格)

(11)太子爺－道教發明的五營神軍主帥

(12)註生娘娘－婦女期盼生兒育女的女神

(13)三奶夫人－婦女祈求安胎安產的女神

(14)城隍爺－角色多元的陰陽兩界司法神格

(15)土地公－最具草根性的鄉土神格

(16)土地婆－使土地公頭痛的另一半

(17)財神爺－利慾熏心台灣人的最愛

(18)文昌帝君－文人學子的重要守護神格

(19)魁星爺－文人追求功名仕途的星神

(20)玄天上帝－腳踏龜蛇驅邪壓煞的北極星君

(21)廣澤尊王－俗稱郭聖王的鄉土神格

(22)靈安尊王－俗稱青山王的鄉土神格

(23)清水祖師－齋教龍華派祖師民間信仰化的神格

(24)保儀尊王與保儀大夫－一武一文的茶農鄉土神格

(25)開漳聖王－來自漳州的鄉土神格

(26)三山國王－來自粵東潮洲的山嶽神格

(27)義民爺－爭議頗多的客家鄉土神格

(28)盤古公－神話角色歷史化的開天闢地神格

(29)伏羲先帝－神話角色歷史化的八卦祖師

(30)女媧娘娘－神話角色歷史化的太古女神

(31)神農大帝－神話角色歷史化的農神及藥王

(32)東嶽大帝－統轄十殿閻羅的地獄帝王

(33)水仙尊王－台灣航海水手的守護神

(34)四海龍王－台灣討海人(漁夫)的守護神

(35)姜太公－代天封神的傳說神格(紅頭法師的守護神)

(36)巧聖仙師－古代木匠魯班之神格化

(37)包公－鐵面無私的第五殿閻羅王

(38)孔子公－神格化的儒教開山祖師

(39)關帝爺－仁義禮智信全備的武聖(鸞堂奉他做恩主公)

(40)張天師－神格化的道教開山祖師

(41)太上老君－道教奉爲祖師之傳說神格

(42)三清道祖－道教神話中的三位一體神格

(43)東華帝君－駐守崑崙山上的男仙首領

(44)王母娘娘－駐守崑崙山上的女仙首領

(45)八仙－民間最愛的道教八位仙眞

(46)釋迦佛祖－神格化的佛教開山祖師

(47)阿彌陀佛－西天極樂世界的接引佛

(48)觀音媽－救苦救難的聖母型萬能菩薩

(49)地藏王－誓言地獄不空就不成佛的菩薩

(50)耶穌基督－神格化的基督教開山祖師

(51)穆罕默德－神格化的伊斯蘭教開山祖師

(52)三姓公－悲情二二八的台灣英靈

(53)廖添丁－台灣義賊的神格化

(54)大聖爺－七十二變的賭博郎中守護神(即猴齊天崇拜)

(55)狩狩爺－風月場所的守護神(即豬八戒崇拜)

(56)大樹公－追求動植物繁殖的自然崇拜

(57)石頭公－象徵男女性器的自然物神

(58)蔣介石－獨裁者被神格化的落難神格

(59)落難神－被賭徒刑罰又遺棄的無依神格

(60)民間信仰與環保－台灣民間影響環保的貓狗迷信
　　　　現象

　　從上面六十例的台灣神明之目錄見之，就可以瞭解搜
集諸神神話資料的重要性。從中可以領會「台灣民間信
仰」眾神神話及信仰內容。

2.聖謠

所謂「聖謠」者，就是台灣民間信仰的"請神咒"(incantation)與基督教的"聖詩"(hymn)一類的東西，因其內容述及諸神的屬性與活動。"聖謠"也分文字記錄者與口傳者兩種。比喻說，通俗道教閭山法師拜請「三奶夫人」的請神咒，乃一傳承之"聖謠"記錄。其內容如下：

(1)請陳奶夫人(陳靖姑)神咒

『拜請行罡正法陳夫人，步領天兵數萬人。
　百花橋頭渡男女，鼓角吹來臨水宮。
　父是陽州陳長者，母是溫州葛夫人。
　甲寅年中正月半，寅時降生奶奶娘。
　金盆底水洗娘身，香湯沐浴娘清淨。
　觀音佛祖渡娘法，老君傳法救萬人。
　去到朝中救皇后，生得太子眞分明。
　文武官員來迎送，迎送夫人到廟中。
　金炉焚香三拜請，陳奶夫人降臨來。』
　神兵火急如律令。

(2)請林奶夫人(林默娘)神咒

『拜請福州莆田縣，林二夫人奶奶娘[1]。

1　指林默娘，也就是「媽祖」。

奶奶年中十八歲，少年捨身習瑜珈。
三帝將軍隨娘法，五帝將軍隨娘行。
日在雲中騎戰馬，夜在水上結雄兵。
結起雄兵三十萬，殺到南江五廟門。
龍王看見娘身現，召入瑜珈到壇前。
金爐焚香專拜請，林奶夫人降臨來。』
神兵火急如律令。

(3)請李奶夫人神咒

『拜請李三夫人有名聲，行罡作法水上行。
三娘舉步行罡滿，魑魅妖精盡皆驚。
口吹白角聲聲響，山崩地裂真分明。
收魂攝魄到陽間，救渡眾生保平安。
新做娘傘蓋娘媽，娘媽落水去遊鄉。
東去遊鄉人來請，西去遊鄉人來迎。
去是金針插江口，返來銀花插爐前。
金爐焚香專拜請，李奶夫人降臨來。』
神兵火急如律令。

　　從上列這三段"請神咒"(閭山法師的「聖謠」)見之，就知道是屬於陳奶、林奶、與李奶夫人的角色及強調其法力的「神話」，因此可視為一種成文的"聖謠"(written sacred hymns)。關於非文字記錄的"口傳聖謠"(oral sacred song)，在台灣民間信仰也可以找到例子。那就是從清代以至現在

「綠燈戶」(妓院)老鴇們崇拜「狩狩爺」(豬八戒)的拜神咒：

『狩狩爺狩狩爺，腳蹺蹺又面嬈嬈。保庇大豬來進朝，風流查埔來會朝。

來倥倥去戀戀，腰斗錢袋在我摸。暗路敢行狗吠免驚，父母罵不可聽。

某子若加講話，伊就準備喫拍骿。查某開了有爽快，叫伊後日又再來。』

這一崇拜「豬八戒」(風流神狩狩爺)的"聖謠"，也能教人領略這位妓院守護神「神話」內容之特色。無論如何，"聖謠"的搜集法，最容易的方法是在拜拜祭典時去採集。如與紅頭法師有交情者，也可以直接從他們手抄咒文的記錄中去抄錄。這當然是一種費時的工作，但唯有如此才有可能取得材料。至於基督教的"聖謠"，可以參考台灣基督長老教會之《聖詩》第62首的內容為例：

1. 上帝創造天與地，生成萬物各項能，
   功勞極大又極闊，一世稱呼永無息，
   日頭發現光滿天，日落月出照暗冥，
   日月星晨攏顯明，上帝主宰大全能。
2. 土地所生的五穀，花園青翠的樹木，
   水內所有的魚鱉，攏是上帝造的物，
   天中所飛的鳥隻，上帝給伊食足額，
   以及至細的蟲多，無出上帝心以外。
3. 上帝照顧世間人，不論本國與外邦，

給阮各日的米糧，兼有厝宅與衣裳，

上帝的恩講不盡，差遣耶穌救萬民，

大家著用眞實心，給祂感謝詩來吟。

(二)輔助材料

1.民譚之採集

一般民間故事都是源於「神話」，或是「原始傳說」的殘存。同樣地，「民譚」(民間故事)也分爲記錄與口傳兩類。前者見諸於民俗雜誌、旅行隨筆、地誌等等，稍加留意就可取得。後者就得費些功夫採集，就如直接赴某一特定地區採訪搜集。於人與人交談之間，宜以「親切」態度取得材料。時下台灣「民譚」採集的最佳文獻有下列作品：

(1)李獻璋編著，《台灣民間文學集》，牧原叢刊37。

(2)林曳編著，《台灣民間傳奇》，聯亞出版社。

(3)林藜，《寶島搜古錄》，五集，台灣新生報鄉土叢書。

(4)林藜，《蓬壺擷勝錄》，四冊，自立晚報叢書。

(5)廖毓文，《台灣神話》，大亞出版社。

(6)古月山人，《岳帝廟前：台南鄉土回憶》，蔡胡夢出版。

(7)東海老人編，《台灣民間傳奇》，大同書局。

(8)諸橋轍次，《十二生肖的故事》，星光出版社。

(9)林明峪，《台灣草地故事》，聯亞出版社。

(10)林衡道，《台灣夜譚》，眾文圖書社。

2.民謠之採集

「神話」的輔助說明就是「民謠」，因它具備著隱喻式的神話意味。當然此處所指的「民謠」是與宗教有關係者。它的特色即：多數爲「口傳」，但也有一些窮苦乞丐在迎神賽會求乞時所彈唱出來的「民謠」曲子被坊間編印爲《歌仔冊》者，數量也相當可觀。茲引賀佬話(閩南語)民謠《歌仔冊》的"天堂地獄歌"(竹林書局，民國47年5月28日發行)的片斷爲例，來介紹於下面：

引子：

『勸您做好的古典，有孝兩字感動天。

眞眞有影現閂現，不是竹林亂亂編。

不論天堂地獄內，做好做歹人周知。

天地日月相交界，有神有佛在推排。

不信世間人勸改，若到死了就會知。

有設刑具刑同刣，比咱陽間較利害。』

第一殿，『秦廣也有設玉鏡，陽間作歹謅勿行。

情色女人偷作歹，無厝生子驚人知。

出世打死可憐代，千刀萬割是應該。

親像這款可憐代，查某害死狗仔胎。……

一隻有身五隻子，無趕出來柴就行(hiaⁿ)

陰魂不散到玉鏡，判斷查某給您聽。……

　　　　　　這款判斷有合理，將這查某落血池。……』

第二殿，『二殿閻君是楚江，全部刑罰不孝人。

　　　　　　這款刑具罪眞重，一男一女壓石坊。……

　　　　　　一個粗心的查某，兄嫂苦毒伊小姑。

　　　　　　給伊吊乳拍腹肚，一身拍甲節節烏。……』

第三殿，『過來三殿是宋帝，地獄刑具數百個。……

　　　　　　拐人守寡罪眞重，死落陰間攬煙筒。

　　　　　　謀殺親夫的查某，拿來刮割流腸肚。……

　　　　　　乾家苦毒一媳婦，衫褲無乎穿身軀。

　　　　　　牽過刀山過刑具，刺甲腳手攏齊浮。……』

第四殿，『來到四殿是五官，一欉鐵樹無數高。……

　　　　　　陽間謀財害人命，四腿共伊破四平。

　　　　　　頭殼吊在鐵樹頂，降落地獄勿超生。

　　　　　　通姦害夫掠來問，掠來剝皮袋粗糠。

　　　　　　奪妻離緣查埔人，閻王判斷損腳筒。

　　　　　　愛了伙記離牽手，著乎陰鬼挖目睭。

　　　　　　欲閣斬腳又斬手，斬甲一身球球球。……

第五殿，『過了五殿是森羅，看見油鼎火在焯。

　　　　　　有人粗心做不好，小鬼強強給捉落。……

　　　　　　冷刀殺人您看覓，刑具有設虎頭牌。

　　　　　　陽間弄人去相刣，死了著遇虎頭斬。……

　　　　　　閻羅天子五殿內，五殿有設望鄉台。

　　　　　　有人陽間做好代，觀看地獄伊就知。……』

第六殿，『來到六殿是卞城，看著刑罰人眞驚。……

冷箭害人較硬鐵，奪人批信暗人錢。
縛在枷頂在射箭，一身給伊射五枝。
野僧和尚開查某，不管寡婦或尼姑。
害人美人無萬數，丟落刀山洋糊糊。……
行歹閻王召來問，受著刑罰睏釘床。』

第七殿，『來到七殿是泰山，血池女人千共萬。
尼姑生子真現勢，共伊判落浸血池。……
在世劫棺算僥倖，脫人衣裳奪人靈。
論起罪惡加一等，全身共伊釘鐵釘。……
春天兮鳥給打死，就著刈肉來還伊。
刈甲血流又血滴，大匹小匹來還伊。』

第八殿，『來到八殿是平等，殿前有設平等台。……
騙人某子賣子孫，死落陰間過石輪。……
害伊祖上無香炉，輾到骨頭洋糊糊。
在生笑貧怨人富，死落陰間過石臼。……
害人宮廟神勿聖，死落陰間過火城。
奪人路頭害眾人，判斷將伊座橋板。……』

第九殿，『來到九殿是都市，大秤設起真大枝。……
八升亦敢算一斗，攏縛倒吊頭漱漱。
愛念邪歌罪真重，花言巧語查某人。……
閻王判斷夯銅柱，給伊疼較不知飫。……
一生無愛還人錢，目睭共伊打青冥。……
若是刣人再放火，棄落籠甑落去吹。……』

第十殿，『過來十殿是轉輪，轉世做人笑吻吻。……

轉世路關正分派，好心好幸代先來。……
十殿一個轉輪車，轉共有空再有跡。
轉魂分過六條路，貧窮好額免圖謀。……
若是勸善有三代，來此轉魂真靴擺。
全是官家衙府內，有官可做兼發財。……
偷食物件賴別人，出世做貓守灶空。……
無惜五穀出世猴，去喫樹子度到老。……
若是風流查埔人，出世陽間做雞公。
不時雞母通戲弄，免錢樂暢歸世人。
陽間查某或淫婦，出世鴨母真工夫。
給伊能生又無孵，不時身邊有丈夫。
陽間若是做媒人，拐誘守寡去討厄。
出世雞母罪較重，生卵導子還主人。……
十殿勸世到此止，這歌看了好教示。
拜托親友與兄弟，返去勸化您厝邊。』

　　看了這支「台灣民間歌謠」，等於唸了一則"地獄神話"，也漫遊了一次十殿閻羅的十八地獄，可見「民謠」的價值。這類「民謠」在民間(尤其是農村社會)相當流行，名目也相當多。可惜年青一代因學習北京語的關係，所以不懂如何誦念了。

3.傳說之採集

　　「傳說」是研究「神話」所不能缺少的輔助資料，所

以要盡量搜集。「傳說」項目同「神話」一樣的多，因其具有歷史性質。有時候可借其探討「神話」有否史實依據之背景。台灣民間這類「傳說」相當豐富，而且具有地方性，有些甚至已具備「神話」性質。下面選擇二十個「台灣民間傳說」來做為例子，藉以輔助「神話」的研究。(另外可參閱：李獻璋編著，《台灣民間文學集》，台北市：龍文出版社，1989年。二、故事篇，pp.1-229)。

傳　　　　　說	記 述 者
1.林半仙(鳳山)	李 獻 璋
2.媽祖的廢親(諸羅)	點　　人
3.林投姊(赤崁)	朱　　鋒
4.石龜與十八義士(諸羅)	李 獻 璋
5.七爺八爺(全台)	王 詩 琅
6.貞節媽(大甲)	東海老人
7.媽祖火燒鄭秀才(笨港)	東海老人
8.溫王爺隔海購料(東港)	林　　藜
9.義民爺長佑鄉邦(竹塹)	林　　藜
10.大道公悲天憫人(全台)	林　　藜
11.陳昭應教忠教孝(艋舺)	林　　藜
12.十九公義薄雲天(諸羅)	林　　藜
13.張玉姑神出鬼沒(新港)	林　　藜
14.五妃魂貞烈堪旌(赤崁)	林　　藜
15.國姓爺北征中的傳說(台北)	黃 得 時
16.過年緣起(大料崁)	李 獻 璋

17.彭祖(全台)	廖　毓　文
18.新竹城隍救駕(竹塹)	王　詩　琅
19.雷公鳥(全台)	吳　瀛　濤
20.太陽和月亮的神話(全台)	江　肖　梅

　　上列二十則「台灣民間傳說」，僅是眾多「傳說」中的例子。大家不難發現「傳說」與「民譚」之區別在於前者與民間宗教具密切關係，等於是"年輕的神話"，這是研究台灣神話所不可忽略的一環。因為「傳說」專講神仙故事，諸如人如何成神，神如何靈異，鬼如何出沒等。這類在台灣民間出現的神話，可說是一種"民間神學"。

4.習俗之採集

　　「習俗」係宗教行為極濃厚的民間固有傳統(tradition)，而「台灣民間信仰」(Taiwanese folk beliefs)係造成它存在的主因，故又稱「禮俗」(ritual customs)。「習俗」的神話材料相當豐富，許多「傳說」與「民譚」都由它而出，「聖謠」與「民謠」更不能例外。因此「習俗」材料之搜集相當重要。「神話」是過去的文化，聖謠、民謠、民譚、傳說又都在支持著「神話」的存在。然而它們如果沒有「習俗」的引導，就容易分解散失。所以「習俗」的研究，是還原"神話原型"的重要一環。

　　關於「習俗」之採集要留意其族群血緣及地緣的關係。因為同種族的不同分支，往往隨著環境的變遷，他

們的「習俗」就有大同與小異之區別。台灣是個多元種族的社會，除泉州人、漳州人、客家人、及二次大戰後來自中國的新住民外，單山地原住民便有十多族：泰耶爾(Atayal)、阿美(Amis)、賽夏(Saisiat)、曹族(Tsou)、布農(Bunun)、排灣(Paiwan)、魯凱(Rukai)、卑南(Pyuma)、雅美(Yami)、與平埔族等族。他們之間的習俗各不相同，也分別有他們自己的神話、聖謠、民謠、民譚及傳說。因為台灣民間基層由閩南的泉州、漳州、粵東的客家後裔所構成，因此「習俗」材料之採集自然也傾向於它們的傳統為主。現在山地及平地原住民部族方面的材料也保存得很好，可見之於中央研究院民族學的專著。關於這方面的文獻，較具代表性者茲介紹於下：

(1)何聯奎編，《台灣省通志人民志禮俗篇》，台灣省文獻委員會出版。

(2)宪惠林、余錦泉、林衡立合編，《台灣省通志同胄志》，台灣省文獻委員會出版。

(3)何聯奎、宪惠林，《台灣風土志》，台灣中華書局，民國55年。

(4)片岡巖，《台灣風俗誌》，陳金田、馮作民編譯，大立出版社，民國70年。

(5)鈴木清一郎，《台灣舊慣習俗信仰》，高賢治、馮作民編譯，眾文圖書公司，民國67年。

(6)國分直一，《台灣民俗學》，林懷鄉譯，世一書

局，民國69年。

(7)蘇同炳，《台灣今古談》，台灣商務印書館，民國58年。

(8)林衡道，《台灣的歷史與民俗》，馮作民譯，青文出版社，民國60年。

(9)施翠峰，《思古幽情集》(一、二冊)，時報出版公司，民國64、65年。

(10)吳瀛濤，《台灣民俗》，振文書局，民國58年。

　　除了上列的民譚、民謠、傳說與習俗等四種材料可輔助「神話學」的研究外，民間流傳的「童話」(nursery tales)、「童謠」(nursery rhymes)、與「俗語」(sayings or proverbs)，也都可以搜集。因爲它們常具神話起源的提示，也可做輔助材料。就以台灣的民間的「俗語」言，與「神話」、「傳說」有關係者，也有下列幾句：

"神明極聰明，使人勿騙得。"(勸人誠心敬神，勿裝模作樣)

"神仙無救無命人"。(生死禍福命中注定之宿命觀)

"灶君公三日上一遍天。"(教人勿說人事非，因灶君公是特務神格)

"燒一炷清香較好刣豬屠羊。"(誠心敬神比殺生更會受神靈鑒納)

"人是粧，佛是扛。"(指神佛靈驗之來源)

"新粧的佛仔，也著開眼才有神。"(喻新官上任也要有政績才會受擁護)

"好人死了有神可做。"(俗信善人死後會被神格化)

"水鬼變城隍。"(即「霞海城隍」)

"草木神，興不久。"(喻一時得勢的劣官，不可能揚威太久)

"有喫有行氣，有燒香有保庇。"(喻巴結上司做事才順利)

"聖聖佛遇著悾闇弟子。"(神明遇上瘋子也無可奈何)

"會顧得東嶽，勿顧得城隍。"(喻人情難以兩邊兼顧)

"城隍爺腳尻你也敢摸。"(勸人勿大膽犯上)

"得罪土地公飼無雞。"(喻得罪地方惡霸就難謀生)

"床母創治在室女。"(諷刺未婚生子的婦女)

"北港媽祖興外鄉。"(外鄉人比北港人尊敬媽祖)

"近廟欺神。"(廟宇鄰居反而疏忽神明)

"大道公與媽祖婆曉法。"(源自兩神戀愛傳說)

"關帝爺面前武大刀。"(不自量力)

"火燒金紙店，匯給土地公。"(喻土地公會照單全收)

"土地公無畫號，虎不敢咬人。"(虎咬人出自土地公的旨意)

"二月二，謝土地。"(農曆二月二日土地公生日，叫做"頭牙")

"田頭田尾土地公。"(喻土地公崇拜之普遍性)

"十月十，三界公來鑒納。"(農曆十月十五日爲三界公之一下
元水官誕生)

"觀音媽面前無一個好囝仔。"(喻小孩子調皮搞蛋)

"做仙兔吃人間的煙火氣。"(喻人勿沉淪於幻想中生活)

"食三年仙屎就想要上西天。"(教人勿妄想一步登天)

"心中無邪不怕鬼。"(心中坦然不怕被誣陷)

"無行暗路，勿遇著鬼。"(不做歹事，心安理得)

"歹家神，通外鬼。"(喻自己人扯自己人後腳)

"叫鬼醫病。"（喻死路一條，因鬼怪使人致病）

"引鬼入宅。"（喻交結歹人，家內不安）

"有錢使鬼會挨磨。"（喻神鬼也嗜錢如命）

"司公哄死鬼。"（喻道士超亡儀式在於控制鬼魂）

"五日節，插松較勇龍，插艾較勇健。"（農曆端午節之習俗）

"冬節無返來無祖。"（鼓勵人祭祀公媽）

"一更報喜，二更報死。"（公雞叫更之迷信）

"　　來窮，狗來富，貓來起大厝。"（動物來訪之俗信）

"死貓吊樹頭，死狗放水流。"（影響環保之迷信）

"九葬九遷，十葬萬年。"（拾骨改葬的好處，其實是迷信）

　　從以上的台灣「俗語」（諺語）不難發現其中有豐富的神話資料。因為每一句「俗語」背後均有一則神話或傳說，可見「俗語」之採集相當重要。關於採集上述資料之要領，根據謝六逸的說法是：(一)「量多」，(二)「正確」，(三)「時間」，(四)「親切」，(五)「廣汎」，(六)「公平」，(七)「綿密」等等。有志者不妨根據這些要領做看看。

　　根據中國神話學研究先驅玄珠的說法，「神話」乙詞中國向來是沒有的，它係來自英文"myth"的譯文(見《中國神話研究》乙書第一頁)。《楚辭》、《穆天子傳》、《列子》、《淮南子》、《搜神記》、《述異記》、《列仙傳》、《西遊記》、與《封神傳》等等這些文獻，不僅構成了中國古代文學色彩最美麗的一部份，也是中國民間所傳誦有關「神話」的故事。

　　民俗學者婁子匡與朱介凡在其合著：《五十年來的中國俗文學》(民國52年)一書，特別提及「神話學」研究一節。作者認為中國神話研究在俗文學中佔有重要地位，因神話研究的興趣比一般民俗的研究具更高地位。而且「神話」乙辭也在時下學界及民間成為專有名詞了。不過中國學者的神話研究大都立足於「史學」與「文學」的觀點，缺乏西方學界嚴格的方法論。尤其是治史者一旦追溯到往古時代，自然就涉及「神話」的領域。文學作品也是如此，諸如《山海經》、《楚辭》、《淮南子》、與《西遊記》等等文學研究，也避免不了「神話」之領域。不管是把「神話」當作是歷史的進一步考證也好，這是中國人慣

用作法。或文學創作的技巧運用也好，「神話」研究的領域已經被公認是一種有價值的學術領域。而且有不少這方面的學者正埋首於研究開發中，這一事實在下面的討論可以見到。

一、歷代中國的神話文獻

二十世紀的20年代，中國學者鄧師許在：〈中國古代史上神話與傳說的發展〉(風物志，第一期)文中，曾經清楚界說出中國神話文獻在歷史上出現的情形，頗值得參考，茲引述如下：

"『我國神話與傳說，最初見於《楚辭》的「天問篇」，對於天地開闢，日月星辰的諸神話，有所不滿而發爲疑問，實在是我國片斷古史之總集。其他若《離騷》、《招魂》、及《莊子》、《呂氏春秋》等戰國晚年諸家著作，也都含有神話傳說。《詩經》裡「商頌」的「玄鳥篇」，《大雅》的「生民篇」，尚存多少史事化的神話和傳說的遺跡。』

『秦漢以後，雜家如《淮南王書》、《緯書》如「春秋元命苞」、「春秋命歷序」、「春秋連斗樞」、「春秋保乾圖」、「尙書中侯」、「易通掛驗」、「易乾坤鑿度」、「禮含文嘉」、「詩含神霧」，晚出諸書如《神易經》、《說苑》、《山海經》、《論衡》、《穆天子傳》、《竹書紀年》等，這類的材料日益豐富。』

『及至佛教東來，印度的神話流入中國，如郭璞《玄中記》、張華《博物志》、王嘉《捨遺記》、干寶《搜神記》、梁宗懍《荊楚歲時記》、任昉《述異記》、吳均《續齋諧記》等，莫不開始從神話的素朴的形態及片斷的材料，組織成爲系統化和神祕化了。』

　　『又如皇甫謐《帝王世紀》和《晉書》、《宋書》、《南齋書》、《南史》等正史，也對這些神話視同眞實的史料。直到徐整作《五運歷年記》、《三五歷記》，司馬眞朴作《三皇本記》，所說的更爲詳盡了。這些書本不特對天地開闢和日月星辰山川河嶽的由來，都有很好的解答。而且對於人類的出生和草木金石珠玉的生長變化，也有了主觀的理論。』

　　『到了宋代，羅泌著《路史》，清代馬驌作《繹史》，就集合古史和神話傳說於一　，而又條列之，排比之，於是漸次補足了古史上所缺的材料，史吾輩於千載之下，儼然如與羲皇並世，而眼見其嬗變的陳述。』”

　　上面的這些段落的話，眞要把中國歷史上有關神話記述的發展講得非常清晰不紊，實在因此指引許多「神話」研究者方便地走進中國神話研究之領域。不過中國歷史上咸信尙有不少的神話文獻未被流傳下來，以至所能搜羅得到者僅是上列這些。此外還有許多前者所未提及的神話資料也不能忽視，諸如《太平御覽》、《神仙通鑑》、《神仙列傳》、《列仙傳》、《封神演義》、《西遊記》，《七俠五義》、《三國演義》、《水滸傳》等，同樣值得

參考。尤其是後提三本古典小說：《封神演義》、《三國演義》與《水滸傳》，誠然是中國「英雄成神論」的典型文獻。中國人一向崇尚"仁、義、禮、智、信"之品德行為，關公這位蜀之武將被民間奉為神祇原因，就是他最具備這些品德。即文武兼備，至死忠義。水滸人物108條好漢是「中國式羅賓漢」，其代天行道制裁官府之作風被奉為義行，因而被演成台灣民間賽會陣頭的「宋江陣」，也附會那些梁山108條亡命之徒一則"星辰感生神話"(他們是三十六天罡星及七十二地煞星投胎轉世者)。「台灣民間信仰」的眾多神明，均出自《封神演義》一書之角色，它是「道教」神話之集大成。

二、早期中國神話研究者

中國雖然有眾多的神話資料，但在1925年以前尚未有「神話學」的專著出現。這個原因有學者將其歸咎於中國人的重實際而黜於玄想的天性，以及儒家不語"怪、力、亂、神"的影響(見：《從比較神話到文學》序)。但中國神話學之開山祖師玄珠，則認為中國神話研究不發達的原因，在於「神話的歷史化」與缺乏激起「全民心靈」的大事件的緣故，這點是可以認同的。

十分顯然的，「五四運動」這個中國式文藝復興時潮，實在刺激了「神話」研究的風氣。因為中國學者發現中國古典與民間的文獻，具有與「西洋神話」比美的「神

話」材料。1925年玄珠發表其《中國神話研究》一書，從此開闢了「中國神話學」研究之先河。玄珠隨後又出版了《中國神話ABC》(世界書局)，與《神話雜論》，其方法頗受朗格(Andrew Lang)的人類學理論之啓蒙。隨著此一學術風氣的影響，「神話學」的論述陸續出籠。諸如謝六逸的《神話學ABC》(世界書局)、黃石的《神話研究》(開明書局)，楊寬的《中國上古史導論》(收錄於「古史辨」第七冊)，聞一多的《神話與詩》(未明書屋)，鍾敬文的《楚辭中的神話和傳說》(中山大學)與《山海經神話研究的討論》(中山大學)，茅盾的《神話雜論》(世界書局)，林惠祥的《神話論》(商務印書館)等等作品。比較一般性之作品有：黃芝崗的《中國的水神》(生活書局)，謝雲聲的《福建神話》(中華書局)，嚴大椿的《民間神話》(國光書局)，林蘭的《呂洞賓故事》(北新書局)等書。

　　此外，關於「中國神話學」研究的專論，也在五四以後相繼出現蔚成風氣。茲根據《五十年來的中國俗文學》(頁54以下)所列者加以整理如下表，以資參考：

　　1.鄭詩許，〈中國古代史上神話與傳說的發展〉，《風物志》第一期。

　　2.鄭德坤，〈山海經及其神話〉，《史學年報》第四期。

　　3.蘇梅，〈屈原天問裡的舊約創世紀〉，《說文月刊》第四期。

4. 許翰章，〈水經注神話表解〉，《南風》第八卷一號。

5. 古鐵，〈中國古代神祇-讀山海經隨筆〉，《中原文化》第廿二期。

6. 魏應騏，〈福建三神考〉(出處未悉)。

7. 楊寬，〈盤古傳說試探〉，《光華大學半月刊》二卷二期。

8. 楊寬，〈鯀共工與玄冥馮夷〉，《說文月刊》一卷。

9. 楊寬，〈丹朱驩兜與朱明祝融〉，《說文月刊》一卷。

10. 衛聚賢，〈天地開闢與盤古傳說的探源〉，《學藝》十三卷一號。

11. 衛聚賢，〈崑崙與陸渾〉，《說文月刊》一卷。

12. 程憬，〈古代中國的創世記〉，《文史哲學季刊》一卷一期。

13. 程憬，〈古代神話中的天地與崑崙〉，《說文月刊》四卷。

14. 耕尚，〈中國古代史上的理想帝王－堯舜及其傳說〉，《璐珈月刊》二卷七期。

15. 憶芙，〈中國原始神話傳說之研究〉，《無錫國專季刊》五月號。

16. 于京，〈創造中的神話〉，《北平晨報學園》707號。

17. 張長弓，〈中國古代水神傳說〉，《民間月刊》二卷三號。

18. 陳志良，〈灌山水神考〉，《新壘月刊》五卷一期。

19. 鍾敬文，〈說明神話〉，《婦女與兒童》十卷九期。

20. 馬樹神，〈漣水塔的神話〉，《民間文藝》九、十期。

21. 劉萬章，〈華光的傳說與送火的風俗〉，《中大民俗週刊》41、42。

22. 李建青，〈陳莞茶園東嶽廟的故事〉，《中大民俗週刊》41、42。

23. 錢耕莘，〈五通神和鐵算盤〉，《民間月刊》二卷五號。

24. 張長弓，〈龍皇爺渡童男女〉，《民間月刊》二卷五號。

25. 靜君，〈自然神話〉，《民俗園地》五期。

26. 靜君，〈文物起源神話〉，《民俗園地》七期。

27. 亦夢，〈觀音和金剛爭神位〉，《中大民俗週刊》。

28. 王成竹，〈葛先鏡由來的傳說〉，《中大民俗週刊》。

29. 愚民，〈新豐亞媽廟傳說〉，《中大民俗週刊》。

30. 楊文蔚，〈雲岡石佛的故事〉，《中大民俗週刊》。

31. 葉鏡銘，〈說明神話〉，《孟姜女》一卷一期。

32. 劉強，〈起傳岩神話〉，《福建文化》一卷六期。

33. 周越然，〈牛郎織女〉，《太白半月刊》卷四期。

34. 王荊橋，〈牛郎織女的故事〉，《中大民俗週刊》。

35. 歐陽飛雲，〈牛郎織女故事的演變〉，《逸經》三十五期。

36. 黃廷英，〈七月七日一件故事〉，《中大民俗週刊》。

37. 容肇祖，〈二郎神考〉，《中大民俗週刊》。

38. 容肇祖，〈天后〉，《中大民俗週刊》。

39. 錢南揚，〈曲牌上的二郎神〉，《中大民俗週刊》。

40. 衛聚賢，〈二郎〉，《說文月刊》三卷九期。

41. 樊繢，〈李二郎的傳說〉，《中大民俗週刊》。

42. 樊繢，〈二郎神的轉變〉，《中大民俗週刊》。

43. 顧頡剛，〈天后〉，《中大民俗週刊》。

44. 周振鶴，〈天后〉，《中大民俗週刊》。

45. 謝雲聲，〈異代同居的天后與吳貢人〉，《中大民俗週刊》。

46.魏應騏，〈關於天后〉，《中大民俗週刊》。

47.薛澄清，〈關於天后之研究〉，《中大民俗週刊》。

48.楊义，〈灶神考〉，《漢學》第一期。

49.金粟，〈我所聞的灶神故事〉，《民間文藝》二期。

50.司徒永，〈灶菩薩的故事〉，《中大民俗週刊》。

51.愚民，〈灶神的故事〉，《中大民俗週刊》。

52.雪白，〈灶君〉，《中大民俗週刊》。

53.梁灝材，〈關於洪聖王的傳說〉，《中大民俗週刊》。

54.李建青，〈一位神的傳說－洪聖大王〉，《中大民俗週刊》。

55.王永泉，〈呈純陽藥店試心〉，《中大民俗週刊》。

56.愚民，〈呂洞賓故事〉，《民俗》四一、四二合刊。

57.翁國樑，〈呂洞賓是剃頭師父〉，《民俗》七八期。

58.葉德均，〈關於八仙傳說〉，《青年界》五卷三期。

59.埔江清，〈八仙考〉，《清華學報》十一卷一期。

60.許丙丁，〈小封神〉，《三六九報》(台南)。

從上引的研究著作見之，就可發現自1925年以後至二次世界大戰期間，中國神話的研究已具相當成果。此間，學者們不但用心搜集神話資料，在神話的考證方面的確也下了很大的功夫，從此樹立中國神話學研究之基礎。而許丙丁的《小封神》一書，係代表台灣學界對神話研究的成果之一。

三、戰後中國及台灣神話研究動向

二次世界大戰前後十年間，因戰亂緣故，實在看不出有什麼傑出的中國神話研究作品出現。但自1950年以後，由於內戰停頓，我們喜見這方面的作品又陸續出現，而且研究方法越來越具體精密。客觀而言，過去學者研究中國神話只重視主題考證，諸如玄珠的《中國神話研究》專門探索《山海經》與《楚辭》部份內容的神話資料。鍾敬文的《楚辭之神話及其傳說》也是，根本看不到一本藉著中國古典文獻資料來譜出一個具體而系統化的中國神話專著的書。關於這點，中國大陸的神話學者袁珂終於做到了。他那幾本《中國古代神話》、《中國神話傳說》(上、下兩冊)、及《中國神話傳說辭典》的專著，不愧為連接中國所有神話文獻而成的中國神話佳作。茲書於1950年在中國商務印書館出版，並於短短五年內就接連再版六次，

可謂洛陽紙貴。袁氏除此書以外，於1960年以後陸續出版一般化的中國神話故事專書。而且均流傳甚廣，在台灣可以找到盜印的版本。值得留意的一點，乃是袁珂雖然將中國神話譜成完整的系統，至於神話資料的整理卻沒有按照年代。但在復原神話的努力這方面。袁氏可以說是做到了，他不愧爲譜成中國神話學的第一人。

在台灣方面的神話研究，學者的重點仍然傾向於主題性專論。就如成大教授蘇雪林，中央研究院民族學研究所的文崇一，均著重楚辭中「九歌」的神話研究。蘇雪林視「九歌」是「整套神曲」。「九歌」所頌讚的對象即九重天的主神：「東皇太一」(木星天主神)、「雲中君」(月神)、「東君」(日神)、「湘君」(水神)、「河伯」(水神、水星)、「國殤」(戰神)、「大司命」(死神)、「小司命」(生神)、「山鬼」(酒神)。蘇氏又主張上述諸神的「神話」可能來自西亞。文崇一在〈九歌中河伯之研究〉一文中，採取現代觀念來解釋「神話」。他認爲「河伯」成爲神的過程，必然的一道手續就是將其擬人化，而後又被道教拉入神仙境界供俸。而且「河伯」與韓國國家起源神話也有所關係，因爲東明聖王自認爲「河伯外孫」。此外，張壽平也有《九歌的研究》專書，同樣值得參考。其主要理論來自凌純聲的〈銅鼓圖文與楚辭九歌〉、及〈國殤禮魂與馘首祭梟〉二文所主張：「九歌爲濮獠民族祀神樂舞」之論點。張氏即依據此說加以發展，認爲諸神社會如同人間一樣，有男女之尊卑，有情感理性。善神惡神又交錯在一起。

關於《山海經》的神話研究，首推台灣大學文學院教授杜而未。1960年他出版了《山海經神話系統》乙書，方法論屬於語言學派的「月神話論」。作者以爲《山海經》係中國最具系統的「月神話」之典型，它與《易經》也關係密切。顯然的，杜氏先以「月神話」作前提，而後再論證《山海經》有關山川、草木、神仙、禽獸等皆與月亮有所關聯。又說，"一、三、五、七、九"之數目，皆爲「月亮神話」之數。此書論證資料頗多，但立論主觀又牽強附會。此外，陳夢家的《殷代的巫術與神話》、陳春生的《中國民間神話與傳說》、趙濟安的《八仙的故事》、與李亦園編的《中國神話》等書，張光直的〈中國創世神話與古史的研究〉(中央研究院民族學研究所集刊第八期)、與〈商周神話與美術中所見人與動物關係之演變—中國古代神話研究之三〉(中央研究院民族學研究所集刊第十六期)等等。省樞的〈八仙考證〉(「暢流」半月刊)、陳炳良的〈中國古代神話的新釋兩則〉(「清華學報」七卷二期)、徐高阮的〈昆侖丘和洪水神話〉(「中華雜誌」七卷十一期)、與皮述民的〈牛郎織女神話的形成〉(「南大學報」第五期)等文，其可讀性都很高。

最近幾年來，台灣又出現了幾本中國神話研究專論。最具學術價值者，即古添洪與陳慧樺合編的《從比較神話到文學》(滄海叢刊，1977年)與王孝廉的《中國的神話與傳說》(聯經出版事業公司，民國66年)兩書。前書一共收藏蘇雪林、杜而末、凌純聲、管東貴、樂蘅軍、王孝廉、尉天驄、李達三、古添洪、陳慧樺等學者的十三篇文章，可供

學術研究。後書係王孝廉個人著述，計收錄"神話與詩"、"石頭的古代信仰與神話傳說"、"夸父的神話"、"牽牛織女的傳說"、"女兒國的傳說"、"顓頊與乾荒、昌意、清陽、夷鼓、黃帝——關於嬴姓族的祖神系譜"等六篇文章，及"日本學者的中國古代神話研究"等三篇附錄。此外比較通俗的中國神話作品有：林武雄編，《中國神話故事》(祿園出版社，68年)、林懷鄉編，《苗族神話故事」(祿園出版社，68年)、嚴太白編，《中國古代神話》(希代書版，民國70年)、佚名，《中國神話故事》(偉文圖書公司，民國68年)、林明峪的《媽祖傳說》(聯亞出版社，民國69年)、劉昌博的《台灣鄉土神話》(南琪出版社，民國68年)，林芳如編的《中國神話故事》(雙和圖書社，民國73年)、佚名的《中國神話傳奇》(龍祥書局，民國73年)、王世禎編的《中國神話——人物篇》(星光出版社，民國70年)、王孝廉的《花與花神—竹中國的神話與人文》(洪範書局，民國69年)等書。

　　此外，古添洪與陳慧樺合編的《從比較神話學到文學》(東大圖書公司，1977年)乙書的最後兩頁，也列有一些中國神話研究的參考書目，茲引述如下：

　　1.勞維翰，〈日的神話及海島的追求〉，《臺灣風物II》，2，12-15，41年2月。

　　2.杜而末，〈阿美族神話研究〉，《大陸雜誌XVI》，12，14-20，47年6月。

　　3.宋海屏，〈水火神之都考略〉，《大陸雜誌XVIII》，4，7-11，48年3月。

4.杜而末，〈古人對於雷神的觀念〉，《大陸雜誌ⅩⅧ》，8，8-11，48年4月。

5.張光直，〈中國創世神話之分析與古文〉，《民族學研究所集刊》，8，47-73，48年秋季。

6.孫家驥，〈洪水傳說與共工〉，《臺灣風物Ⅹ》，1，6-21，49年1月。

7.杜而末，〈臺灣鄒族的幾個神話〉，《大陸雜誌ⅩⅩ》，10，4-7，49年5月。

8.杜而末，〈中巴星象神話比較研究〉，《文史哲學觀》，9，111-127，49年1月。

9.言衍，〈北歐神話的悲劇意境〉，《民主評論ⅩⅠ》，11，4-7，49年6月。

10.大方，〈鍾馗故事的衍變〉，《大陸雜誌Ⅳ》，11，16-21，41年6月。

11.杜而末，〈崑崙神話意義之發明〉，《現代學人》，1，101-134，50年5月。

12.費羅禮，〈鄒族神話之研究〉，《民族學研究所集刊》，22，182-183，55年季秋。

13.林衡立，〈創世神話之行爲學研究〉，《民族學所集刊》，14，129-167，51年秋季。

14.林衡立，〈臺灣土著民族射日神話之分析〉，《民族學研究所集刊》，13，29-167，51年秋季。

15.張光直，〈商周神話之分類〉，《民族學研究所

集刊》，14，47-74，51年秋季。

16.管東貴，〈中國古代十日神話之研究〉，《民族學研究所集刊》，33，287-329，51年2月。

17.林衡立，〈神話象徵之離顯表現〉，《民族學研究所集刊》，18，58-59，53年秋季。

18.李亦園，〈南澳泰雅族的神話傳統〉，《民族學研究所集刊》，15，97-135，52年春季。

19.譚旦冏，〈龍鳳呈祥〉，《文星》，2，23-24，47年6月。

20.張光直，〈商周神話與美術中所見人與動物關係之演變〉，《民族學研究所集刊》，16，115-146，52年秋季。

21.龍寶麒，〈排灣族的創始神話〉，《邊政學報》，3，21，53年5月。

22.蘇雪林，〈希臘神話及其藝術〉，《文星》，II，5，8-11，48年3月。

23.蘇雪林，〈山鬼與酒神〉，《成大學報》，3，1-12，57年5月。

24.胡鑑泉，〈戲臺上「水」的神話〉，《今日世界》，31，11轉22，42年。

25.孫家驥，〈讀山海經雜記$\frac{(上)}{(下)}$〉，$\frac{(台灣風物)}{(台灣風物)}$，$\frac{13-6}{14-1}$ $\frac{6-13}{7-13}$ $\frac{52年12月}{53年6月}$。

26.衛挺生，〈「穆天子傳」與「山與山經今考」的收穫〉，《中正學報》，10-13，56年5月。

27. 蘇雪林，〈河伯與水主〉，《東方雜誌》，復Ⅰ，12，35，50，57年6月。

28. 史景成，〈山海經新證〉，《書目季刊》，Ⅲ，1&2，3-80，57年12月。

29. 史景成，〈山海經新證勘證〉，《書目季刊》，Ⅲ，3，64-66，58年3月。

30. 陳炳良，〈中國古代神話的新釋兩則〉，《清華學報》，7，2，206-231，58年8月。

31. 徐高阮，〈昆侖丘和洪水神話〉，《中華雜誌》，7，11，47-51，58年11月。

32. 鄭康成，〈七夕考源〉，《建設》，ⅩⅥ，4，32-36，56年9月。

33. 蘇雪林，〈古人以神名爲名的習慣〉，《成大學報》，6，1-16，60年6月。

34. 沈萬三、朱士貽，〈「活財神」神話〉，《藝文誌》，41，44-46，58年2月。

35. 皮述民，〈牛郎織女神話的形成〉，《南大學報》，5，33-37，60年。

36. 王孝廉，〈日本學者得中國古代神話研究〉，《大陸雜誌》，45，1，31-38，61年7月。

波斯教
(Zoroastrianism)

猶太教
(Judaism)

基督教
(Christianity)

伊斯蘭教
(Islam)

印度教
(Hinduism)

耆那教
(Jainism)

附錄

佛教
(Budhism)

錫克教
(Sikhism)

儒教
(Religious Confucianism)

道教
(Religious Taoism)

神道教
(Shintoism)

普世一家
(The symbol of the World Council of Churches.)

第一篇
宗教、宗教人、
宗教研究

1

　　值此物質文明登峰造極、科技發達一日千里的時代，
人類社會仍然需要信仰以形而上教義爲主軸的「宗教」，
來做爲他們的精神寄托。理由無他，爲的是人類是"萬物
之靈"。因此他們除了需要維持生命的各種有形的物質之
外，更需要形而上的宗教信仰做爲精神糧食。所以說，人
類天生就是「宗教人」。畢竟「宗教」豐富了人類的精
神生活，使他們藉此可以安身立命，進而積極人生。只
是人類歷史上出現的「宗教」，實在相當多元。從古代
的「原始宗教」(Primitive Religions)，到過去的「古代宗教」
(Ancient Religions)，以至當今在國際社會流傳的「現代宗
教」(Modern World Religions)，均於人類歷史舞台活動過。何
況現代世界諸宗教的"神觀"也有：一神主義(monotheism)、
多神主義(polytheism)，以及無神主義(atheism)之區別，所以
帶動了「宗教研究」(Religious Studies)之學術風氣。當然近
代學術上所從事的「宗教研究」係類屬於人文科學(Human
Science)之範疇，不像"基督教神學"(Christian Theology)爲「基
督教」(Christianity)服務，"佛教學"(Buddhology)爲「佛教」
(Buddhisim)服務那樣的主觀性研究態度。所以近世出現的

「宗教學」可說是一門客觀的人文科學。也就是說，「宗教學」沒有義務去爲各種宗教背書，或鼓勵人去入信宗教，它寧可說是一面以宗教歷史爲基礎的"宗教照妖鏡"。下面就以「宗教」、「宗教人」、以及「宗教研究」三個論點，來加以分析和探討。

一、「宗教」之定位、分類、及内涵

這一段落主要探討之論題，即宗教之定位、分類、以及其內涵，此即認識「宗教」之入門。

(一)宗教定位

宗教定位之第一步，即探討「宗教」一辭在文字上的定義，以及學者對於它所下的定義。漢文的"宗教"這個名辭，係日本明治維新時代該國學者之發明。目的係用以翻譯英文的"religion"這個字，藉以定位「宗教」。這個漢文「宗教」的新名辭出現以前，學者在漢文古典文學的作品中是找不到它的。清代中國文人梁啓超的《飲冰室文集》所應用的「宗教」名辭，就是受到明治維新日本學界之影響。不過日本學界發明這個漢文學術名辭，是有經典作依據的。"宗"這個字係出於《尚書》(書經)的："禋於六宗"之典故。"宗"指的是宗廟，古代中國人設置宗廟崇拜天神之日、月、星辰，以及地祇之河、海、岱山，是謂"六宗"。所以"宗"字的原始意義就是宗廟這類信仰中心，即廟宇所

在地。至於"教"這個字之典故，係來自《易經》："古人以神道設教"這一句。"教"者既是舊禮教，也兼指教育，這個字可以說是一種宗教教育內容。日本學者就是根據上述典故之"宗"與"教"合成「宗教」此一名辭的，並且用以翻譯"religion"這個外文。由此可見，「宗教」這個名辭是具有漢文化的經典之典故及其原始意義的，用它來說明出現於古今人類歷史上不同之信仰現象，僅是一個術語而已。

宗教定位之另一個理解，就是各個不同學術領域的學者對於「宗教」所下的"定義"。因此從西方知名學者按其學術領域給「宗教」所下的定義為例，來看看他們如何詮釋宗教信仰。儘管下列的學者其"宗教定義"各說各話，卻也道出他們對於「宗教」之不同見解。

1.鄂圖(Rudolf Otto, 1869～1937)

這位學者在其名著《神聖概念》(Das Heilige, 1917，英譯：The Idea of Holy, 1923)一書裡面，將「宗教」定義為：
"人類對於神聖對象之敬畏及投靠的經驗"。

2.康德(Immanuel Kant,1724～1804)

這位德國哲人在其作品《實踐理性批判》(Kritik der Praktischen Vernunft, 1788)一書，為「宗教」所下的定義是：
"人類回應神命令的道德本份"。

3.施萊馬赫(F. E. Daniel Schleiermacher, 1768〜1834)

這位基督教自由神學之鼻祖在其《宗教講話》(Über die Religion: Reden an die Gebildeten unter ihren Verachtern,1799)一書之中定義宗教為：

"一種人類絕對依賴的感情"。

4.田立克(Paul Tillich,1886〜1965)

這位學人在其《信仰的能力》(Dynamics of Faith, 1956)一書中，將宗教定義為：

"人類的究極關懷"。

5.泰勒(Edward Bernett Tylor, 1832〜1917)

這位人類學啟蒙大師在其《原始文化》(Primitive Culture, 1817)一書裡，提出下列宗教定義：

"宗教源自人類對精靈之信仰"。

6.佛洛依德(Sigmund Freud, 1856〜1939)

這位心理分析學大師在其《圖騰與禁忌》(Totem and Taboo, 1915)一書中，為宗教所下的定義就是：

"人類變態心理之投射或性慾之昇華"。

7.湯恩比(Arnold Joseph Toynbee, 1889〜1975)

這位英國知名的歷史學家在其《歷史研究》(A Study of

History)名著裡面，主張宗教就是：

"人類文化活動之重要現象"。

8.馬克思(Karl. Marx,1818～1883)

這位共產主義啓蒙者爲宗教所下的定義，見之於《馬克思論文選讀》(Selected Essays of Karl Marx, 1926)這部書裡面。他始終認爲：

"宗教是人民的麻醉品(鴉片)"。

上面所列八個各學術領域的學者所提出之宗教定義，因學術領域不同而各說各話。僅可以說是他們對於「宗教」的一種"作業假設"(operational hypothesis)而已。所以無法完全規範「宗教」之眞正又完整之內容。雖然各個領域學者都已言及「宗教」之部份功能，就如：敬畏神聖對象，回應神的道德本份，絕對依賴的感情、究極的關懷、對精靈的信仰、變態心理投射、文化活動現象、人民的麻醉品等等，言之似乎有其道理所在。事實上，這些學者之定義尚無法眞正去定位「宗教」之價值。他們對於「宗教」的瞭解，可說僅止於作業上之假設。正如同印度「耆那教」那個"盲人摸象"的寓言一樣似是而非，此即人欲定義「宗教」之困難所在。人類是"宗教之主體"，神聖之信仰對象即"宗教之客體"。因此"宗教定位"問題，必須先予瞭解主導「宗教」以及信奉「宗教」的"宗教人"(關於這點將於另段分析)。

(二)宗教分類

　　立足於人文科學之宗教研究，首重"宗教分類"。下列之"宗教分類"即人文科學之方法，藉此能夠使人於探討「宗教」時容易入門。下面將以普世宗教之分類及"台灣民間信仰"之分類這兩個段落，作一簡要之介紹。

1.普世宗教之分類

　　現代世界的宗教現象的確相當多元，因此必須加以理出其類別。通常世界諸宗教可規範為六大類：

(1)國際宗教(International Religions)

　　藉著宣教師於國際上從事宣教活動，因而跨越國際而分佈於世界各地的大教團。這類大教團有三個，即：「基督教」(Christianity)、「伊斯蘭教」(Islam)、及「佛教」(Buddhism)。「基督教」信徒有二十四億，「伊斯蘭教」的穆斯林有十三億，「佛教」信徒有十一億。

(2)民族宗教(Ethnic Religions)

　　雖然具備普世影響力，卻是種族性與地域性相當強烈的教團。這類教團計有：「波斯教」、「猶太教」、「印度教」、「耆那教」、「錫克教」、「儒教」、「道教」、及日本的「神道教」。

(3)國家宗教(State Religions)

一國政府法定的國家宗教，均爲上列國際性大教團之一的特定宗派。義大利的宗教國家梵帝崗，就是以影響普世的天主教，爲國家宗教。英國國教，即基督教的安立甘教會。北歐諸國以基督教路德會爲國教。沙烏地阿拉伯國教，即伊斯蘭教的遜尼派。伊朗國教，即伊斯蘭教的什葉派(Shia)。斯里蘭卡、泰國的國教，即佛教上座部(Thedavada Buddhism)教團等等，可以爲例。

(4)民間信仰(Folk Beliefs)

由民間基層人口所共同奉行，又和地方風俗習慣結合的傳統宗教(具不同"信仰圈"及"崇拜群")就是民間信仰。此一宗教現象分佈於世界各地。其特徵深具民族性、文化性、地域性、及守舊性，是一種宗教混合主義的信仰現象。台灣民間信仰便具有這些特徵，而且不受現代化潮流之衝激所影響。

(5)新興宗教(New Religions)

二十世紀曾經歷兩次世界大戰的洗禮，因此人人只得尋求新的心靈寄托。一些具有領導能力及組織能力之宗教家應時而出，進而創立世界各地的新興宗教。最具代表性的新興宗教，有印度的超覺靜坐教團、阿蘭達瑪加瑜珈教團、基士拿精神會，及奧修會。日本有創價學會、立正

校世會、生長之家、天理教、Perfect Liberty教團。韓國有世界基督教統一神靈協會(統一教)，美國有耶穌基督後期聖徒教會(摩門教)、耶和華見證人(守望台)。中國有一貫道(天道)、天德教、紅卍字會道院、理教、法輪功。台灣也有大原靈教、新儒教、天帝教、軒轅教等等不勝枚舉，只是沒有國際性影響。

(6)類似宗教(Quasi Religions)

　　人類於上一世紀(二十世紀)最大的思想變革，就是將「政治意識形態」絕對化。因此形成一種"政治信仰"，也取得政治意識形態之"宗教性"(religionity)從而演變爲「類似宗教」。就如：法西斯主義(Fascism, 1919年於義大利創立)，納粹主義(Naziism，德國國家社會主義)、共產主義(Communism，由馬克思主義形成之國際共產政治意識形態)、及三民主義(祖述共產主義)等等。其中以「共產主義」(影響國際)與「三民主義」(影響台灣)的「類似宗教」最具代表性。下列分析可以爲例：

　　「共產主義教」：教主爲列寧(Nikolai Lenin, 1870～1924)、經典即《資本論》，信條是共產主義宣言，信徒即共產黨員。神觀即信仰英明領導人列寧(新皇帝崇拜)，儀式是週會及月例會，世界觀是無產階級專政。

　　「三民主義教」：教主爲孫中山，經典即《三民主義》，信條是國父遺教、信徒即國民黨員。神觀即蔣介石是英明領袖(新皇帝崇拜)、世界觀是三民主義統一中國、儀式爲週會及月例會(動員月會)。

問題是：這類政治類似宗教之信徒一旦取得政權，均走向"一黨專政"的獨裁政治體制，進行奴役人民及屠殺反對人士的極權邪惡行止。故其政治作為是比"鴉片"更毒的"海洛英"，其主義式信仰將人民麻醉到始終相信無法兌現的烏托邦(政治騙術)，將反對者囚禁凌虐以至置之於死地。

2.台灣民間信仰之獨特性

「台灣民間信仰」與「國際宗教」之最大區別，在於前者沒有創教人、經典、入會儀式、宗旨、宣教行為、教團組織(沒有組織跨國教團)之獨特性。在台灣社會流傳的民間信仰，均具有"地方性"(Locality)特徵，它是一種和"風俗習慣"(Custom)結合之文化現象。下面之簡表，可以看出「台灣民間信仰」之獨特性〔與國際宗教－「基督教」、「伊斯蘭教」(回教)、「佛教」作一比較〕。

台灣民間信仰	國際宗教
1.創教人－無 由先人尋求安全感的意向而集體創作(造神運動)成立者。	1.創教人 基 督 教－耶穌基督 伊斯蘭教－穆罕麥德 佛　　教－釋迦牟尼
2.經典－無 由風俗習慣之傳承取代經典地位。	2.經典 基 督 教－《新舊聖經》 伊斯蘭教－《古蘭經》 佛　　教－《三藏》(經、律、論)

3.入會儀式－無 隨著個人所好可任意交替信仰對象與地方廟宇。	3.入會儀式 基 督 教－洗禮 伊斯蘭教－割禮 佛　　教－皈依三寶(佛、法、僧)
4.宗旨－無 只求個人與家庭之"富、貴、財、子、壽"，這些五福之現世功利。	4.宗旨 基 督 教－博愛與公義 伊斯蘭教－順服與聖戰 佛　　教－慈悲與戒殺
5.宣教行為－無 僅以地方廟宇為中心，從事神誕或建醮祭典之宗教活動。	5.宣教行為　　　以國際性教 基 督 教　　　團組織積極 伊斯蘭教　＞　進行宣教活 佛　　教　　　動
6.教團組織－無 限於地方廟宇主神所組成的祭祀圈或登記於道教會為法人團體。	6.教團組織 基 督 教－普世教協與梵蒂崗宗教國 伊斯蘭教－世界伊斯蘭教聯盟 佛　　教－世界佛教協會

(三)宗教內涵

　　言及宗教內涵，認真地說所涉及範圍很廣。宗教主導者是人類，為了精神生活之需求而有他們的信仰理念。此一信仰理念之內涵，可以用人生哲學之"求真"、"求善"、及"求美"的主題，來加以簡化說明。就如涉及「神觀」之內涵可以用"求真"加以說明，關係「道德觀」之內涵就是

"求善"層面，至於「生活觀」之內涵不外"求美"層面。明顯地，這些"求眞"(神觀)、"求善"(道德觀)與"求美"(生活觀)三個層面，都是宗教人的重要靈性需求。

1.神觀－"求眞"之宗教內涵

"求眞"之宗教內涵，可以說是屬於「神觀」的範疇。而由「神觀」之區別所出現的宗教就有：一神論(monotheism)的宗教：猶太教、基督教(包括天主教)、及伊斯蘭教(回教)。「多神論」(polytheism)的宗教有：部族宗教、民間信仰、儒教、道教、印度教、及神道教。「無神論」(atheism)的宗教也有：耆那教、原始佛教、及類似宗教(如二十世記出現的政治宗教：「共產主義教」及「三民主義教」)。下面簡表可以爲例：

$$
求眞(神觀)
\begin{cases}
一神論－猶太教、基督教、伊斯蘭教 \\
多神論－部族宗教、印度教、儒教、道教、\\
\quad\quad\quad 神道教 \\
無神論－耆那教、原始佛教、政治類似宗教
\end{cases}
$$

2.道德觀－"求善"之宗教內涵

"求善"之宗教內涵，顯然類屬於「道德觀」(求善或勸善)之範疇，明顯地，「一神論宗教」的道德觀與「多神論宗教」的道德觀有很大的不同。因爲「一神論宗教」以：

博愛、人權、公義、順服、聖戰(犧牲)為「善」；「多神論宗教」則強調：功利主義與獨善主義(追求個人的富、貴、財、子、壽、及家庭的福祉)為「善」。「無神論宗教」均走：自力修持、慈悲戒殺(積功德)、及追求解脫(或為黨國效忠)路線為「善」。下列簡表可以為例：

求善(道德觀) {
一神論宗教之道德觀－追求公義、博愛、人權、順服、聖戰
多神論宗教之道德觀－嚮往功利主義、獨善主義(追求個人、家庭及自己社區之福祉)
無神論宗教之道德觀－強調自力修持、慈悲、戒殺(積功德)、追求解脫、或忠於黨國
}

3.生活觀──"求美"之宗教內涵

"求美"的宗教內涵，就是宗教人的「生活觀」。不過宗教人的「生活觀」(求美的人生觀)也相當分歧。就像「一神論宗教」主張的生活觀，強調宗教人要善用生命去與神同工。「多神論宗教」的宗教人生活觀就視現世功利為重，而多向神明祈安納福。「無神論宗教」的宗教人生活觀，則靠自力修持尋求解脫(政治的無神論者則表現忠黨等於愛國的生活態度)。下列簡表可以為例：

$$求美(生活觀) \begin{cases} 一神論者－強調善用生命與神同工 \\ 多神論者－追求現世功利及個人福祉 \\ 無神論者－靠自力修持尋求解脫(政治人則忠黨 \\ \qquad\qquad\qquad 等於愛國) \end{cases}$$

　　明顯地，認識上列之宗教思想(神觀、道德觀、生活觀)之內涵，委實十分重要。因爲那是宗教人精神生活(靈性生活)之依憑及信仰態度。

二、「宗教人」對於生與死之認知

　　普世「宗教人」究其一生最關心者，就是"生"與"死"的問題。宗教之所以吸引人之處，不外宗教大膽地提供"人類生、死問題"之解答。雖然現代科技文明有著史無前例的進步，可是對於"生命"如何出現於歷史舞台的問題，也僅能用"演化"(evolution，或做"進化")之過程加以解釋。卻其解釋之推論，斷非一般宗教人所能夠理解及接受者。因爲"演化"一辭是「科學語言」(scientific language)，而非「信仰語言」(language of faith)。人類這一高等動物之"生命"既由演化而來，就其"死亡"現象也不過被視爲是新陳代謝之自然過程。果眞如此的話，就人類之"生命"及"人性尊嚴"自然也被貶低。可是「宗教人」卻大膽地採取與其信仰有關的"象徵語言"(symbolic language)去談生論死，維護他們所信仰的宗教價值。當然宗教的"象徵語言"需要加以解釋，才

能夠分享宗教人的信仰經驗，明白「信仰語言」之意義。不過宗教人藉信仰語言所說明有關人類的"生命"來源，以及"死亡"之後其歸宿問題，不但「科學」難以證明，「哲學」也只能做其批判性的價值判斷而已。儘管台灣社會各個不同宗教均大膽用其自屬之「信仰語言」去談"生"論"死"，卻也能夠吸引眾多的宗教人去摸索其人生觀及生死問題，以作自我肯定。下列之探討，即針對台灣諸宗教的「生命觀」及「死亡觀」之簡要分析，藉以瞭解台灣宗教人對於"生命"及"死亡"之認知。

(一)台灣諸宗教的「生命觀」

如前所提及者，「宗教」是用「信仰語言」(language of faith)去談「生」論「死」的。因為生與死這兩方面問題用「科學語言」(scientific language)難以說明及印證，「哲學語言」(philosophical language)也只能做一種價值判斷及歸類而已。唯有「宗教」才能夠充滿自信的用「信仰語言」去說明有關生死之究極意義，那就是不同宗教人有關此一問題的信仰經驗。下面就以台灣社會之傳統宗教、佛教、及基督宗教為例，簡要說明他們的「生命觀」。

1.傳統宗教的「生命觀」

這一段落將以「儒教」、「道教」、及「民間信仰」三個範疇來加以說明。

儒教 ── 生命來自「上天」

孔子的「儒教」之「生命觀」，可以從他"天道宿命"的言論看出來："死生有命，富貴在天"(論言，先進篇)。其理由不外是："萬物本乎天，人本乎祖"(禮記，郊特性篇)。「上天」既然是生命之源頭，所以不可加以得罪："獲罪於天，無所禱也！"一旦得罪上天，上天就會降災。因爲"生死禍福天註定""生命"之意義來自修身養性的道德生活，藉以達到"天人合一"境界。

道教 ── 生命來自「道」與「太極」

祖述老子爲教祖的「道教」係以《道德經》及《易經》來說明有關「生命」的來源。所謂："道可道，非常道；名可名，非常名。無、名天地之始；有，名萬物之母"(道德經、第一章)，以及："道生一、一生二、二生三、三生萬物"(道德經、第四十二章)的話可以印證。而且《易經》所謂："易有太極，是生兩儀；兩儀生四象，四象生八卦"(繫辭上)的話，爲其「生命觀」之補充。「道教」又強調「陰陽」(兩儀)爲「道」之本禮，"生命"之充實則是來自：養「精」、蓄「氣」、及安「神」。參照下圖：

$$
道教生命觀 \begin{cases} 陰陽 － 「道」爲生命之本體 \\ 生命 － 養「精」、蓄「氣」、安「神」能 \\ \qquad\qquad 成仙歸眞 \end{cases}
$$

民間信仰——生命來自「天公」

　　台灣的宗教人向來就相信"生命"來自人格化的上天：「天公」或「公天祖」。因此就有："人是天生地養"、"天生人，不是人生人"、"生死禍福天註定"、"天飼人肥泏泏，中飼人一支骨"、"姻緣天註定，不是媒人腳賢行"、"有子有子命，無子天註定"、"人無照天理，天無照甲子"，以及"是日子末到，不是天理無報"等等俗語出現。再者，向來崇尚獨善主義及功利主義的台灣民間善男信女，其人生觀均不離「富」、「貴」、「財」、「子」、「壽」所謂"五福臨門"之追求，所以養成一種"苦不起"、"怕死"、"愛面子"、"自私自利"又"失敗不起"的性格。

2.佛教的「生命觀」

　　「佛教」相信人類之"生命"來自「因緣」(緣起聚而生、緣滅散而死、並且不斷循環)之構合。以其「十二因緣」教義為例，有如下列之圖解：

十二因緣 {
過去二因－無明、行
現在五果－識、名色、六入、觸、受
現在三因－愛、取、有
未來二果－生、老死
}

　　對於「佛教」而言，推動人類「生命」緣起緣滅的原動力，就是「業惑因果律」(law of karma)。也就是說，

"生命"受制於"前世"、"今世"、及"來世"的「三世因果」業報。而「六道輪迴」(天道、人道、阿修羅道、畜生道、餓鬼道、地獄道)即"生命"的因果業報之必經過程。下列圖解可以為例：

生命受制於三世因果 $\left\{\begin{array}{l}\text{前世因}\rightarrow\text{今世果}\\\text{今世因}\rightarrow\text{來世果}\end{array}\right\}$ 「六道輪迴」之因果業報

因為「生命現象」不管是高等或下等，都有"生、老、病、死"之「苦」的現象(佛教的「四聖諦」——苦、集、滅、道之「聲聞乘」，就以"人生是苦海"為入門)。因此「佛教」提出「三皈依」(皈依"佛"、"法"、"僧")教義，藉以教導人脫出人生之"輪迴苦海"。所謂「涅槃」(Nirvana)者，即生命入滅獲得真正「解脫」之意思。此即正統佛教之「生命觀」教義。

3.基督宗教之「生命觀」

「基督宗教」(天主教及基督教)相信「上主」為"生命源頭"，人類及萬物均為造物主——「上主」之傑作。其中「人類」特別具備有上主之"形像"及"氣息"(靈性或靈魂)，「上主」之用意是欲使人類具有與祂同工之秉賦，使其"創造世界"之事工不會停止。因此「人類」生命有無比之尊嚴，因為他們的"生命"具有超然性(上主本質)，此即「人權」(human right)之基礎。只因人類誤用選擇善惡權利之「自由意志」(它是「非宿命」的「命運自決」之基礎)，以致「人性」有其原罪。"生命"既然有原罪，便需要耶穌基督在十

字架上成爲"贖罪祭"的犧牲及救贖。因此耶穌被基督徒奉爲"救主"。"生命"一旦被耶穌救贖而重生(新創造)，人就懂得積極人生，樂觀人生。並且善用生命與「上主」同工，促使"上主國度"這個生命共同體(地球村)能夠出現於地上人間。

(二)台灣諸宗教的「死亡觀」

人類「生命」之終點就是"死亡"，只是"死亡"對於宗教人而言，則是另一個生命——「靈魂」(或「中陰身」)邁向另外一個境界之起步。那麼何處是「靈魂」(「佛教」的"生命不滅論"說是"中陰身")之歸宿的問題，各種宗教都有它們不同之說明。下面同樣以台灣社會的「傳統宗教」、「佛教」及「基督宗教」爲例，來加以簡要之比較說明。

1.傳統宗教之「死亡觀」

儒教——自不可知論至天人合一

孔子這位重視實際生活而創立「儒教」(思想上的"儒家"及信仰上的"儒教")的古代教育家，雖然關心："死葬之以禮，祭之以禮"(論言，爲政篇)及"事死如事生，事亡如事存"(中庸)等等祭祀祖先(相信靈魂不滅)之行事，卻對於「死亡觀」避而不談。當其門人季路問孔子有關死亡以後的來世問題時，他的回答是："未知生，焉知死？"(論語，先進篇)。由此可見，孔子本身對於「死亡觀」抱不可知論態度，只以人生之終

局為「回歸自然」。然而仁人君子則以追求「天人合一」或「天人合德」為依歸。

道教──成仙歸真或移民陰間

台灣之「道教」以南方「天師道」(正乙派)及民間道教之「閭山法教」(紅頭法師流派)為主流。他們教人相信一個人有"三魂七魄"，及其死後十條魂魄各有歸宿之「死亡觀」。為此民間的善男信女於死後非要靠道士他們來「引魂」、「做功德」、及「超渡」不可。卻"三魂"與"七魄"各有歸宿。"三魂"(三條靈魂)的去處是：一條赴地府閻羅殿(有十殿閻羅)報到，而後於第十殿「轉輪王」那裡接受裁判轉生於各道，之前也要飲一杯「孟姿茶」將前世往事忘掉，此即「佛教」之影響。第二條前往陰間居住，之前要辦移居陰間之手續叫作「做功德」(做七七四十九天之「七旬」)。最後做一場道士的弄樓戲，焚化紙厝、大銀、小銀、圍庫錢，才算完事，此即「道教」之影響。第三條由道士引回家中"點主合爐"於「公媽牌位」(或「神主牌位」)，故具慎終追遠之意義，此即「儒教」之影響。

"七魄"(七條污魄附於遺骸)之去處，就是隨屍身埋葬於墳墓中(傳統上採取入土為安的土葬)。之後於清明(三日節)前後十天擇一日前往墳地「掃墓」(祭拜遺骸)，不可使墳墓荒廢或遺骨曝露。"三魂七魄"歸宿之圖解，簡要說明如下：

$$三魂之歸宿 \begin{cases} 一赴地獄受閻王審判而後輪迴轉世(「佛教」之影響) \\ 二藉「做功德」赴陰間移民(「道教」法事之強調) \\ 三由道士引回家裡點主合爐於公媽牌位供奉(「儒教」之影響) \end{cases}$$

  "七魄"之去處——永遠附著於枯骨而安息於墳墓中，親人也必須按時於「清明」前後十日前往墓地「掃墓」供祭。

  然而「道教」也有一套修道之要領，那就是：「養精」、「蓄氣」及「安神」。使修道者可以羽化而成仙歸眞，藉以避免死亡。

民間信仰——亡靈由祭祀而獲得永生

  「台灣民間信仰」因爲倚賴「道教」儀禮，所以相信人死亡之後"三魂七魄"的歸宿就如同道教說法，又得依賴道士引魂超渡，以至普渡孤魂。不過因爲傳統的：人死後爲「鬼」的俗信所影響，因此非常重視「亡靈」之祭祀(拜公媽)。凡是有"祭祀公媽"(祖先崇拜)的家庭，祖先亡靈才不致淪爲餓鬼孤魂。也就是說，祖先亡靈之「水生」，必須由長子(或男孩)維持祭祀公媽(香爐耳)之行事才能夠達成。所以男女婚姻之日的在於生下男孩，藉以傳宗接代。而《四書》之中這句"不孝有三，無後爲大"(孟子)的話，在台灣民間就是

指傳宗接代以及維護家庭公媽的「香爐耳」而言。因爲
「祭祀」是使祖先亡靈獲得「永生」之一種手續，也是
一種「孝道」之強調。所以每個家庭非要「拜公媽」不
可。

2.佛教之死亡觀

「原始佛教」相信"生命不滅"，死後的生命叫做「中
陰身」(細身)，於七日至七七四十九日之間根據生前之因果
業報進入「六道輪迴」。「原始佛教」以生命脫出六道輪
迴之解脫境界就是「涅槃」(nirvana)。「涅槃」也即終結物
質生命之「滅諦」(「四聖諦」之一)，故曰「解脫」(moksa)。
不過「涅槃」信仰無法取得台灣民間善信之共識。因爲一
般佛教徒寧可相信佛教「淨土宗」之"往生論"，去追求以
阿彌陀佛所主宰之「西天」極樂淨土(天堂)，來做爲來世最
後之理想歸宿。而欲往生「西天」極樂世界的佛教徒，其
生前必須奉行"信、願、行"三要。並且要多積功德善業，
時時口唸"南無阿彌陀佛"才能夠達成願望。台灣「佛教」
的大乘精舍印經會以善書方式刊行《人生之最後》一書贈
閱於社會大眾。並且提出人"命終"之後，必須經過八小時
才能浴身更衣(弘一法師主張)。更有十到十二小時才可移動屍
身之論點(同書余定熙説法)。其理由是：人雖然氣絕，神識尚
未離去，所以必須這麼做。這類"信不信由你"的處理屍體
主張，其衛生上問題委實十分可議。

3.基督宗教之死亡觀

　　「天主教」(舊教)及「基督教」(新教)，均相信"永生"始自今生今世(在神學上叫「終末論」)。此一"永生"之經驗以「聖禮」(洗禮與聖餐)來做爲象徵：「洗禮」就象徵"舊人性"之死亡及"新人性"之永生，「聖餐」象徵分享上主生命。「天主教」相信人死亡以後先赴「煉獄」接受天使及聖徒之訓練教誨，而後才能夠以聖潔之靈魂與天主同在。「基督教」相信人一旦死亡，即與上主同在，永生天家爲聖徒。也相信「天堂」與「地獄」是天父上主分別爲善人和惡人所預備的。其實基督徒的眞正歸宿是"眼睛沒有見過，耳朵沒有聽過，也從來沒有人想到的"(哥林多前書二：9)之境界。再者，因爲「基督宗教」沒有人死爲「鬼」的觀念，所以沒有「祭祀祖先」之行爲，僅有「追思祖先」之禮拜儀式。至於「告別禮拜」及「追思禮拜」旨在敬拜生命源頭及安慰遺族，因此喪葬行事隆重而嚴肅，不具像台灣民間之流俗那麼繁瑣。

　　台灣社會"宗教人"，自然也有他們對於「生死相安」之憧憬。台灣民間的善男信女向來就喜生厭死，因此期望"好生又好死"的人生過程。然而因爲命運天定信仰之影響，他們相信"生死禍福天註定"，所以將「死亡」之現象當做是「到祖」(回歸祖家)去了。台灣民間更戲稱「死亡」是去"蘇州賣鴨蛋"。爲了延續死者之「永生」，所以必須「拜公媽」(祖先崇拜)，因爲紀念死者(做忌)、掃墓(培墓)、祭

祀先人(香爐耳)，乃是使他們雖死猶生(永生)的一種手段。傳統的儒教信徒(尤其是知識分子)，除了以"事亡如事存"的態度維持「香爐耳」(拜公媽)外，其「生死相安」之要領是追求「天人合一」。具有學識的道教信徒，其有生之年即致力於「養精」、「蓄氣」、「安神」之修持。並且以獨善主義的「成仙歸真」之憧憬，來做為「生死相安」的目標。台灣的佛教徒因為受到念佛佛教的「淨土宗」"往生論"教義之影響，他們追求「生死相安」之要領是：生前多積功德，死後往生西天極樂的淨土世界。因此並不太重視「涅槃」解脫的佛家大道理。台灣基督徒因為相信現世之「永生」，因此比較能夠樂觀人生及善用生命。他們對於"死亡"之看法是「蒙主恩召」，對於死後之期望即「安息主懷」及「與主同在」。如此積極人生之信念，使基督徒"苦得起"(背十字跟從基督)及勇於為真理而犧牲。因為他們"活著是為基督，死了就有益處"(保羅的話)的生活態度，就是其「生死相安經驗」之唯一要領。

三、「宗教研究」之正視

客觀的「宗教研究」，可以說是一種"人文科學"的學術範疇。因其不為任何的宗教信仰背書，是一種純粹的學術研究，因此必須予以正視。至於將「宗教」納入於人文科學宗教研究之鼻祖，就是德國學者繆勒，他因而被譽為"宗教學之父"。就歷史觀點言，這門人文科學的「宗教

學」之發展，迄今不過一百四十年(1870年至今)，所以是一門年輕的學術領域。由於受「比較語言學」之影響，因此是「比較宗教學」這一名稱之由來。然而今日的歐洲學界則稱它做「宗教科學」。由於人文科學之研究基礎立足於「歷史」，因此美國學界又稱其為「宗教史學」。既然「宗教學」是採取人文科學方法從事研究各種宗教的一門學問，就當然不受各種宗教信仰所左右。也即不為主觀性的「基督教神學」(Christian Theology)、伊斯蘭教神學(Islamic Theology)、以及「佛教學」(Buddhology)作背書。它寧可說是諸宗教的一面"照妖鏡"。為此，「宗教學」所從事之宗教研究，就必須嚴格界定它的：範圍、限制、正名、方法、立場、以及使命。

(一)宗教學的範圍

什麼是「宗教學」的研究範圍？做為人文科學之一的「宗教學」所探討的對象，就是曾經出現於人類歷史上的各種宗教。也就是說，人類歷史上的各種「宗教」，就是它從事研究的主要題材。也可以這麼說，「宗教學」旨在探討出現於一切已知世代中的「宗教現象」、「宗教歷史」、以及人類社會的各種宗教人的「宗教生活」。人類所信奉的各種宗教，往往受制於時間與空間。而且出現於各時代的宗教團體，均有其自屬的宗教活動與經驗。所以「宗教學」必須處理人類的各種宗教在歷史過程中所出現的不同現象及變化，尤其是宗教結構上及思想上的表現。

並且將其譜成「系統」(system)，因爲這是人文科學之學術要求。質言之，「宗教學」所研究的範圍，就是人類古今宗教的歷史及現象。將人類宗教的歷史及現象做有「系統」的歸類與解釋，就是「宗教學」的人文科學公式。

(二)宗教學的限制

　　「宗教」真正能夠用人文科學的方法來加以研究嗎？在此我們似乎碰到了困難的問題：因爲所謂之「科學」係注重實證(experiment)，「宗教」卻是人類精神上十分奧秘的信仰經驗，與一般人所瞭解的所謂「科學」剛好相反。事實上，要把「宗教」當做一門「科學」來加以研究，問題關鍵在於如何將做爲研究對象的「宗教」加以客觀化這點。到底「宗教」能否被客觀化來加以探討的問題，委實值得學者商榷。有些人認爲「宗教」根本沒有方法能夠把它客觀化，爲的是「宗教」係一種「信仰」、一種人內在的「經驗」。人若堅持這種主張的話，「宗教學」就根本無法成立。可是「人類學」、「心理學」、「民族學」、「社會學」、「史學」、「哲學」等學門，也都在研究「宗教」。它們既然都是一種獨立的人文科學，就做爲一門學術研究的「宗教學」，就更有資格去研究「宗教」了。

　　再就"完全客觀化"的問題而論，世上確實沒有一門學問能夠達到此一標準。一般所謂的「科學」，其定律、公式、假設，也常在修整與改變。所以任何「科學」，都沒

有絕對客觀化的可能。何況學術性的東西，其假設推論，以至系統化過程，均多少帶有主觀性。如果沒有主觀合理之判斷，科學便不能成立。這麼說，一門學術的完全客觀化，根本是不可能的。美國宗教學家史密斯曾經舉例來說明這點：人做學問就如同觀察金魚在魚缸裡游水一樣，旁觀者只能看到金魚在魚缸裡的動作，根本看不到魚缸裡那條金魚的感想為何。同樣的道理，「宗教學」所欲處理與探究的問題，只是人類歷史上出現的各種宗教所表現於：思想上、儀式上、及教團組織上之內容，也就是「宗教」的現象與歷史。只是探討的過程免不了有其主觀性，這是它的限制所在。

(三)宗教學的正名

　　「宗教學」又叫做「宗教史學」，那麼「歷史」可視為一種「人文科學」嗎？對於這個問題，人類學家馬累特的回答是肯定的。許多人以為「科學」之目的，在於發現與時間無關的定律。這類說法倘若可以成立的話，就只有「數學」與「物理學」才夠資格叫做「科學」。事實上，這是一般太過狹窄的科學觀。這也難怪，因為物質運動的定律，好像是屬於非時間性的「數學」、「物理學」一類的東西，其實那是一種人的錯覺。再說，「歷史」的目的，乃是關心時間之持續過程。像「生物學」這種具有時間性的科學，就使上述的假設站不住腳，因為「生物學」介入了時間性。「歷史」與「生物學」一樣，也講生命的

演化過程。就如人類的社會及文化就不斷地在演化，而「歷史」的責任就是去譜定許多社會與文化之演化過程，又將演化過程做一有系統的記述，這就是「歷史」的科學定律。「宗教史」就是根據此一"歷史科學"的原則，來處理宗教的起源與現象等等演化過程之問題。如同「生物學」在探討生物的演化過程一樣，「宗教學」旨在探討人類宗教生活的演化情況與解釋宗教所表現於語言、經典、教義、儀式、行為的各種象徵。因為「宗教人」不是一部機器，他是有生命有思想之人格(personality)。故其豐富的宗教生活表現，就取了"歷史形式"代代地相傳。無論如何，在人文科學之中，「宗教學」應該佔有一席之重要地位。因為探討人類在歷史上出現之活潑的又多彩的宗教現象，乃是從事於「宗教學」研究各個學者的重要使命。

(四)宗教學的方法

「宗教學」是何種人文科學？它的學術方法為何？顯然地，「宗教學」係一門"為真理而求真理"的專門學問。其比較方法注重「科學」的客觀性，而盡量避免信仰上的主觀之判斷。人間的學問有兩個大範疇，即：「自然科學」(Natural Science)與「社會科學」(Social Science)，後者又稱為「人文科學」(Humanistic Science)。「自然科學」以整個自然現象做為研究主題，故不必考慮人的視覺、聽覺、或精神上之價值。「社會科學」係以人類的社會文化現象為研究主題，其中並加入了各種的價值觀。比喻說，藝術

價值是不能用化學公式來加以分析的。神鬼之有無只憑宗教人的經驗去相信，而無法用物理學的公式去求證。這麼說，「宗教學」即人文科學的一類，它與「人類學」、「民族學」、「心理學」、「社會學」、「政治學」、「經濟學」、「歷史學」、「文學」與「哲學」，同屬於「人文科學」的範圍。「宗教學」也應用上列這些「人文科學」(或「社會科學」)的材料來探討宗教，因此和整個「人文科學」之範疇都有所關連。

再就「方法」上的問題論之，「宗教學」因受進化論與比較語言學的影響，最初研究的方法均採取歷史主義的路線。為此，「宗教學」又叫做「比較宗教史」或「比較宗教學」。人類的歷史是「人文科學」的基礎，因此歷史研究方法自然被應用於宗教研究之上。宗教學者就看宗教的研究等於是歷史的研究。荷蘭宗教學者拉蘇塞就作如是觀。固然歷史方法有它的優點，同樣也有它的缺點。就如「歷史」只注重過去，「宗教」則是一種活生生的現象。因此宗教研究若過份受制於「歷史」因素，其研究方法便陷入於歷史定命論中，以至忽略了宗教結構之問題。於是另一種補充歷史方法不足的學問應時而出，那就是「宗教現象學」的方法。這種方法的優點乃是集中於關心「宗教現象」之本質及結構，找出宗教間「相似」(homologies)的地方，使學者瞭解「宗教象徵」的意義為何。當然它也有很大的缺點，就是容易曲解宗教信仰原來的意義，為的是它沒有以「歷史」為基礎。因此今日的宗教學者均致力嘗

試去調和這兩種的研究方法，以促進「宗教學」的研究使其更爲健全。

(五)宗教學的立場

　　到底宗教學者與信徒之間的立場有什麼不同？學術研究的立場貴在客觀、公開、中立，這是宗教學者所要遵循的基本原則。也就是說，基督教宗教學者不能用基督教信仰的價值觀來判斷各種宗教及研究人類的宗教史。如此一來就不夠中立、不夠客觀。凡超過觀察上的學問，就如「形而上學」、「神學」、「佛學」等等，均非宗教學者主要研究的對象。不過「形而上學」、「神學」及「佛學」的結論，則可做爲宗教學者研究的參考。宇宙間到底有沒有神？神像什麼？神是一位或多位？這些形而上的問題，均非「宗教學」的質問。然而「一神論」、「多神論」、以至「無神論」，則爲「宗教學」所關心的重要探討之題材。換句話說，宗教學者探討形而上的結論，歸類形而下的宗教問題，記述所觀察得到的一切宗教現象。

　　「宗教人」(信徒)與「宗教學者」的立場，其差別是很大的。前者是宗教的皈依者，後者是宗教的研究者。何況一個研究宗教的人，往往不是「宗教」的信徒。一位「宗教人」的信仰是否眞實的問題，「宗教學者」是不宜過問的。前者的宗教經驗之深淺，宗教學者只能觀察與記述，根本無權過問。可是宗教信徒的信仰經驗一旦表現於思想形式、祭祀行爲、教團的組織制度，便成爲宗教學者探討

的對象。這樣看來，「宗教人」與「宗教學者」的立場有明顯的不同：前者信仰宗教，後者則研究宗教。不過「宗教」的脫序現象，宗教學者則必須挺身而出來加以批判及導正。也即成為應用「宗教哲學」的方法，去檢驗「宗教」有否走火入魔的一支"照妖鏡"。

(六)宗教學的使命

「宗教學」的使命為何？它在學界扮演著什麼角色？「宗教」是人類信仰生活的具體表現。因此往往有些人因宗教信仰問題而研究宗教，更有些人因「護教」與「宣教」的理由研究宗教。但這些因素均與「宗教學」的主要「使命」無關。「宗教學」所扮演的角色，是一種探討「宗教知識」為基礎的學問。它的主要使命是客觀地去研究人類的宗教思想、宗教經驗、宗教行為、宗教門派，藉以幫助現代人去瞭解「宗教」的本質與功能為何。也就是說，「宗教學」是一種學術、一門學問；它的「使命」不在於「救人」，乃在乎協助人去正視「宗教」的歷史、現象、結構及功能。說得更妥切點，「宗教學」如同"基礎醫學"一樣，它只指出病理，而不能醫治人的疾病。醫治人疾病的任務，是"臨床醫學"的使命。做為人文科學重要學術之一的「宗教學」，既然不同於解決人間生死終極問題的各種「宗教」，而是一種將「宗教史實」、「宗教現象」加以觀察、歸納、記述的學問，就宗教學者自然有別於法師、祭司、和尚、與神父、牧師一類的宗教家了。引

人皈依入信宗教，給人解除精神苦痛者，乃是「宗教家」的使命，而非「宗教學者」的使命。總而言之「宗教學」的角色是一門學術，它的使命旨在提供現代人一些具體而有關人文科學之宗教知識。同時也採取「宗教哲學」方法，去檢視宗教有否健全，批判其有否脫序與迷信問題等等。

　　"科學"貴在分門別類，藉以發揮各學門之學術領域。作為人文科學之一的「宗教研究」也不例外。前已提及"歷史"是人文科學之學術研究基礎，因此「宗教史」就成為「宗教研究」之入門學問。其他人文科學之相關學術領域，也不能加以忽略。為此宗教學者探究"宗教起源"問題時，就得倚重「考古學」(Archaeology)及「人類學」(Anthropology)的資料，由此又發展出「宗教人類學」(Anthropology of Religion)來。要探究教團組織、祭典活動對社區影響，以及新興宗教出現之原因時，就得借助「社會學」(Sociology)方法，由此又衍生出「宗教社會學」(Sociology of Religion)的學門。若欲探究宗教人及巫師(童乩、尪姨、法師)的心理狀態及行為，也得借助「心理分析學」(Psychological Analysis)及「深度心理學」(Depth Psychology)的方法，由此又有「宗教心理學」(Psychology of Religion)的專門學術領域。此外尚有檢驗宗教及批判宗教內涵的「宗教哲學」，以及探究宗教本質與結構的「宗教現象學」。其中的「宗教現象學」方法，對於「宗教詮釋學」(Religious Hermeneutics)具有啟發性貢獻。以上所列的學術領域，均是

從事人文科學「宗教研究」諸般努力所採取的方法，足見「宗教學」的範圍相當的廣大。

　　時下台灣學界已有近十個"宗教研究所"，分別創立於公私立大學院校文學院之中。天主教輔仁大學於1988年創立「宗教研究所」(包括宗教學系)，此即台灣最早從事「宗教研究」之學府。之後，國立政治大學、私立的東海、眞理、中原、佛光、南華、玄奘、慈濟等大學，也都紛紛創設宗教研究之系所。可惜師資有限，本位主義明顯，根本尚未達到「人文科學」宗教研究之學術水平。關於這點，有待台灣宗教學界之用心追求及努力。

2010年8月18日　於淡水河畔寒舍

在今日這個科技昌盛的進步時代來討論「宗教」問題，恐怕有些人會覺得無知、愚蠢、可笑。爲的是「宗教」在現代人的心目中，總以爲是一種過時的"迷信"，或"自我陶醉"的對象。近代西方思想家就曾經努力要把「宗教」從人間摘除，把造物主"上帝"(God)謀殺。德國哲學家尼采(Friedrich Nietzsche, 1844～1900)就宣佈了"上帝死亡"的論調，以爲"上帝"的死亡，正是"超人"出現的時刻。德國政治經濟學家馬克思也以爲："宗教是人民的鴉片"，是資本家麻醉勞動者的工具。這麼說「上帝」與「宗教」都是過時的古董了，現代人都必須加以排拒。其實現代人摘除「宗教」並殺死「上帝」的結果，只有把"信仰"轉移到世俗的「類似宗教」上面，也就是去相信一些「主義式」(-'ism)的信仰對象。就像：哲學上的「人文主義」與「實存主義」，政治上的「國家主義」、「法西斯主義」、「納粹主義」與「共產主義」等。換句話說，就是以思想家與領袖一類的「人物」來代替「上帝」的地位，用科學的方法與政治制度來取代「宗教」的功能。然而問題來了，這些"主義式"的信仰，眞的能夠成爲人類精神生活的

最後依歸嗎？答案十足是否定的。爲什麼呢？因爲現代人摘除「宗教」，自負地把「上帝」殺死的結果，其精神生活就找不到絕對的依歸，其心靈從此變得空虛無助。人類畢竟與造物主有別，人永遠不能取代「上帝」。爲的是人類的生命有它的極限，造物主「上帝」則是無限的存在者，是宗教人的信仰對象。共產主義一向譏諷宗教是人民的麻醉品(鴉片)，因此將「上帝」置之於死地。結果取代「上帝」的角色者，都是一群獨裁的統治者：列寧(Vladimir I. Lenin)、史大林(Joseph V. Stalin)、毛澤東、蔣介石、金日成等人，其"主義式"的「類似宗教」反而成爲眞正麻醉人民的鴉片。歷史教訓人類：相信獨裁人物比相信看不見的「上帝」更爲可怕！因爲人性本來就具弱點，容易支配同類又時常犯錯。可是眞神「上帝」永不會消失。人儘管怎樣謀殺祂，祂仍然永生不死的統御歷史。可是那些被神化的共產主義及三民主義的獨裁者統統都死了。而且相信政治的「類似宗教」也比相信一般的「宗教」更加危險，因爲人性良知既然被"主義式之信仰"所麻醉("主義"在"上帝"之上)，自然就失落是非的批判能力。信奉"共產主義"的蘇聯、中國、北韓如此，信奉"三民主義"威權時代的台灣也一樣！照這樣說，現代人要追求人性之淨化，的確需要選擇一種健全的宗教信仰了。那麼何種宗教最能適合現代人的需求呢？下面將提出幾個在台灣社會中流傳的宗教，來加以分析及討論。

一、台灣民間信仰(Taiwanese Folk Beliefs)

台灣民間信仰(Taiwanese Folk Beliefs)，是一種與儒教、道教、佛教的關係密不可分的傳統宗教現象。究其本質，則大半屬於"原始宗教類型"的汎靈崇拜。就如信仰鬼神、祖先，倚賴占卜、符咒、與童乩、法師的驅邪治病，以及靈媒尪姨的牽亡問事。信徒深具迷信禁忌心理，因此遇事必問神托佛才敢進行。寺廟巡禮與歲時祭典，到處相當風行。人人敬神目的不外祈安求福，添丁發財。就神觀而論，台灣民間信仰是十足的"多神崇拜"。「天公」是人人所膜拜的至高神，因為『人是天生地養』，生死禍福以至姻緣也是天所註定的。「土地公」是生產五穀、興旺六畜、賞賜財富，以至看守墓地的萬能祈祇。因此有『田頭田尾土地公』之俗語，其神格雖小卻人人喜愛。「媽祖婆」是一位救苦救難的聖母與海神。「大道公」這位與「媽祖婆」戀愛過的醫神，在民間的香火鼎盛。「王爺」這類與海洋有關的"代天巡狩、血食四方"之瘟神，在今日也變為香火鼎盛的萬能神格。並且已固定的住了下來，不再是"遊縣吃縣、遊府吃府"的遊魂神類。「廣澤尊王」、「清水祖師」、「靈安尊王」、「保儀尊王」及「保儀大夫」是泉籍人士的守護神。「開漳聖王」與「三山國王」則分別守護漳州人與客家人。通俗佛教的「觀音菩薩」是婦女與兒童的聖母，「地藏菩薩」又是地獄之救主。「關公」被奉為商業的守護神，或被文人奉為武聖恩主(恩

主公)。「磐古」、「伏羲」、「女媧」、「神農大帝」、「東王公」及「西王母」這些古代的神話角色，民間也奉為大神。古典小說《西遊記》裏面那隻妖猴「齊天大聖」(孫悟空)，因為會七十二變而為賭博郎中所喜愛。台灣的農村到處可見「有應公」、「萬善爺」、「大眾爺」、「義民爺」這些亡靈與枯骨的崇拜。種類繁多的「大樹公」與「石頭公」也到處被人膜拜。有「王爺廟」的地方都有"東、南、西、北"的「營頭廟仔」，其中的王爺近侍「中壇元帥」(太子爺)則住在王爺廟裏。有「城隍廟」的地方，就一定有「文判」、「武判」、「枷爺」、「鎖爺」、「牛爺」、「馬爺」、「七爺」、「八爺」、「日遊」、「夜遊」、「廿四司官」、「卅六官將」與「七十二地煞」等等司法及警察神格，其警備之森嚴如同司法行政部、各級法院、及地方警察分局。各個民家都設置有「公媽牌」來崇拜祖先，對於「家神」、「地基主」與「床母」也不敢疏忽。民間百業也都有自己的"守護神"，就像航海人家敬拜「北極玄天上帝」與「水仙尊王」。屠宰業者拜「上帝公」(玄天上帝)，南管、北管的樂師拜「西秦王爺」(唐明皇)及「田都元帥」。婦女求子則膜拜「註生娘娘」，「花公」與「花婆」。求女藝要拜「七娘媽」。每逢眾神生日也必須給上列這些神類祝壽，大事拜拜一番。一般民眾是相當怕「鬼」的，因相信"孤魂野鬼"是人間苦難的來源。為此，民間要以農曆七月整整一個月時間來對付這些「好兄弟仔」，排大筵來"普渡陰光"、"慶讚中

元"，也就是以餵飽「餓鬼」為手段來逃避現世的災害。

論台灣民間敬神的態度，一言以蔽之即"相當現實"，而且利用多於尊敬。比喻來說，同樣是一位「媽祖婆」，但北港媽祖、新港媽祖、及大甲媽祖就比其他各地的媽祖靈驗(基督徒絕對不敢說"聖教會的上帝"比"長老教會的上帝"更靈驗)。"靈驗"是人人所追求的敬神法寶，因此媽祖不靈驗改拜王爺，王爺不靈驗就找關公，關公不靈驗改求上帝公，上帝公又不靈驗就改求觀音、土地公、祖師公、城隍爺，以至有應公、大樹公、石頭公都好，直到認為靈驗時為止。如此敬神方法可謂是一種「交替神主義」(Kathenotheism)，也即大小神明均可隨心所欲的換來換去。台灣人的敬神態度，留日的蔣中山醫師將其稱為"阿拉伯燈神式信仰"：「人」是主，「神」是任人驅使的奴才。神既聽命於人，自然就本末顛倒。這種敬神心態可以說相當原始，根本沒有隨科技的進步而改變。就此而論，台灣的宗教人就是所謂的「摩登原始人」(modern primitives)。不過民間信仰在現代生活中也有它較好的一面，即擔負著"文化認同"的角色。就像在今日這類穿、住、用的，以至吃的習尚都完全"西方化"當中，要認同自己的文化就只有去參觀那些古老寺廟，觀賞神誕時才出現的迎神賽會，或於吃粽子、過中秋、年夕圍爐的時候才有機會去體驗這類傳統文化。這一理解十分重要，因為基督教的福音就是藉著這種文化現象為媒介去印入台灣基督徒心坎的。

二、佛教(Buddhism)

　　佛教源自公元前六世紀的印度，又於公元前三世紀經阿育王(King Asoka, B.C.264-226)擴展到海外，並且於公元第一世紀東漢明帝時代傳入中國。佛教分「大乘」(Mahayana Buddhism)與「小乘」(Hinayana Buddhism)，前者世稱"北傳佛教"，後者叫"南傳佛教"，但以南傳佛教(上座部)較爲正統。台灣佛教屬於北傳的大乘佛教支流，最爲民間所熟悉者即禪宗、淨土宗，以及通俗佛教的觀音崇拜(渡生)及地藏王崇拜(渡死)。歸根究底，原始佛教(即正統佛教)是"否定神靈存在"的無神論宗教。如果有「神」的存在，也不過是"六道輪迴"中的「天道」輪迴出來那些天龍八部的角色，是一種相對而非絕對的生命模式之存在者。同時人的「靈魂」也被否定掉，這一思想清楚表現於它的"無我論"(anatta)之中。現象界的「我」非眞實的我，他不過是"十二因緣"的結合加上"輪迴"而來的。再進一步，佛教連"人生"也幾乎加以否定。因爲"人生"是一面苦海。有情界的一切現象都是「苦」的，「苦」是有情一切「欲求」的集合。有「欲求」便有「苦」，有「苦」就有「業」(karma)。「業」是推動"前世、今世、來世"的三世因果之輪的主要動力。所以「解脫」的方法即斬斷「苦」與「欲」之業感輪迴，至此境界即達「涅槃」(nirvana)之境。因此正統的佛教強調出家修道、絕欲雲遊、以及學禪默想，藉以追求自我解脫。佛教既然主張絕欲出世，自然是看破紅塵、消極人生，生

活圈亦與現實社會遊離脫節。至於正統佛教的"自力解脫論"，未免對"人性"過份自信，對"人性"的劣根本質太過低估。到底人自己能拯救自己嗎？即使可以，世上夠得上資格的聖人道德家到底有幾個？關於這點，佛教徒是充滿自信的。尤其是「大乘佛教」標榜"眾生皆有佛性"的道理，不但人類可以自救，就連有情萬物(一切生物)也可自救。只是歷史上看不見有一隻小狗或螞蟻得道成佛者。基督教則持相反的態度，認為宗教應該是為"罪人"預備的，而不是為"道德家"。耶穌曾經宣告說：『健康的人用不著醫生，有病的人才用得著。……我來不是召義人(道德家)，乃是召罪人』(馬太九：12-13)。基督教主張"他力拯救論"，因為"人性"本具罪性，所以人憑自己的努力是無法自救的。人必須信靠上主的救拔，尤其倚賴耶穌基督的恩典才能淨化人性與神同行。《路加福音書》記載法利賽人與稅吏兩人同時上聖殿向上主禱告的故事(十八：9-14)，可以說是基督教"他力拯救論"的最好註解。法利賽人代表"道德家"，稅吏代表"重罪人"，兩人禱告的結果被上主所接納的人竟然是那位"重罪人"，而非那位"道德家"。這樣的結論一反世俗觀念中的邏輯，連釋迦牟尼與孔夫子都很費解。然而理由很簡單，因那位"重罪人"的稅吏為悔罪而進入宗教之門─聖殿。他清楚了解自己的過犯，知道無法自救，故提出勇氣求助於上主之憐憫及赦罪。相反的是那位"道德家"滿懷自信踏入聖殿，用自負口氣在上主面前陳列自己的各種德行，更輕蔑那位在黑社會打滾之稅吏。所以自我為義與獨

善其身的人，用基督教的眼光看來是永遠解脫不了的。總而言之，即與基督教所謂的"得救"沒有份。不過大乘佛教的「淨土宗」則具明顯的"他力解脫主義"。其信徒口唸"南無阿彌陀佛"(即皈依西天"無量壽佛"及"無量光佛"的意思)，誠心求助西天極樂淨土的主宰，希望來世能夠往生極樂世界。台灣民間的通俗佛教：「觀音崇拜」(求渡生)與「地藏王崇拜」(求渡死)，也從此都成為有神論的他力主義了。由此可見，自力解脫的"無神主義佛教"不能為大眾所接受。畢竟一般民眾需要一種絕對依賴的信仰對象，難怪「佛教」一進入民間基層便給通俗化了。

就「佛教」的優點而論，它最足取的教義不外那種泛愛眾生的「戒殺論」(ahimsa)，這是「佛教」被奉為"慈悲宗教"的由來。不過在印度社會首創戒殺論調者並非「佛教」，而是所謂"六師外道"之一的「耆那教」。這一主張極端禁慾與苦行的教門，至少早「佛教」一百年便出現於印度社會中。它與「佛教」的關係有如「猶太教」與「基督教」一樣，如果無「耆那教」的"汎愛眾生論"，就無「佛教」的"慈悲"教義。人們必須承認，在某種程度的理解上，「佛教」的"慈悲"可以認同於「基督教」的"博愛"。這是它的貢獻，也是它有助於倡導世界和平的地方。

三、新興宗教

一九四五年以前的台灣社會宗教現象比較單純，除了

山地原住民九個部族的原始宗教與唐山漢人的民間信仰外，只有「儒教」、「道教」、「佛教」三教與「基督教」等單純的教門。到了一九四六年(即第二次世界大戰結束)以後，台灣社會的宗教現象便開始複雜了：有來自中國大陸的新興教門，諸如「理教」(在理教)、「一貫道」(俗稱鴨蛋教)、「紅卍字會道院」、「夏教」與「天德教」。有來自外國的新宗教，日本系統者有：「天理教」(教派神道一支)、「創價學會」(日蓮宗一支)、「生長之家」(神道教、佛教與基督教之混合教門)。中東系統者，有「巴海大同教」(Bahaism)——世界九大宗教的混合。印度系統者有：「國際基土那精神會」(The Hare Krishna Movement)、「超覺靜坐」(Transcendental Meditation)、「阿蘭達瑪迦瑜珈」(Ananda Marga Yoga)。基督教旁門者有：「耶和華見證人」(Jehovah's Witnesses)、「耶穌基督後期聖徒教會」(Jesus Christ the Latter Day Saints)、「世界基督教統一神靈協會」(World Christian Spirit Unity Association)，以及「家庭教團」(The Family)。戰後在台灣本地創立的宗教也有四個，就是：「大原靈教」(台南市囝仔仙)、「新儒教」、「軒轅教」及「天帝教」。其他出於傳統宗教的新現象者，則有「儒宗神教」(鸞堂)的台北「恩主公崇拜」及「中國儒教會」。民間信仰之新現象有：竹山「李勇崇拜」、八里「廖添丁崇拜」、埔里「包公崇拜」、花蓮「王母娘娘崇拜」、各地「孫悟空崇拜」及「豬八戒崇拜」等等。至於北港「朝天宮媽祖」，新港「奉天宮媽祖」，大甲「鎮瀾宮媽祖」、麻豆、西港、南鯤鯓、東港

的各姓「王爺」，其民間巡禮進香的熱情與做醮祭典之規模，更是前所未見。以上這些新來的、新創的、以至傳統宗教的勃興現象，可廣義歸納於「新興宗教」之範圍。

現代世界出現這麼多的新宗教現象並為現代人所嚮往，是很有意思的一件事。耶穌說過：『人活著不是單靠著食物』的名言，旨在指出人類的靈性需求跟食物一樣重要，而"宗教信仰"正是人類靈性之依歸。因此儘管自負的聰明人想盡辦法要謀殺上帝並消滅宗教，新的宗教仍然不斷出現，藉以迎合現代人內在心靈的需求。現代新興宗教之所以吸引人之處，不外有幾個重要原因：

1.提供人一種現世安全的保證：諸如"祈安求福"、"消災解厄"、"神癒法"或"精神療法"等等。

2.給予信徒有形的協助：諸如以"占卜"(抽籤詩)方法指點人的命運前途，給予同情心與信仰依據之心理協談，助人解決精神上的困擾等等。

3.鼓勵信徒參與各種服務：諸如為人"收驚"、"祭解"(恩主公廟)、與"服務香客"(觀光廟宇)等等。

4.注重教團的增長：培養每一位信徒有宣教與引領人皈依的熱情，並且鼓勵信眾在家庭式佛堂聚會。

5.採取"儒、道、佛、耶、回"五教大同的混合主義：主張五教真理殊途同歸，簡化各教教義(斷章取義)使人人容易入信。

6.強調自己的運動是一種人生哲學而非宗教：這點旨在吸引各種宗教信徒敢於接近，從而歸化於自己的教門。

7.標榜來生的希望：以今世的皈依與修持，或實踐道德本份，就可以庇蔭來生的福祉。

8.印贈善書分發社會大眾：由扶乩而來的鸞訓加以編輯成書(善書)，而後寄放廟宇任由社會人士取閱，除可收教化群眾之效外，也可當做自己的功德。

以上各點可以發現新興宗教現象的確十分應世。因為傳統的民間信仰已難適應現代人的心理需求。再加上社會大眾本就存有喜新厭舊的心態，所以助長了新興宗教的發展。人不難發現，新興宗教似乎是歷史上偉大宗教的原型。因為它們有創教者，有先知或有力的領導人。有獨創或特定的經典，有教義系統。有完備的各種儀式，更有教團的組織。只要具"天時、地利、人和"的條件，有朝一日很可能躋身於世界大宗教之林。值得注意者，某些新興宗教的教義，以常人的眼光看是相當偏激的。諸如「一貫道」的秘密宣誓入會禮及集會，「守望台」(耶和華見證人)的拒絕當兵及受傷時輸血，「統一教」(世界基督教統一神靈協合)的換血儀式(集團結婚之性關係)，「家庭教團」的男女性開放(愛的付出)等等，都是對社會制度與傳統道德的一種挑戰。新興宗教信徒的獻身、團結與服務的精神，委實十分足取。然而信徒的狂熱、行徑的怪異、自滿為得救者的心態，則為走火入魔的不健全表現。

四、基督教

　　人類歷史中信徒最多又最具組織性與理論性的宗教，可以說是「基督教」(有二十億以上信徒)。其教團的勢力影響整個世界，教義思想也成為西方文化的主流。當然基督教神學就是有它健全的體系與獨特之處，才具有普世性的號召力。但每一位基督徒又認為自己的信仰為諸宗教中之最後模式(或諸教的成全者)。這樣的認同是有其理由的：「基督教」(包括「天主教」)一開始便告白宇宙間只有一位"真神"，祂是創造宇宙萬物的造物主。"人類"是被造物當中真神之傑作，因為人類具有"神的形像"(創世記一：17)以及"神的生命"(創世記二：7)，所以擁有與造物主溝通的"靈性"。人類在世上的本份是與神同工，做萬物的園丁來經營世界。同時做"萬物的祭司"，以便領導萬物敬禮真神(創世記二：1-3)。不幸的是：這種神人之間的密切關係，因"人性"之敗壞——"原罪"而中絕了。此後一直到歷史上的某一時刻，真神上主為教世人重新認識祂，祂的一句"我愛你"的聖言成了一個活生生的人格臨到人間，那就是耶穌基督的來臨(約翰一：1上，三：16～17)。耶穌基督的降世果然使罪人與上主和解，神人的關係從而重新建立。此後，只要世人甘願信從"基督的福音"與其聖神之帶領，就自然與造物上主發生親情的關係。"上主是一位父親"，這是「基督教」的證言。人類在上主的大家庭中，因此都是兄弟姊妹。這與"四海

之內皆兄弟"之大同思想是一致的。

可是天父上主憑人的肉眼是看不見的，人類如何去認識祂呢？《約翰福音書》的作者證言，惟有耶穌基督把天父上主的真相顯明出來(約翰一：18)。這正啓示人類：天父上主的「道」(聖言)成爲一個活生生的人格——耶穌基督，才有完全的啓示。人也因看見了耶穌基督，從而洞察上主的真相(約翰十四：9)。上主既然是人類的天父，人類與祂的關係一定是「我－你」(I-Thou)這種可以溝通的倫理關係。這與台灣民間信仰敬神態度所表現的「我－他」(I-it)關係(人是主、神是僕)顯然不同。父親一定爲兒女所信賴，因此基督徒時常禱告說："我們在天上的父親"(馬太六：9)。並且要首先尊重天父的旨意來作禱告，不可以祈求"靈驗"爲目的。今日基督徒尋找天父上主的要領即"信靠基督"，而後再藉著《新舊約聖經》的閱讀、聖神的啓示、聆聽主日禮拜的宣講來認識祂。「基督教」的核心即耶穌基督，因爲祂不僅啓示人類有關上主的真相，也教世上的罪人與天父上主和好。但罪人與上主和好的代價是很大的：耶穌基督必須成爲祭品——"贖罪的羊羔"擔負世人的罪惡與苦難，被釘十字架，死而復活、升天，從而成爲大祭司在天上的至聖所爲神人之間的中保(希伯來書七：25，八：6，九：11-28)。這樣的教義雖然深具猶太文化的意味，但誰也不敢否定耶穌基督的愛與犧牲成爲人類之希望與激勵這點。因爲一位奉獻者永遠不會落空，一位甘心爲人類犧牲的人永遠不會孤單。耶穌基督因自我奉獻與犧牲，不但贏得歷史上千千

萬萬的人心，也顯示天父上主深愛世人的真相。凡是跟隨基督的人因懂得傚效祂的愛與奉獻，也從此知道以博愛濟世爲己任。「基督教」從此被世人譽爲"博愛"的宗教，實在並不爲過。

宗教信仰是"軟弱人性"最基本的需求，只是信仰爲"經驗"的內容，不是"理性"的內容。人的理性言及"一加一等於二"，宗教經驗則告訴人"一加三仍然等於一"。就像「印度教」的"梵天三身說"、「佛教」的"三寶佛"、「道教」的"老子一氣化三清"、「基督教」的"三位一體論"，都是宗教信仰及經驗的產物。可見"宗教信仰"本身便是一種"逆證"(paradox)，它非"理性"能夠想通的，因其用語是"信仰語言"。耶穌基督雖然顯示了天父上主的實相，然而基督徒要描述天父上主還是有所限制。因爲人的知識與言語總是不完全的。上主是不可言喻的"實有"(reality)，唯有藉著"信心"去領悟，不能以"理性"(reason)來推摩。"信心"屬於"經驗"的範疇，《希伯來書》的作者給它下了這麼一個定義：『信心就是所盼望之事的實底，是未見之事的確據』(希伯來書十一：1)。所以宗教信仰(尤其是如何去把握真神的信仰這點)可謂是人生的一大冒險或投注，故宗教信仰與人生的價值觀念永遠結連。人類歷史正是一面宗教信仰真偽的鏡子，天父上主的真理是由"信"與"行"來證明，而非由"言論"來證明。《希伯來書》十一章全章就給宗教的真偽下了此一界說。《希伯來書》的作者又勸勉基督徒說：『我們既有這許多的見證人，如同雲彩圍著我們，就當放下各樣的重

擔，脫去容易纏累我們的罪，存心忍耐奔走那擺在我們前頭的路程，仰望為我們信心創始成終的耶穌』(希伯來書十二：1-2)。如此的信仰經驗，使基督徒無懼於任何歷史上的逆境、迫害或磨煉，繼往開來為實踐真理而活。總而言之，「基督教」的入門是相信有一位"造物真神"的存在，承認"人性"具有"原罪"的根本弱點，所以需要耶穌基督的拯救才能夠被淨化。凡是委身於耶穌基督的人，便是天父的兒女，他們有友愛人群、服務社會的責任。為此基督徒的信仰生活日新又新，不與時代脫節。由此見之，「基督教」是一個"他力拯救論"的應世宗教，足以為世人靈性生活之依歸。

結語

　　綜觀以上所論，「宗教」仍然是現代人最需要的精神糧食。問題就在於人如何去選擇一個近情合理的信仰，一個恆久彌新的應世宗教這點。「宗教」所欲處理的，即人生的"生"與"死"，以及"人性"如何淨化的問題。世上的各種學術或政治理想，迄今猶無法解決人類"生"與"死"的問題。惟有「宗教」憑藉信心的勇氣以"信仰語言"作回答，來豐富宗教人的人生觀，給予人生存的勇氣，此即「宗教」之重要貢獻。人類生存的經驗，也告訴人有關人性的缺點。人如果過於自信本身的功德，以此做為解脫的方法，畢竟是有些危險的。俗語說：『鼻孔向下的沒有一個

好人』。的確，世上根本沒有一位絕對的道德家。所以人必須謙卑自己，在造物眞神面前祈求幫助，才可獲得眞正的解脫。在下認爲：在世上這麼多「宗教」之中，惟有「基督教」提供人一條"因信稱義"或"信靠基督恩典便得解脫"的道路，這正符合現代人的需求(這是「基督教」稱自己的信仰內容爲"福音"的理由)。偉大的基督教思想家保羅在他寄給哥林多教會的書信中，曾經見證說：『若有人在基督裏，他就是"新造"的人。舊事已過，都變成新的了』(哥林多後書五：17)。這一在基督裏做"新人"的信仰經驗，使「基督教」的"福音"永不會成爲古董，而於現代世界繼續淨化人性及豐富世人的生命。

參考書目

(Bibliography)

一、英文參考書

I. Encyclopedia & Dictionary

1. James Hastings,(ed.), 《Encyclopedia of Religions and Ethics》, 13 vols.
2. Mircea Eliade.(ed), 《The Encyclopedia of Religion》, 16 vols.
3. Geoffrey Parrinder, 《A Dictionary of Non-Christian Religions》, 1971.
4. Eric J. Sharpe, 《50 Key Words: Comparative Religion》, 1971.
5. Keith Crim & Others.(ed), 《Abingdon Dictionary of Living Religions》, 1981.
6. Richard Kennedy, 《The Dictionary of Beliefs》, 1984.
7. 《Yun-Wu Dictionary of Social Science: Anthropology》, vol. 10, 1971(in Chinese).

II. Books for Futher Study

1. Eric J. Sharpe, 《Comparative Religion: A History》, 1975.
2. Jan de Vries, 《The Study of Religion: A Historical Approach》, 1967.
3. E. N. Pye, 《Comparative Religion》, 1972.
4. Th. P. van Baaren and H. J. W. Drijivers,(ed.), 《Religion, Culture and Methodology》, 1973.

5. Jacques Waardenburg,(ed.), 《Classical Approaches to the Study of Religion》 2vols. 1973.

6. Jacques Waarednburg,(ed.), 《Reflections on the Study of Religion》 , 1978.

7. Walter H. Capps, 《Ways of Understanding Religion》 , 1972.

8. Joseph M. Kitagawa and Others,(ed.), 《The History of Relligions》 , 1965

9. Mircea Eliade,(ed.), 《The History of Religions》 , 1959.(edited by J. M. Kitagawa & C. H. Long)

10. Mircea Eliade, 《Patterns in Comparative Religions》 , 1958.

11. Mircea Eliade, 《The Sacred and the Profane》 , 1957.

12. Mircea Eliade, 《The Myth of the Eternal Return》 , 1955.

13. Mircea Eliade, 《Myths and Symbols》 , 1969.

14. Joachim Wach, 《The Comparative Study of Religions》 , 1958.

15. Wilfred C. Smith, 《The Meaning and End of Religions》 , 1963.

16. Wilfred C. Smith, 《Religions Diversity》 New York, 1976.

17. Wilfred C. Smith, 《Towards a World Theology》 , Philadelphia, 1981.

18. Ninian Smart, 《The Phenomenon of Religions》 , 1973.

19. Raffaele Pettazzoni, 《Essays on the Hisotry of Religions》 , 1967.

20. Frank B. Jevons, 《An Introduction to the History of Religions》 , 1902.

21. P. D. Chantepie de la Saussaye, 《Manual of the Science of Religions》 , 1891.

22. G. van der Leeuw, 《Religion in Essence and Manifestation》, 2 vols, 1963.

23. Winston L. King, 《Introduction to the Religions》, 1976.

24. Philip H. Ashby, 《The Conflict of Religions》, 1955.

25. John Bowker, 《Problems of Suffering in Religions of the World》,Cambridge, 1979.

26. Georg Schmid, 《Principles of Integral Science of Religions》, Mouton, 1979.

27. Francisco D. y. Radaza, S. J,. 《Symbols in Comparative Religions and the Georgics》, 1968.

28. Douglas Allen, 《Structure and Creativity in Religions, Hermeneutics in Mircea Eliade's Phenomenology and New Directions》,Mouton, 1973.

29. John Hick, 《A Interpretation of Religions: Human Responses to the Transcendent》, Yale, 1989.

30. Evelyn Underhill, 《Worship: Man's Responses to the Eternal》, Harper, 1957.

31.Rudolf Otto, 《The Ieda of the Holy》, tr. by John W. Harvey, Oxford, 1923.

32. Emile Durkheim, 《The Elementary Forms of the Religious Life》, rep. Free Press, 1965.

33. John Prickett,(ed.), 《Initiation Rites》, 1978.

34. E. E. Evans Pritchard, 《Theories of Primitive Religions》, Oxford, 1965.

35. Bronislaw Malinowski, 《Magic, Science and Religions》, Anchor Book, 1954.

36. William James, 《The Varicties of Religious Experience》,

Fontana, 1960.

37. Elmer O'Brian, 《Varieties of Mystic Experience》, Mentor-Omega, 1965.

38. Ninian Smart and Richard D. Hecht,(ed.), 《Sacred Texts of the World: A Universal Anthology》, 1982.

39. Lauri Honko,(ed.), 《Science of Religion: Studies in Methodology》, Hague, 1979.

40. Michael Pye, 《Comparative Religion》, 1972.

41. Mircea Eliade & Joseph M. Kitagawa ,(ed.), 《The History of Religions: Essays in Methodology》,Chicago, 1959.

42. Robert D. Baird, 《Category Formation and the History of Religions》, Hague, 1971.

43. Michael Manton,(ed.), 《Anthropological Approaches to the Stydy of Religion》, Lodon, 1966.

44. Roland Robertson, 《The Sociological Interpretation of Religion》, Oxford, 1972.

45. Ninian Smart, 《The Science of Religion and the Sociology of Knowledge: Some Methodological Questions》, Princeton, 1973.

46. Betty R. Sharf, 《The Sociological Study of Religion》, Hutchinson, 1973.

47. Heije Faber, 《Psychology of Religion》, SCM, 1976.

48. Orlo Strunk, Jr.(ed.), 《The Psychology of Religion: Historical and Interpretative Readings》, Abingdon, 1971.

49. Basil Mitchell,(ed.), 《The Philosophy of Religion》, Oxford, 1971.

50. John A. Mourant,(ed.), 《Readings in the Philosophy of

Religion》, New York, 1954.

51. Thomas Fawcett,《The Symbolic Language of Religion: An Introductory Study》, SCM, 1970.

52. Mariasusai Dhavamony,《Phenomenology of Religion》, Rome, 1973.

53. R.C. Zaehner,《Comcordant Discord》, Oxford, 1970.

二、漢文參考書

1. 施密特(W. Schmidt),《比較宗教史》,台北:輔仁書局,1968年。

2. 摩耳(George F. Moore),《宗教的出生與成長》,江紹原譯,台北:台灣商務印書館,1969年。

3. 馬凌諾斯基(Bronislaw K. Malinowski),《文化論》,齊通等譯,(台二版)台北:台灣商務印書館,1972。

4. 馬凌諾斯基(B. K. Malinowski)《巫術、科學與宗教》,朱岑樓譯,台北:協志工業社,1978年。

5. 瓦哈(Joachim Wach),《比較宗教學》,包可華譯,台北:大乘文化出版社,1980年。

6. 詹姆士(William James),《宗教經驗之種種》,唐鉞譯,台北:青年會館,1946年。

7. 夏普(Eric Sharpe),《比較宗教學:一個歷史考察》,台北:桂冠出版,1991年。

8. 佛洛伊德(Sigmund Freud),《摩西與一神教》,徐進夫譯,台北:慶城出版社,1975年。

9. 佛洛伊德(Sigmund Freud),《圖騰與禁忌》,楊庸一譯,台

北：志文出版社，1975年。

10.榮格(Carl G. Jung)，《人類及其象徵》，黎惟東譯，台北：好時年出版社，1983年。

11.孫志文編，《人與宗教：當代德國思潮譯叢》，台北：聯經出版社，1982年。

12.楊紹南，《宗教哲學概論》，台北：台灣商務印書館，1969年。

13.希克(John Hick)，《宗教哲學》，錢永詳譯，台北：三民書局，1972年。

14.魯一士(Josiah Royce)，《宗教哲學》，謝扶雅譯，台北：台灣商務印書館，1971年。

15.Fulton J. Shee，《宗教哲學》，吳文宗譯，台北：幼獅文化公司，1971年。

16.賈喜勒(Norman L. Geisler)，《宗教哲學》，吳宗文譯，香港：種仔出版社，1983年。

17.Julian Huxley，《科學與宗教》，謝扶雅譯，上海，1933年。

18.Charles A. Leewood，《文化進化論》，鍾兆麟譯，台北：五洲出版社，1968年。

19.R. R. Marett，《人類學》，何叔松譯，台北：五洲出版社，1967年。

20.林惠祥，《文化人類學》，台北：台灣商務印書館，1968年。

21.陳國鈞編，《文化人類學》，台北：中興大學，1974年。

22.基辛(R. Keesing)，《當代文化人類學》上、下冊，于嘉雲、張敖合譯，台北：巨流圖書公司，1981年。

23.林美容，《人類學與台灣》，台北：稻香出版社，1980年。

24.瓦甸布格(Jacques Wardenburg)，《宗教入門》，根瑟‧馬庫斯

譯，東大圖書，2003年。

25. 黎志溙，《宗教研究與詮釋學》，香港：中文大學出版社，2003年。

26. 輔仁大學宗教學系編著，《宗教學概論》，台北：輔大宗教學叢書4，2007年。

27. 加藤智見，《世界宗教圖解》，涂玉盞譯，台北：商周出版社，2003年。

28. 卡西勒(Ernst Cassirer), 《符號‧神話‧文化》，羅興漢譯，台北：結構群文化，1990年。

29. 卡西勒(Ernst Cassirer)，《語言與神話》，于時等人譯，台北：桂冠圖書，1990年。

30. 懷德海(A. N. Whitehead)，《宗教的創生》，蔡坤鴻譯，台北：桂冠圖書，1995年。

31. 布伯(Martin Buber)，《我與你》，香港：基督教文藝出版社，1976年。

32. 韋伯(Max Weber)，《宗教社會學》，劉援，王予文譯，台北：桂冠圖書，1993年。

33. 斯塔伯克(E. D. Starbuck)，《宗教心理學》，楊宜音譯，台北：桂冠圖書，1997年。

34. Mircea Eliade，《世界宗教理念史》一、二、三卷，吳靜宜、陳錦書、董強、廖素霞、陳淑娟合譯，台北：商周出版社，2001年。

回憶在滿大人、海賊與「獵頭番」間的激盪歲月

Pioneering in Formosa

歷險 福爾摩沙

台灣經典寶庫5

W. A. Pickering
(必麒麟) 原著

陳逸君 譯述 ｜ 劉還月 導讀

歷險福爾摩沙

19世紀最著名的「台灣通」

野蠻、危險又生氣勃勃的福爾摩沙

recollections of Adventures among Mandarins,
reckers, & Head-hunting Savages

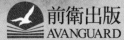
前衛出版
AVANGUARD

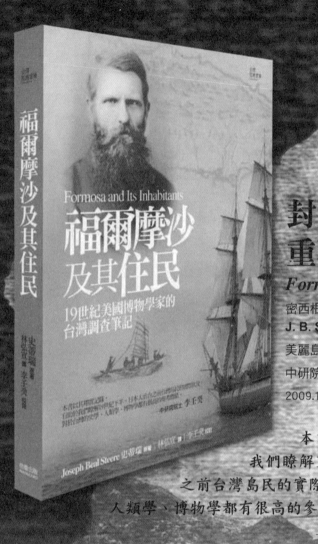

台灣經典寶庫 4

封藏百餘年文廬
重現台灣

Formosa and Its Inhabitant

密西根大學教授
J. B. Steere (史蒂瑞) 原著

美麗島受刑人 **林弘宣** 譯

中研院院士 **李壬癸** 校註

2009.12 前衛出版 312頁 定價 300元

　　本書以其翔實記錄，有助
我們瞭解19世紀下半、日本人治
之前台灣島民的實際狀況，對於台灣的史學、
人類學、博物學都有很高的參考價值。

——中研院院士 **李壬**

◎本書英文原稿於1878年即已完成，卻一直被封存在密西根大學的博物館，
到最近，才被密大教授和中研院院士李壬癸挖掘出來。本書是首度問世的漢
本，特請李壬癸院士親自校註，並搜羅近百張反映當時台灣狀況的珍貴相片
版畫，具有相當高的可讀性。

◎1873年，Steere親身踏查台灣，走訪各地平埔族、福佬人、客家人及部分高
族，以生動趣味的筆調，記述19世紀下半的台灣原貌，及史上西洋人在台灣
探險紀事，為後世留下這部不朽的珍貴經典。

甘為霖牧師原著

素描福爾摩沙

Eslite
Recommends

誠品選書 | 2009.OCT
二〇〇九‧十月

Wm Campbell

一位與馬偕齊名的宣教英雄，

一個卸下尊貴蘇格蘭人和「白領教士」身分的「紅毛番」

一本近身接觸的台灣漢人社會和內山原民地界的真實紀事……

譯自《*Sketches From Formosa*》(1915)

原來古早台灣是這款形！
百餘幀台灣老照片
帶你貼近歷史、回味歷史、感覺歷史……

前衛出版
AVANGUARD

誠品書店
www.eslite.com

陳冠學 一生代表作

一本觀照台灣大地之美 20世紀絕無僅有的散文傑作

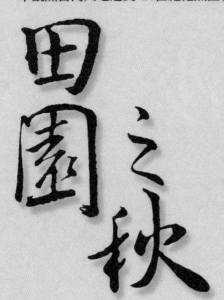

陳冠學是台灣最有實力獲諾貝爾文學獎的作家⋯⋯
我去天國時，《田園之秋》是我最想帶入棺材的五本書之一
—— 知名媒體人、文學家 汪笨湖

中國時報散文推薦獎/吳三連文藝獎散文獎/台灣新文學貢獻獎
《讀者文摘》精彩摘刊/台灣文學經典名著30入選

前衛出版
AVANGUARD

福爾摩沙
紀事
From Far Formosa
馬偕台灣回憶錄

19世紀台灣的
風土人情重現

百年前傳奇宣教英雄眼中的台灣

前衛出版
AVANGUARD

台灣經典寶庫
譯自1895年馬偕 著《From Far Formosa》

國家圖書館出版品預行編目資料

宗教學暨神話學入門／董芳苑著.
- - 初版.- - 台北市：前衛，2012.09
448面；15×21公分

ISBN 978-957-801-692-7（平裝）

1. 宗教學　　2. 神話

200　　　　　　　　　　　　　101013976

宗教學暨神話學入門

著　　者　董芳苑
責任編輯　周永忻　陳淑燕
美術編輯　宸遠彩藝
出 版 者　台灣本鋪：前衛出版社
　　　　　10468 台北市中山區農安街153號4F之3
　　　　　Tel：02-2586-5708　　Fax：02-2586-3758
　　　　　郵撥帳號：05625551
　　　　　e-mail：a4791@ms15.hinet.net
　　　　　http://www.avanguard.com.tw
　　　　　日本本鋪：黃文雄事務所
　　　　　e-mail：humiozimu@hotmail.com
　　　　　〒160-0008 日本東京都新宿區三榮町9番地
　　　　　Tel：03-33564717　　Fax：03-33554186
出版總監　林文欽　黃文雄
法律顧問　南國春秋法律事務所林峰正律師
總 經 銷　紅螞蟻圖書有限公司
　　　　　台北市內湖舊宗路二段121巷28、32號4樓
　　　　　Tel：02-27953656　　Fax：02-27954100
出版日期　2012年9月初版一刷

定　　價　新台幣400元
©Avanguard Publishing House 2012
Printed in Taiwan　　ISBN 978-957-801-692-7

* 「前衛本土網」http://www.avanguard.com.tw
* 「前衛出版社部落格」http://avanguardbook.pixnet.net/blog
更多書籍、活動資訊請上網輸入關鍵字"前衛出版"或"草根出版"。